EL FÚTBOL DE LOS 90

DEL 'DREAM TEAM' A LA FRANCIA DE ZIDANE

EL FÚTBOL DE LOS 90

DEL 'DREAM TEAM' A LA FRANCIA DE ZIDANE

ÁLVARO PINUAGA

T&B EDITORES

PUBLICADO POR T&B EDITORES
www.tbeditores.es
tbeditores@cinemitos.com

DISEÑO DE LA PORTADA: **ALVARO GARCÍA-ROMEU**
ILUSTRACIONES: **Archivo T&B Editores**

PRIMERA EDICIÓN: **SEPTIEMBRE de 2014**

ISBN 978-84-15405-87-0
Depósito legal: M-23966-2014
Impreso en España - Printed in Spain

ÍNDICE

PRÓLOGO

En septiembre de 1990 el Valencia y el Atlético de Madrid se enfrentaban en la primera jornada del campeonato de Liga 1990-91. Era un partido sin especial significación, acaso el más destacado de una jornada inaugural sin grandes choques. Pero una circunstancia le hizo ser especial: se trató de la primera retrasmisión realizada por el nuevo Canal de pago español; en concreto Canal Plus. Con el tiempo, las retrasmisiones de la nueva cadena privada formaron parte de la cultura futbolística hispana, con su aire innovador capaz de captar los matices más complejos y escondidos de lo que ocurría en el terreno de juego.

Los 90 fueron una década que supuso el transito definitivo del fútbol clásico al moderno. Las emisiones televisivas ya habían sido una fuente de ingresos importante, pero durante esos años alcanzaron su condición de principal elemento financiador de los clubes; llegaron primero las privadas y luego los canales de pago; su oferta en la cada vez más competitiva parrilla debía pues orientarse hacia el fútbol. Además, la inmensa mayoría de los equipos se transformaron en Sociedades Anónimas Deportivas, eso significaba que pasaban a ser controlados de forma exclusiva por un grupo, cuando no por una persona. De Inglaterra venían noticias que ese sistema estaba funcionando; la vieja y anclada Liga inglesa se transformaba en la Premier League y los equipos de las islas (en especial en Manchester United) volvían a pujar fuerte en Europa.

Estos importantes elementos estructurales no variaron el status quo habitual del fútbol español; los dos de siempre siguieron dominando. Pero en esa confrontación eterna algo cambió: el Barça empezó a ganar más Ligas que el Real Madrid. Entre medias se colaron dos equipos que supusieron un cierto aire fresco: el Deportivo de la Coruña, la nueva cenicienta del campeonato, que sorprendió a todos en su tránsito de ser modesto a actuar y jugar como un grande, y el Atlético de Madrid, que curiosamente, en una de sus décadas más oscuras, tuvo una temporada excepcional: tanto que fue capaz de llevarse la Liga y la Copa en el mismo ejercicio. Hubo otro equipo que conoció de un binomio mágico: el Real Zaragoza de Víctor Fernández que tocó el cielo en una inolvidable final disputada en París. Entre todo este panorama, la selección española siguió su particular quiero y no puedo, alternando rachas de imbatibilidad eternas con decepciones continuadas en las grandes citas en las que siempre faltaba el empujón final; eso a lo que se le suele llamar suerte.

La Europa futbolística vivió dos convulsiones importantes. La más importante, la transformación de los torneos europeos a comienzos de los 90, con la aparición de la llamada Liga de Campeones, que en el fondo respondía a las exigencias de los principales equipos europeos de constituir una competición que les garantizase una fuente de ingresos permanente; a finales de la década ya habían conseguido realmente su objetivo. La segunda fue la sentencia Bosman; que posibilitaba la libre circulación de jugadores comunitarios por todo el territorio de la Unión Europea, lo cual daba una nueva dimensión al mercado de fichajes, ya que muchos clubes llenaron sus equipos con jugadores foráneos, superando el límite a la contratación de extranjeros.

El último decenio del siglo XX fue muy movido en España. Un gobierno conservador sustituía el largo mandato socialista en 1996 y con ello el sistema democrático demostraba su consolidación al permitir la alternancia. El mundo entero se sobrecogió el verano de 1997, cuando el secuestro y posterior asesinato del concejal del Partido Popular, Miguel Ángel Blanco, movilizaba a la sociedad española a unos niveles desconocidos hasta la fecha, y hacía nacer el llamado "Espíritu de Ermua", como un símbolo del rechazo a la violencia y el sinsentido. Algunos deportistas españoles como Miguel Induráin, Carlos Sainz o Sergio Bruguera iniciaban un cambio de tendencia histórico, que situaría con el tiempo a España en primera línea de los podios deportivos internacionales. La rampa de lanzamiento fue, sin duda, los Juegos Olímpicos de Barcelona 92, que cambiaron para siempre la fisionomía del deporte español

Desde el punto de vista internacional, fue un periodo que empezó con una terrible guerra en la Europa del Este, en donde la antigua Yugoslavia saltó por los aires y terminó dividiéndose en función de sus componentes religiosos y étnicos. La Comunidad europea se transformaba en Unión Europea y el camino para el viejo proyecto de una única moneda se abrió definitivamente. Bill Clinton presidió Estados Unidos desde 1992 y cinco años más tarde, Tony Blair abría una "tercera vía" para el socialismo en Gran Bretaña, dejando atrás casi veinte años de gobiernos *torys,* sin duda alguna dos cambios generacionales claves a la hora de entender la política. La revolución tecnológica empezó su imparable ascensión, y a finales del decenio esa realidad llamada Internet, apuntaba la transformación económica y social más importante, probablemente, en siglos y que marcaría la vida de las antiguas y, sobre todo, nuevas generaciones.

El cine ofrecía obras maestras como *La Lista de Shllinder* o *Salvad al Soldado Ryan* ambas de Spielberg; Tom Hanks ganaba dos Òscar seguidos por *Philadelphia* y *Forrest Gump* y *Titanic* reventaba las taquillas de todo el mundo, devolviendo al cine la categoría de gran espectáculo. Las televisiones privadas empezaban su descarnada lucha por los niveles de audiencia, y en la radio la irrupción del programa de la Cadena SER "El Larguero" rompía el eterno dominio de José María García en las noches deportivas,

Este libro pretende un recorrido por esos años, de la misma forma que "De la Quinta del Buitre al Milán de Sacchi" buceaba en los años 80. Es una historia que rememora a nombres no menos ilustres de esas temporadas: Baquero, Guardiola, Koeman, Laudrup, Raúl, Redondo, Mijatovic, Bebeto, Mauro Silva, Fran, Pardeza o Esnáider así como técnicos con sello propio como Arsenio Iglesias, Johan Cruyff, Jorge Valdano o Radomir Antic. Un ejercicio de nostalgia de equipos, partidos y jugadores que dejaron huella en el aficionado y que han formado parte de sus vidas desde entonces. En definitiva, un nuevo recorrido por la historia futbolística.

1
CUANDO CAMBIÓ EL SINO DE LA HISTORIA
LA DÉCADA PRODIGIOSA DEL BARÇA

«El F.C Barcelona puede ganar títulos como el que se ha traído de Valencia, muy a pesar de Cruyff. Pese a los despropósitos del holandés, el Barça ha ganado la Copa del Rey». Este editorial era firmado por un columnista de "El Mundo Deportivo" apenas 48 horas después que el viejo astro del fútbol europeo de los 70 hubiese salvado el puesto tras vencer al Real Madrid 2-0 en la final disputada en el estadio Luis Casanova. No era una opinión aislada, muy al contrario, en ella se dejaba constancia de buena parte de la posición de la crítica especializada en los dos primeros años de reinado del holandés.

Fichado como solución desesperada en un momento en el que el presidente Núñez tenía la popularidad por los suelos, desde el primer momento las ideas de Cruyff fueron objeto de discusión. Una Recopa y la citada Copa del Rey salvaron su pellejo, pero atrás quedaba toda una ola de escepticismo en cuanto a sus auténticas cualidades como entrenador, en especial en lo referente al apartado defensivo, así como algunas decisiones tácticas que todo el mundo se obstinaba en cuestionar.

Los años posteriores dieron lugar a la mayor transformación de la historia azulgrana. Acostumbrado a un eterno papel segundón frente a los grandes equipos del continente europeo (Real Madrid, Bayern, Juventus, Milán....), el destino llevaría a la entidad barcelonista a cambiar el rumbo de la historia, y dejar atrás un pasado lastrado por la ansiedad permanente en busca de los grandes triunfos, lo que César Luis Menotti denominó en su día como "las urgencias históricas". No le faltó fortuna en su lucha por cambiar este sino, pero también su trayectoria mostró una filosofía deportiva exitosa, coherente con una ideas muy asentadas y que conservaría su modelo durante varias años, hasta el punto de llegar a fecha de hoy. En definitiva el Cruyffismo caló hondo en el Barça así como en el fútbol español y europeo, y dejaría alguno de los momentos más memorables de la historia de la entidad.

UN MODELO INNOVADOR Y SORPRENDENTE

Cuando Cruyff se asentaba como entrenador, el esquema 4-4-2 era casi un paradigma del futbol de élite. El Milán de Arrigo Sacchi empezaba a imponer un modelo ofensivo, pero que partía de una asfixiante presión en todo el campo con la consiguiente recuperación de la pelota. Cruyff no seguía esa línea. Formado en la escuela holandesa que revolucionó el fútbol en los 70, su credo era el ataque, pero desde el dominio de la pelota. Frente a la tendencia de sus colegas de asentar las defensas y parapetar cada vez más el centro del campo con jugadores de corte defensivo, el holandés buscaba la superioridad sobre el rival a través de un control del esférico para el que necesitaba acumular hombres en la línea media y el ataque. Ello suponía prescindir de un defensa, algo inédito en la época, implantar un atrevido 3-4-3 y dotar a la media de jugadores de una elaborada técnica que asegurasen la posesión de la pelota para dar pocas ocasiones al rival. Pero, quizá, su gran aportación sería la apuesta decidida por el juego de extremos, casi un anacronismo del pasado en un periodo en el que los laterales de largo recorrido subían la banda. Al poner dos extremos puros, el

Barça ensanchaba el campo, obligaba a las defensas a abrirse, y la calidad de los centrocampistas permitía dotar a esos jugadores de banda de balones en condiciones para poder afrontar el ataque. La aspiración no era otra que un ataque total, en la que los aspectos ofensivos primasen sobre los defensivos, algo atrevidísimo en un fútbol como el europeo en el que los obsesos de la pizarra cada día se inventaban una maniobra más para defenderse a toda costa, como condición esencial para sobrevivir.

Sus decisiones estratégicas en cuanto a la selección de extranjeros mostraron lo seguro de sus convicciones. Su compatriota Ronald Koeman, era en realidad el vértice del sistema. Adquirido en dura pugna con el Real Madrid el técnico supo que los casi 1.000 millones de la época invertidos (cifra inédita para un defensa), eran imprescindibles para logran sus objetivos. Con sólo tres defensores puros, Koeman aseguraba una salida limpia de la pelota, dejaba atrás la posibilidad de perderla pronto y neutralizaba uno de los mayores peligros a los que se podía enfrentar su equipo: el verse cercado por los rivales por no tener la posesión. Michael Laudrup venía de un semi-fracaso en la Juventus de Turín, pero el juego ofensivo del Barça le permitió dar lo mejor de sí mismo, de Laudrup partía la fantasía en la media, los pases imposibles que abrían las defensas contrarias y la condición de cerebro del equipo, sin ser propiamente un medio centro. El búlgaro Hristo Stoichkov representaba la agresividad combinada con técnica, explosivo, rapidísimo, con olfato de gol y capaz de sacar de quicio a cualquier defensa contrario; se pegaba a la banda izquierda en donde era capaz de sortear a los rivales y afrontar el disparo a puerta o la asistencia mortal.

Este éxito en la contratación de jugadores foráneos otorgó una clara ventaja del Barcelona sobre el Real Madrid a comienzos de los años 90. Pero los extranjeros debían ser decisivos, no imprescindibles. Para ello el armazón nacional debía ser lo suficientemente solvente para dejar el campo libre a las figuras foráneas. Andoni Zubizarreta actuaba como capitán y alter-ego del entrenador en el campo. Un producto de la cantera, Ferrer, se asentaba en el lateral derecho del que no se movería en años y para el medio del campo el holandés se sacó de la manga a un jovencísimo jugador que estaría llamado a marcar una época. Muchos estaban seguros que Cruyff había cometido un grave error al permitir el traspaso de Milla al Real Madrid, pero él sabía que en la cantera estaba un espigado chaval que era mucho mejor y se llamaba Pep Guardiola, que con apenas 19 años subió al primer equipo. Poseedor de una de las visiones de juego más perfectas jamás vistas en España su asociación con Eusebio y Laudrup en la media permitía no solo la posesión de la pelota, sino una circulación rápida que noqueaba a los rivales. En punta de ataque Berigistain cubría la otra banda y el siempre sorprendente Julio Salinas aseguraba un buen puñado de goles al año.....pese a lo discutido de su figura. Como buen alumno de Rinus Michels, el entrenador holandés de la "naranja mecánica", Cruyff era amigo del intercambio de posiciones de sus jugadores, lo que dificultaba la labor de contención del contrario.

De tal forma que el juego del Barça seguía un esquema bien definido que casi ningún rival podía parar. Zubizarreta pasaba a Koeman, que disponía el pase medido a la media en donde esperaba Guardiola o Laudrup para asociarse con Eusebio o Amor. En la media punta, José María Baquero hacía de enganche para atraer al contrario y, cuando la ocasión lo permitía, el balón iba a Stoichkov o Berigistain que enfilaban el ataque. Como la atención de la retaguardia se centraba en estas peligrosas bandas, no era infrecuente la irrupción en ataque de Laudrup, Baquero o el mismo Amor. Si la presión del contrario lo impedía, Koeman disponía de un pase largo medido, que Julio Salinas podía cazar y proteger o que llegaba directamente a los extremos.

De esta guisa el Barça ofrecía un juego atractivo, muy ofensivo y que poco a poco fue adquiriendo gran prestigio entre los aficionados, tanto propios como contrarios. No faltaban peligros evidentes, entre ellos el defensivo. Si se perdía la pelota en el centro del campo, era fácil que el contrario montara una contra peligrosa ante una defensa más bien poco poblada, aunque el sentido de anticipación de Koeman y del posteriormente incorporado Miguel Ángel Nadal se convirtieron en claves en tales lances, así como la posición adelantada de Zubizarreta. No pocos encuentros se fueron al traste de esta forma, pero resultaron muchos más los ganados y el aficionado disfrutaba de partidos bonitos y vibrantes que dotaron al fútbol de un prestigio esencial tras la decepción tremebunda que había supuesto el campeonato del mundo disputado en Italia en el verano de 1990

LLEGAN LOS ÉXITOS Y LA SUERTE

La Liga 1990-91 comenzó con tres victorias consecutivas y la sensación de que algo estaba cambiando. Por primera vez desde 1985 el equipo salió campeón sin contestación alguna. Descartado el Real Madrid, sólo el defensivo Atlético de Madrid de Tomislav Ivic supuso cierta inquietud. Las angustias de otros años se habían enterrado y, en esta ocasión, no se requería de un título copero para salvar el año sino que la duda estaba en saber cuántos trofeos levantarían los culés . Finalmente sólo se ganó el del campeonato de la regularidad; el Atlético de Madrid le sorprendió en las semifinales de la Copa del Rey y el Mánchester United de Alex Ferguson le vencía en la final de la Recopa en la que el ex barcelonista Mark Hugues, despreciado en 1987 por bajo rendimiento, se tomaría la revancha con dos goles en la final que sellarían el primer éxito continental de los "diablos rojos" en muchos años y su vuelta al primer plano internacional. Atrás había quedado una emocionante eliminatoria ante la Juventus de Turín.

¿Era flor de un día o existía base sólida para reeditar éxitos en los próximos años?. En las anteriores temporadas en las que los barcelonistas habían sido claros triunfadores del campeonato de Liga (1973-74 y 1984-85) el vacío había acompañado a los años posteriores. Lo éxitos, por lo tanto, no se habían consolidado en el tiempo. Y los comienzos del ejercicio 1991-92 parecieron seguir la misma línea: derrotas en Sevilla y Gijón y ante en casa frente al Oviedo. El Real Madrid entrenado por Radomir Antic se escapaba con ocho puntos de ventaja, aunque al final de la primera vuelta la distancia se había vuelto a reducir a apenas cuatro. Los sempiternos problemas defensivos lastraban en buena parte de los partidos a los de Cruyff.

La Copa de Europa era sustituida por el formato de la Liga de Campeones. Los equipos debían de pasar unas rondas previas para disputar una liguilla de la que saldrían los finalistas. El camino azulgrana en la máxima competición continental se encontró con un escollo harto complicado, el poderoso Kaiserlauten germano que sin embargo, parecía bien encaminado cuando se venció en encuentro de ida por 2-0 en Barcelona gracias a dos goles de Berigistain. Pero el 6 de noviembre de 1991 Zubizarreta, Nando, Cristobal, Koeman, Eusebio, Baquero, Guardiola (Nadal m 45), Stoichkov, Laudrup, Witschge, Begiristain (Serna m 64) sufrieron uno de los momentos más agónicos de la historia azulgrana; totalmente desbordados por el rodillo germano que en el minuto 20 del segundo tiempo había remontado la eliminatoria con un contundente 3-0, haciendo valer su superioridad física y un dominio aplastante en el juego aéreo (dos de los tres goles procedieron de un córner). Todo parecía perdido ante el delirio de los espectadores que abarrotaban el recinto alemán, cuando en el último suspiro de partido, Koeman dispone de una falta alejada de la portería, la lanza muy escorada al lado izquierdo en donde, de entre todos los gigantes alemanes, surge la cabeza milagrosa de José María Baquero, que empalma un testarazo que se le cuela al meta Ehermann. Es un auténtico milagro que permite el pase a la segunda fase, un buen puñado de millones y sienta las bases de los futuros meses que se convertirán en inolvidables en la historia azulgrana. También es la primera muestra de la inmensa fortuna que acompañará al equipo en momentos decisivos, pero como no pocos dicen, la misma hay que buscarla.

El combinado de Cruyff cae en un grupo compuesto por Benfica, Sparta de Praga y Dinamo de Kiev. Cinco victorias y un empate le hacen campeón indiscutible del grupo y aseguran su pase a la gran final a disputar en el mítico estadio londinense de Wembley. Enfrente, el rival al que batió en la Recopa de 1989, la Sampdoria genovesa entrenada por el veterano Vujadin Boskov. Sus figuras eran el portero Pagliuca, el centrocampista Toninho Cerezo y las puntas Vialli y Mancini, un equipo italiano algo atípico, bien armado defensivamente pero con un aire algo más ofensivo que los equipos trasalpinos del momento. No cuenta con una gran tradición, pero ha sido capaz de ganarle el campeonato al todopoderoso Milán de los tres holandeses y en el ambiente pesa como una losa la maldición de las finales perdidas en 1961 (ante el Benfica) y la traumática de 1986 (ante el Steaua de Bucarest) que dejaron un poso tan amargo.

El 20 de mayo de 1992 Zubizarreta, Nando, Ferrer, Koeman, Juan Carlos, Bakero, Salinas (Goikoetxea m. 69), Stoichkov, Laudrup, Guardiola (Alexanko m 118) y Eusebio se enfrentan a Pagliuca, Mannini, Katanec, Pari, Vierchowod, Lanna, Lombardo, Toninho Cerezo, Vialli (Buso), Mancini y Ivano Bonetti (Invernizzi) en busca del cetro europeo. Como toda final que se precie hay mucha precaución y son los porteros los que abortan las dos únicas ocasiones del primer tiempo, destacando una gran intervención de Zubizarreta a tiro de Lombardo. Al comienzo del segundo tiempo Julio Salinas, la gran sorpresa de la alineación, se hace con un balón imposible en el área genovesa y casi bate la portería italiana, pero minutos más tarde un contragolpe trasalpino deja en bandeja un balón franco de gol que Vialli no aprovecha. Es un encuentro no apto para cardiacos en el que parece claro que el que marque primero se hará con la victoria , y un mágico pase de Laudrup a Stoichkov deja a este último la ocasión propicia para desnivelar la balanza, pero su tiro ajustado se estrella en el palo. La maldición de Sevilla vuelve a planear y más cuando, de nuevo Vialli, cuenta con una gran ocasión pero que se malogra al elevar demasiado la pelota ante la salida de Zubizarreta.

Se llega a la prórroga en la que la cautela es absoluta, aunque el Barça parece más fresco y enchufado. En el ambiente la sombra de una nueva tanda de penaltis de tan infausto recuerdo. Entonces, la historia cambia para siempre, en el minuto 12 del segundo tiempo, Eusebio pelea un balón con Mancini en las inmediaciones del área italiana, desde el suelo el italiano rebaña el balón y el árbitro señala la falta. Todo el mundo sabe que es el momento clave, ya que los catalanes cuentan con el mejor especialista en golpes francos del mundo. Koeman se sitúa delante de la pelota pide distancia y tras unos segundos que se hacen eternos, empalma un impecable disparo que deja sin opción al meta genovés. Es la superación de una maldición, la consecución del campeonato más deseado en el año más emblemático para la ciudad, aquel en el que se van a disputar los Juegos Olímpicos

Logrado el gran éxito del año, al equipo le queda una remota posibilidad de ganar la Liga en la que compite con Real Madrid y Atlético. La irregularidad de los tres candidatos preside todo el campeonato. El Real es líder casi todo el año pero la sustitución de Antic por Leo Beenhakker crea desconcierto y no da una a derechas lejos de su estadio. El Atlético logra un

EL BAÑO DE GASPAR EN EL TÁMESIS

Joan Gaspart, uno de los empresarios de hostelería más importantes de España, fue desde su niñez un forofo azulgrana sin remisión. Convertido en vicepresidente por José Luis Núñez, su pasión futbolera le hacía vivir los partidos con una intensidad pocas veces vista en un dirigente, hasta el punto que no podía aguantar la presión, de tal forma que se veía obligado a abandonar el palco de autoridades. En vísperas de la final de 1992, declaró que si el equipo ganaba la Copa de Europa, se bañaría en el mismísimo rio Támesis cuyas temperaturas suelen ser todo menos cálidas y adecuadas para un chapuzón. Tras la victoria el dirigente cumplió su palabra y su imagen saliendo del legendario río londinense ha pasado a la historia de la iconografía culé casi con más fuerza que muchos de los goles más memorables

gran sprint final aunque se ve muy lastrado por los puntos perdidos en la primera vuelta y el Barça parece perder todas sus opciones cuando cae ante el Tenerife de Valdano por 2-1, hasta el punto que el propio Cruyff declara que la Liga está perdida tras ese encuentro. Pero el triunfo en Wembley llena de moral a los jugadores que juegan sin presión por el éxito conseguido y sacan lo mejor de su repertorio. Cuatro victorias consecutivas le permiten llegar a la última jornada con opciones serias de ganar el título. Se juega en casa ante el Bilbao y el Real Madrid visita Tenerife, en donde debe de ganar ya que la diferencia de goles favorece al Barça. Núñez declara que tiene poca fe en el milagro ya que al frente del Tenerife se sienta Jorge Valdano, vieja gloria blanca e incluso candidato a su banquillo. El 7 de junio de 1992, los culés se pegan al transistor al mismo tiempo que ven como su equipo se impone cómodamente por 2-0 ambos goles de Stoichkov. Pero el Real Madrid gana por 0-2 en Tenerife, con lo que todo el mundo da el asunto por concluido. Pero eso es a los 25 minutos del primer tiempo; en lo que resta de partido el fútbol español asiste a una remontada que hará historia por parte de los isleños que dejan el marcador en 3-2, dando el trofeo al Barcelona. Por primera vez desde 1960 se ha ganado el campeonato en la última jornada, y la racha empezada en Wembley parece no tener fin. A ello hay que unirle un final de Liga de juego memorable con victorias espectaculares como un 0-6 y en Valladolid y un 0-4 en campo del Español. Se habla del "Dream team", del equipo de ensueño que no sólo gana, sino que deleita a los espectadores con un juego vistoso y alegre, muy lejos de las mezquindades de otros equipos sólo preocupados en preservar el resultado y aprovechar alguna contra.

Las variables no cambiarían en la temporada 1992-93 con el mismo bloque y en la que se consiguieron encuentros memorables como un 0-5 en el Vicente Calderón en un cruce de Copa del Rey, en el que Michael Laudrup salió en medio de una gran ovación por el público visitante. La única mancha de la temporada vino en la Liga de Campeones en donde el juego ofensivo azulgrana le produjo, en esta ocasión, una mala pasada. En la eliminatoria previa ante el CSKA de Moscú, en Barcelona, los goles de Nadal y Berigistain parecen dejar finiquitado el asunto y el público acude a una nueva exhibición de juego de Michael Laudrup, con sus regates imposibles, sus encares de puerta sorteando rivales y asistencias mágicas. Pero al borde del descanso una contra rusa supone el 2-1. Todavía no parece peligrar la clasificación y el Barça sigue dominando, pero en un córner los rusos empatan, a partir de ahí los nervios de apoderan de la escuadra campeona de Europa que se ve incapaz de reaccionar ante lo inesperado de las complicaciones planteadas. En medio de una desorientación generalizada, el 2-3 sube al marcador. El público asiste atónito a la eliminación del equipo que realizaba el mejor juego del continente; el gol ruso al límite del primer tiempo ha resultado clave puesto que ha sumido en la incertidumbre a un Barça cuyos aficionados ya pensaban en la goleada.

Las competiciones nacionales centran pues la atención y las mismas una vez más el Real Madrid es el rival a batir. En la Copa del Rey los entrenados por Benito Floro se apuntan una importante victoria psicológica al ganar 1-2 la vuelta de las semifinales en Barcelona, en un choque en el que Koeman falla un penalti, acontecimiento casi inédito, pero en la Liga el codo a codo lleva a los dos equipos a la misma situación de la temporada pasada; tras vencer el Barça en Pamplona 0-1 y el Real Madrid al Atlético por el mismo tanteo, los de Cruyff reciben en la última jornada a la Real Sociedad mientras que el Madrid visita la isla maldita de Tenerife. En esta ocasión, no hay el dramatismo del anterior año, el Barça gana 1-0 sin pasar muchos apuros y el Real Madrid pierde con claridad en el Heliodoro Rodríguez (2-0). Por primera vez en la historia tres títulos seguidos.

En la temporada 1993-94 la obra de Cruyff viviría su máximo esplendor, en ella tendría sus mejores momentos........y su caída más estrepitosa. Dos importantes novedades se incorporaron a la ensamblada plantilla culé: el defensa canterano Sergi Barjuán, un prodigio de fortaleza física que desde el lateral izquierdo marcaría toda una época en el Barça y la selección española y el delantero brasileño Romario de Souza, de largo el mejor ariete del mundo del momento. Jugador imprevisible, con una de las técnicas más depuradas jamás vistas, infalible en el uno contra uno y capaz de dejar sentado a un defensa en un palmo de terreno con sus quiebros asombrosos.

En realidad, durante los últimos años el Barça había jugado sin delantero centro puro una vez postergado Julio Salinas. La incorporación de Romario suponía cubrir el único puesto susceptible de ser mejorado, aunque, al mismo tiempo, implicaba un "problema" ya que al solo estar permitida la alineación de tres jugadores extranjeros, una de las cuatro grandes figuras culés tendría que sentarse en el banquillo. Como Koeman era el iniciador de juego azulgrana y la pieza esencial del ya

PARTIDOS MEMORABLES
EL ESPLENDOR DEL SISTEMA

Aunque gran parte de los aficionados recuerdan principalmente el 5-0 al Real Madrid o la final de Wembley, gran parte de la crítica especializada ha señalado el partido de vuelta de la previa de la Champions 93-94 contra el Dinamo de Kiev, como la culminación del mejor momento de juego del equipo dominador de la primera parte de los años 90.

Existía en el ambiente un temor a la repetición de lo acontecido el año anterior ante el CSKA, pero aquél día Zubizarreta, Ferrer, Guardiola, Koeman, Nadal, Baquero, Goikoetxea, Estebaranz (Juan Carlos), Laudrup, Romario, Begiristain (Amor) dieron un baño a los rusos que aún se recuerda por la belleza de su ejecución. Los pases medidos, las constantes acometidas sobre la portería rusa, el toque permanente de la pelota en pos de la meta contraria, cada avance convertido en ocasión....en definitiva el ideal del Cruyfissmo llevado a su máxima expresión con un ritmo preciso en el que la calidad técnica se imponía a la fortaleza física. En el minuto 1 Romario ya estrellaba un balón en el poste, a los 9 Laudrup, tras gran jugada del brasileño, inauguraba la contienda y en el 16 Baquero aprovecha un servicio de Berguistain para hacer el 2-0. Con Guardiola distribuyendo sin cesar, poco importó la reducción de distancias de Rebrov; dos nuevos tantos de Baquero y Koeman dejaban un 4-1 que bien pudo ser por el doble de goles de diferencia dado el carrusel de oportunidades desaprovechadas por los propietarios del Camp Nou.

La victoria incluso supuso un efecto balsámico en un comienzo de Liga muy irregular y demostró que con Romario en punta, los azulgranas contaban con el arsenal ofensivo más temido de Europa y que el gran José María Baquero, seguía siendo, pese a su veteranía, un puntal decisivo en los momentos claves del equipo, cuando la alta competición obliga a responder a los jugadores que no se esconden nunca

debilitado engranaje defensivo, los números caían habitualmente en Stoichkov y, sobre todo, Michael Laudrup, al que Cruyff acusaba en ocasiones de rendir por debajo de sus cualidades. No era algo nuevo, ni mucho menos, ya que el entrenador holandés no hacía ascos a criticar públicamente a sus jugadores buscando en ellos reacciones en los momentos de crisis. Laudrup uno de los baluartes del "Dream Team" no aceptó de buena gana sus suplencias y desde mediados de temporada negoció con el Real Madrid, ya que ese año acababa contrato

Como las alegrías defensivas siguen dando problemas, el Barça sufre algunas derrotas significativas como la acontecida en el Vicente Calderón, donde pierde 4-3 tras llegar ganando por tres goles en el descanso, o en Zaragoza en la que el pujante equipo de Víctor Fernández lo humilla por 6-3. Como compensación, el Real Madrid sufre un contundente 5-0 en su visita a Barcelona. En esta ocasión, el gran rival por el título no son los blancos, sino el flamante Superdepor dirigido por el veterano Arsenio Iglesias y comandado en el campo por Bebeto y Mauro Silva, que lidera el campeonato con solvencia casi todo el año y llega a contar con seis puntos de ventaja a pocas jornadas del final. Todo parece en manos de los coruñeses para dar la sorpresa, pero desde Barcelona se inicia una campaña para concienciar a todos que el Deportivo no aguantará el acoso de su más experimentado contrincante. Como la Copa del Rey apenas supone desgaste, al ser sorprendentemente eliminados por el Betis, los azulgranas, que pasean con firmeza por la Liga de Campeones, centran sus esfuerzos en el sprint final del torneo liguero al que llegan, una vez más, en plenitud de forma, hasta el punto que consiguen la friolera de 28 de los últimos 30 puntos en juego.

En la penúltima jornada se visita el Bernabéu, con un Madrid en horas bajas pero que sabe que con un mero empate puede amargar el triunfo a su gran enemigo, algo que ya había acontecido en la Liga 1981-82. El Barcelona de Cruyff siempre suele jugar mal en feudo blanco y, esta vez no es una excepción. Se trata de un partido malo, bronco y con escasas ocasiones. A diez minutos de la conclusión, una recuperación de balón en zona blanca produce una contra en la que el centro de Stoichkov es rematado al fondo de las mallas por Amor y sella el único triunfo de Cruyff en campo madridista. La presión para el Depor es ya insoportable, aunque al día siguiente da un paso de gigante al ganar 0-2 en Logroño. Se llega una vez más a la última jornada: Depor-Valencia y Barça-Sevilla con los andaluces jugándose la U.E.F.A. Suker adelanta a los hispalenses pero el Barça se hace pronto dueño de la situación y termina goleando por 5-2. Todo el mundo está pendiente de Coruña donde sigue el empate a cero. Se empieza a celebrar el nuevo milagro, cuando la bomba salta: en el minuto 90 penalti a favor del Depor. Surgen entonces los segundos más dramáticos de la historia de la Liga española; los que van desde que el serbio Djukic sitúa la pelota en el punto de penalti y lanza el balón a las manos del portero. La locura se apodera, de nuevo, del Camp Nou, tercer triunfo seguido en último instante, la cuarta Liga consecutiva, lo nunca visto ni imaginado en una entidad que hasta hace no muchos años acumulaba derrotas históricas por doquier

Pero quedaba el partido definitivo que debía encumbrar al combinado azulgrana como uno de los grandes equipos de la historia del fútbol europeo. En la Liga de Campeones los culés habían tenido un recorrido casi inmaculado, con un claro triunfo en semifinales por 3-0 ante el Oporto. Quedaba sólo el escollo de la final y el rival era nada menos que el gran dominador del fútbol contemporáneo: el Milán dirigido por Fabio Capello, el sucesor de Arrigo Sacchi, campeón del Scudetto. Ya no estaban Gullit, Rijkaard o Van Basten. Pero sí nuevas figuras como Savisevic, Boban o el francés Macel Desailly, un prodigio físico fichado del Olympique de Marsella a mitad de temporada. Un grave hándicap atenazaba a los italianos: las lesiones de sus defensas señeros Franco Baresi y Costacurta, en especial la ausencia del primero era un lastre de difícil superación, ya que se trataba del director de orquesta milanista desde su posición de jefe de la defensa, de encargado de dirigir sinfónicamente el impecable sistema defensivo italiano.

Era, en definitiva, el choque entre el mejor ataque contra la mejor defensa del continente. Apenas unas horas después del nuevo título de Liga la expedición azulgrana partió hacia Atenas sede de la final. Un Johan Cruyff crecido no hizo la menor concesión a la cautela: proclamó a los cuatro vientos que su equipo era el favorito y que el juego del Milán no le impresionaba en absoluto. Nada parecía importar que los milaneses hubiesen ganado dos Copas de Europa recientes y perdieran la final de 1993 ante el Marsella, la expedición catalana estaba convencida del triunfo, que la creatividad de Guardiola, Stoichkov, Romario y compañía era suficiente ante la sobriedad defensiva italiana. Incluso en la previa del encuentro el locutor español Matías Prats, proclamaba el favoritismo culé «Por primera vez en muchos años, el Milán no es favorito».

Capello y su gente actuaron con cautela. Contaban con bajas importantes, pero con la experiencia y calidad suficiente como para afrontar un partido de tales dimensiones con plenas garantías. Incluso se sentían cómodos con su papel de víctimas. Un acontecimiento extraño aconteció en las horas previas a la gran cita, durante el camino en autobús al estadio, Joan Gaspart comunicaba a Andoni Zubizarreta el capitán, que no continuaría el año que viene al no renovársele el contrato. Pareció casi una premonición del desastre y, desde luego, el lugar menos indicado para esa noticia. Cruyff prescindió una vez más de Laudrup que ya había firmado con el Real Madrid y alineó a Zubizarreta, Ferrer, Nadal, Koeman, Sergi (Estébaranz), Berigistain (Eusebio m.51), Amor, Stoichkov Baquero y Romario. Una alineación ofensiva dispuesta a imponer su juego ante Rossi, Panucci, Galli, Maldini, Albertini, Desailly, Donadoni, Boban , Savisevic y Massaro.

Frente a la opinión generalizada de que iba a presentar un planteamiento timorato, el Milán sale a por todas; la mítica presión milanista que se ha hecho famosa en Europa empieza con el infatigable trabajo de Savisevic y Massaro que entorpecen la salida de balón azulgrana. En la media, Albertini vigila de cerca a Guardiola y el motor de la zona ancha apenas puede distribuir. El engranaje defensivo italiano funciona de tal guisa que Baquero se ve obligado a retroceder muchos metros de forma que no puede hacer su labor de enganche con los puntas. Los reconvertidos en centrales Maldini y Galli dejan a Romario seco, aunque, por otra parte, no le llegan balones en condiciones. Pero el Milán no se limita a defender con su maestría habitual: de la mano de un inmenso Savisevic encara con peligro la portería de Zubizarreta y los defensores españoles se las ven y desean para parar al astro de los Balcanes. Al perder el dominio de la pelota el Barça se siente perdido y en el minuto 22 una gran jugada de Savisevic permite a Massaro inaugurar el marcador. El Barça trata de reaccionar pero no consigue desarrollar su juego porque la tela de araña milanesa se lo impide. Al final del primer tiempo, la superioridad trasalpina es abrumadora; el potente Desailly se hace amo y señor de la parcela ancha, y todos los rechaces le llegan a él. Los italianos empiezan a tocarla y casi al borde del descanso una excelsa combinación de la delantera milanista llega a pies de Donadoni, éste se interna en el área azulgrana y surte un centro preciso para que Massaro fusile el 2-0 y deje casi sentenciada la contienda.

¿Qué estaba ocurriendo?. Pues como le había sucedido al Real Madrid de Butragueño y Michel, el Barça se enfrentaba a la cruda realidad de jugar contra un equipo cuyo concepto táctico y físico era muy superior. Como en aquellas eliminatorias de finales de los 80, la asfixiante `presión milanista, ejecutada de forma sincronizada desde los jugadores más talentosos del equipo hasta aquellos de corte más defensivo, impedía a las estrellas azulgranas desarrollar su creatividad. Anulado Guardiola, se echó en falta la magia de Laudrup ya que Stoichkov vivió uno de sus días más grises y sin creación en la media el balón no podía llegar con soltura a los extremos ni a Romario.

El segundo tiempo no fue sino un paseo italiano que concluyó en un humillante 4-0, con goles de Savisevic y Desailly, quizás las dos grandes figuras del encuentro, que dejaba bien claro quién era el mejor equipo de Europa. El Milán contaba con jugadores al menos tan buenos como el Barça y su disposición defensiva era muy superior a la del campeón español, que naufragaba ante rivales a los que no podía marear con su dominio de la pelota. Resultó el triunfo de un modelo que, no en vano, dominaba la máxima competición continental desde 1988 y no por casualidad. El cierto desprecio mostrado por la expedición azulgrana hacia su oponente, sin duda provocado por estar todavía ebrios por el nuevo e inesperado título en la última jornada, fue sabiamente administrado por Capello, uno de los mejores estrategas del fútbol europeo que incentivó a sus jugadores a demostrar que seguían siendo los mejores.

Aquella derrota supuso un antes y un después en el exitoso periplo del club de los años 90. La salida de su capitán, Andoni Zubizarreta, ya era un síntoma inequívoco de fin de ciclo. A él se le unieron símbolos esenciales del periodo como Julio Salinas, Goikoechea y Michael Laudrup que abandonaron la disciplina azulgrana totalmente controlada por el entrenador holandés.

Los éxitos al frente del banquillo de Cruyff le habían otorgado un poder omnímodo respecto a la configuración del equipo, los fichajes y bajas y hasta el diseño de los contratos, rechazando la figura de los compromisos de larga duración e incidiendo en la retribución por objetivos. Ello había provocado ciertos roces con la Junta Directiva presidida por José Luis Núñez, amortiguados por los grandes resultados y el juego del equipo. Pero las diferencias eran cada vez más evidentes y el técnico que había roto la estela de equipo perdedor de los culés, no estaba por la labor de perder ni un ápice de poder dentro del vestuario. Él marcaba las normas y quien no las siguiese estaba fuera, sólo él sabía de fútbol y en cuanto a los directivos, los mismos se debían limitar a cumplir con lo exigido por el triunfante entrenador.

Pero su olfato empezó a fallarle tras la final de Atenas. Para la siguiente temporada la baja de Zubizarreta estuvo deficientemente cubierta con Busquets y Lopetegui, joven cancerbero al que la mala fortuna perseguiría en su periplo culé, pese a venir de cuajar dos grandes campañas en el Logroñés, hasta el punto que Busquets terminó siendo titular, sin gran éxito por cierto. La llegada del central Abelardo parecía dar cierta consistencia a la defensa, habitualmente señalada como el talón de Aquiles, por los evidentes riesgos del sistema de juego impuesto por el holandés. Pero quizá la decisión más polémica vino por la contratación del rumano Gica Hagi para sustituir al inolvidable Laudrup, sin duda provocada por el excelente Mundial realizado por el llamado "Maradona de los Cárpatos". Jugador de condiciones innegables, aunque muy irregular, y sin la mentalidad adecuada para un equipo grande, como había demostrado en su anterior etapa en el Real Madrid, tampoco en su periplo por la Cuidad Condal dejó una huella notable, alternando grandes partidos con actuaciones decepcionantes. Otras decisiones de incorporaciones peculiares fueron la del defensa Sánchez Jara y el delantero ruso Korneiev, dos jugadores a años luz de estar a la altura de las exigencias del cuatro veces campeón de Liga.

Desde inicio de año se demostró que la maquinaria azulgrana estaba algo oxidada y el golpe definitivo vino dado por la espantada del astro brasileño Romario a mediados de temporada, en vísperas de un duelo ante el Real Madrid. Romario que había vuelto consagrado del Mundial 94, no gustaba de la rigidez del entrenamiento europeo, quería volver a su país, se reincorporó tarde a los entrenamientos y apenas disimuló sus ganas de marcharse desde comienzo de temporada, cosa que consiguió en el mes de diciembre. Con un Koeman en cuesta abajo, lastrado por las lesiones y Stoichkov enfrentado a su entrenador y a buena parte de sus compañeros, a los que acusaba de no tener nivel suficiente, el Barça 1994-95 fue una pálida copia del equipo triunfante de las pasadas temporadas y sufrió humillantes derrotas como los 5-0 del Bernabéu y en El Sardinero ante el Racing, y un 1-4 en Copa ante un Atlético de Madrid en horas más que bajas. En La Liga de Campeones, el Paris Saint Germain eliminaba en octavos a un equipo que requería de una renovación inmediata y que incluso pasó apuros para clasificarse para la Copa de la U.E.F.A, objetivo mínimo que no alcanzó hasta la última jornada.

Esa renovación volvió a estar comandada por Cruyff cuyo crédito con la Junta Directiva estaba cada vez más agotado, ya que la misma cuestionaba seriamente que fuese el hombre adecuado para los nuevos tiempos, y miraba con recelo su carisma en la masa social. Se incorporaron el bosnio Kodro, que había cuajado grandes temporadas en la Real Sociedad, el portugués Luis Figo, jugador de gran técnica y regate, muy adecuado para el juego de extremos tan del gusto del preparador, el croata Robert Prosienecki, tras una rocambolesca historia que implicó a los dos equipos madrileños, y el sólido defensa rumano Gica Popescu, además de la subida al primer equipo de canteranos como Oscar, Roger e Iván de la Peña. Abandonaron Can Barça, Koeman, Eusebio Berigistain y Stoichkov con lo que el "Dream Team" quedó finiquitado para siempre. En la temporada 1995-96 se mejoró el papel de la anterior, pero el juego resultó plano, sin inspiración y los nuevos fichajes con la excepción de Figo, destinado a marcar época en todos los aspectos, y el seguro defensa Popescu no aportaron gran cosa. La guerra dialéctica entre Núñez y Cruyff iba incrementándose y sólo una acertada racha de resultados a mediados de temporada dio la tregua suficiente para llegar a fin de año con posibilidad de ganar algún título. Pero se perdió la final de Copa del Rey ante el Atlético de Madrid y las semifinales de la U.E.F.A contra el Bayern en apenas una semana con lo que un nuevo año en blanco dejaba al holandés en una posición precaria de cara al futuro. Su obsesión por controlar la política deportiva le llevaba a chocar frontalmente con unos dirigentes con los que hacía tiempo que había dejado de entenderse. Una de las controversias más famosas fue la de quién había entorpecido el fichaje de un joven centrocampista francés, que empezaba a despuntar en el Burdeos y mostraba un exquisito trato a la pelota: su nombre no era otro que Zinedine Zidane. Cruyff reclamaba jugadores de postín y Núñez le contestaba que no podían asumirse muchos costes después de los fracasos en la contratación de los últimos años, era evidente que el matrimonio conveniencia no mostraba bases sólidas.

La salida de Cruyff tuvo tintes desagradables. Dos jornadas antes de acabar la temporada, el vicepresidente Joan Gaspart le comunicó el cese lo que derivó en un agrio enfrentamiento entre las partes. Hubo un áspero cruce de declaraciones y la directiva sacó a relucir aspectos tan discutibles como el prescindir de Zubizarreta y Laudrup, e insistieron que muchas de sus decisiones no tenían otro objeto que alinear a su hijo Jordy Cruyff. El conflicto duró años y terminó en los tribunales de justicia. El dúo que habían llevado al Barcelona a lo más alto terminaba como el rosario de la aurora.

Nadie puede negarle al acaso el mejor jugador de la historia del fútbol europeo, que su paso por uno de los banquillos más inestables del viejo continente dejó un sello imborrable de títulos y buen juego. También es claro que el último bienio de su mandato estuvo más lleno de sombras que de luces, con decisiones muy poco acertadas en cuanto a composición de plantilla, sobre la que el holandés tenía el control absoluto. Con Cruyff hubo la paciencia suficiente para dejarle ensamblar un combinado de la forma que él quería, hecho bastante inusual en el fútbol español y menos aún en el Fútbol Club Barcelona. Los resultados le dieron la razón, aunque la diosa fortuna le acompañó en no pocas ocasiones. Su legado más importante sin lugar a duda, fue el demostrar que el equipo azulgrana podía aspirar a ganarlo todo y con una adecuada política deportiva era factible mantenerlo en la élite durante no pocos años. Su apuesta decidida por el fútbol de ataque en el que primara la posesión de la pelota y el juego de extremos, dejó una cultura futbolística muy impregnada que marcaría alguno de los periodos posteriores más gloriosos del club. Cruyff no volvería a sentarse en un banquillo; con buen criterio pensó que ya lo había ganado todo y nuevas aventuras no iban sino a suponer el poner en cierto peligro su bien ganado prestigio. En cualquier caso, siempre será una de las voces más autorizadas del entorno azulgrana.

NUEVAS Y TURBULENTAS ÉPOCAS

Casi al mismo tiempo que se comunicaba el cese de Cruyff, la Junta Directiva anunciaba la contratación de Bobby Robson como entrenador del año siguiente. La relación de Núñez con Robson venía ya de mediados de los 80, cuando estuvo a punto de sustituir a Menotti ,y por recomendación suya se terminó contratando a Terry Venables. El veterano entrenador era un puente para el hombre señalado como entrenador del futuro: el holandés Louis Van Gaal, creador del Ajax de Ámsterdam que asombraba a toda Europa por aquellos años, pero que tenía un año más de contrato con el club de los Países Bajos. También se barajaron los nombres de Radomir Antic o Jupp Heynkess, pero el primero tenía un compromiso con el Atlético tras hacerlo campeón y el segundo era muy amigo de Cruyff. Robson era un veterano de los banquillos conocido por su periodo como seleccionador inglés de 1982 a 1990 año en el que llevaría a Inglaterra a las semifinales del Mundial de Italia, el mejor papel de los *pross* en mucho tiempo. Con posterioridad, había entrenado a PSV y Oporto con numerosos títulos de Liga en su haber; a título de curiosidad hay que destacar que un jovencísimo Javier Clemente estudió sus sistemas de trabajo en Inglaterra antes de asumir al Athletic de Bilbao campeón de los años 80. Hombre tranquilo, educado y con gusto por las bromas, tuvo que afrontar un complicado ejercicio con la sombra de su ilustre predecesor planeando sobre él, y un sector de prensa y afición nostálgico del Cruyffismo, que parecía olvidar las dos últimas decepcionantes temporadas y decidieron desde el primer día que el inglés no estaba a la altura del banquillo culé.

A Robson le llenaron el equipo de fichajes destacados: Luis Enrique, procedente del Real Madrid, José Antonio Pizzi, máximo goleador de la temporada concluida, los internacionales portugueses Victor Baía y Couto y el brasileño Giovanni, talentoso media punta fichado por el mismísimo Núñez, tras verle en un par de videos. Incluso volvería de forma fugaz un héroe del pasado, Hristo Stoichkov, que vivió un fracaso absoluto en el Parma italiano en la temporada anterior. Pero la incorporación más destacada llegó al final del verano, y se trató de un joven delantero brasileño de apenas 20 años, que ya había sido convocado para el Mundial 94 y que mostraba un olfato de gol insuperable: Ronaldo Nazario de Lima.

El impacto de Ronaldo en aquella temporada 1996-97 ha sido difícilmente superado en la historia reciente del fútbol español. Con una de las zancadas y cambios de ritmo más impresionantes que jamás se hayan visto, su debut con la camiseta azulgrana tuvo un efecto parecido al vivido en su época con Kubala y Cruyff. Era dinamita pura frente a la portería contraria, y una pesadilla para las defensas rivales que no encontraban el medio para frenarle de ningún modo. El jugador que se vio en aquella temporada se trataba de un astro destinado a entrar en el Olimpo de los muy grandes al que desgraciadamente las lesiones y su tendencia al sobre preso le impidieron llegar al sitio que por su calidad le correspondía. Aún en la retina de los espectadores queda un memorable gol en Santiago de Compostela, tras sortear a casi todo el equipo contrario desde el centro del campo

Con este sensacional equipo, el inglés sacó una nota bastante alta; ganó tres de las cuatro competiciones oficiales que disputó esa temporada en la que sólo cedió la Liga ante el Madrid de Fabio Capello con la punta de ataque Suker , Mijatovic y Raúl. Supercopa, Copa del Rey y Recopa de Europa pasaron a engrosar el palmarés del Camp Nou. Aun así, el inglés tuvo que soportar duras críticas a lo largo del año, en especial por la falta de sistema definido y tener un juego basado, fundamentalmente, en las acciones individuales de sus estrellas más que en la consistencia del bloque. Lo cierto es que las numerosas incorporaciones existentes supusieron un cierto lastre a la hora de crear un esquema sólido de juego y que la descompensación acompañó a no pocos partidos de los azulgranas, resueltos por la magia de sus jugadores. Al veterano técnico se le faltó al respeto en más de una ocasión, insinuando que las alineaciones las hacía el presidente o que los jugadores no le hacían caso, afirmaciones que parecían olvidar una trayectoria más que notable en los banquillos europeos. Tal vez Robson sufrió los efectos de una guerra civil interna que el barcelonismo mantuvo durante no pocos años en la que se vio en medio, sin comerlo ni beberlo. Pero su legado quedó ahí: tres títulos y 102 goles en el campeonato de Liga. Es de señalar, que su entrenador asistente era un colaborador traído de Portugal, que el tiempo mostraría como una de los grandes de los banquillos europeos; su nombre no era otro que José Mourinho

Con todo, el Barça se plantó en las finales de la Recopa de Europa y de la Copa del Rey, tras superar una inolvidable eliminatoria ante el Atlético de Madrid resuelta con un inolvidable 5-4 después de ir perdiendo por tres goles al descanso. El triunfo en la competición europea no fue muy lúcido; 1-0, de tra.Puede decirse que ese resultado marca el fin de Benito Floro en el Madrid.

Unos meses después otro viejo rival, el Tenerife, vuelve a protagonizar una pesadilla madridista cuando logra imponerse en la vuelta de los cuartos de la Copa por 0-3 en Chamartín, en un partido en el que los locales, desquiciados, terminan con apenas ocho jugadores sobre el terreno de juego.

Tal y como era previsible Benito Floro es cesado tras perder en evite de ida de la Recopa de Europa ante el Paris Saint Germain de David Ginola en el Bernabéu, que está a años luz de ser el feudo inexpugnable de otras épocas.

Vicente del Bosque, antiguo centrocampista internacional y encargado de las categorías inferiores del club blanco se hace cargo del equipo por primera vez. La temporada concluye, sin embargo, con un discreto cuarto puesto que deja un inequívoco olor a fracaso.

Desde el cese de Floro se había manejado una terna de candidatos: Maturana, Jupp Heynckes, que estaba realizando una gran temporada con el Athletic de Bilbao, Arthur Jorge, antiguo campeón de Europa con el Oporto, y Jorge Valdano, el ejecutor blanco en las últimas temporadas desde el banquillo del Tenerife, y al que ya se le había tentado en el verano de 1992. Valdano fue el elegido por su encendido discurso del fútbol ofensivo y ser considerado como una réplica de Johan Cruyff. Desde su incorporación, el argentino exigió dos fichajes indispensables: su compatriota Fernando Redondo, al que había dirigido en Tenerife, centrocampista de gran clase y fortaleza física, muy dotado para el juego en corto y la elaboración de un fútbol de toque como el que pretendía el técnico, y el danés Michael Laudrup, marginado en la recta final del campeonato 93-94 por Johan Cruyff, que acababa contrato y quería dejar su impronta en el máximo rival del club que había revitalizado su carrera. A ellos se les unía el lateral derecho Quique Sánchez Flores, procedente del Valencia y varias veces internacional.

PARTIDOS MEMORABLES

EL HIMNO DEL BARÇA EN EL BERNABÉU

Aquella Copa del Rey 1996-97 es una de las más duras jamás conquistadas por el club con más entorchados coperos de la historia. Las eliminatorias ante Real Madrid y Atlético de Madrid fueron de las que hacen afición; goles y emoción a raudales saldadas con agónicos triunfos de los de Robson. Las semifinales ante la U.D Las Palmas ya se despacharon con más tranquilidad. La gran final era en Madrid, en campo del eterno rival y ante uno de los mejores equipos de año, el Betis entrenado por el futuro entrenador barcelonista Lorenzo Serra Ferrer, un conjunto de corte defensivo con tres puntales atacantes de muchos quilates: Finidi, Jarni y Alfonso.

Como todo el mundo esperaba, aquel 28 de junio de 1997 el club catalán salió a ganar desde el primer minuto bajo la batuta del dúo Guardiola- De la Peña. Pero Serra Ferrer había dispuesto una férrea vigilancia sobre los creadores de juego azulgranas. La premisa bética era clara: contención atrás y salida a la contra. A punto estuvo el plan de salirle bien, a los 12 minutos la conexión Finidi-Alfonso, da lugar al 0-1.

Los de Robson dominan pero no ven puerta con claridad ante la acumulación de jugadores verdiblancos en el área. En el minuto 44, al borde del descanso, el por-

penalti trasformado por Ronaldo ante el Paris Saint Germain, pero supuso la cuarta Recopa de la historia, convirtiéndole en el rey absoluto del ya extinto torneo y dotó a Robson de crédito hasta el resto de año en el que incluso rozaron la Liga, aunque una incomprensible derrota en campo del ya descendido Hércules por 2-1 supuso el adiós definitivo a la misma. Aquella semana se había consumado una noticia trágica para el futuro deportivo de la entidad; la falta de acuerdo entre los representantes de Ronaldo y la directiva suponía la ruptura del contrato del delantero a cambio del pago de 4.500 millones de pesetas para fichar por el Inter de Milán. Es muy posible que durante no pocos años el propio jugador se arrepintiese en

tugués Figo desatasca la maraña con gran jugada individual y fuerte disparo cruzado. Todo estaba por resolver

El descanso no cambia el panorama ya que los dos equipos tienen muy claro cuáles son sus roles. El gol ronda la portería de Jaro, pero no llega, aunque dos remates de Couto y Pizzi casi lo consiguen. Entonces el partido toma un rumbo inesperado. Minuto 82, Alfonso aquel jugador formado en la cantera del Real Madrid, muestra su capacidad para el regate al dejar sentado a Couto y ceder a Finidi para adelantar al Betis de nuevo. Parece que la Copa va a volar a Sevilla, pero Guardiola no tira la toalla: consigue un centro preciso a la cabeza de Pizzi para alcanzar el 2-2 en el 88. Se va por lo tanto, a la prórroga pero la sensación es que el Barça ha salvado un match-ball y va a ganar la final. El Betis renquea físicamente por el esfuerzo realizado en neutralizar el poderío contrario y aguanta como puede en busca de los penaltis que repitan la historia de 1977, cuando se hizo con el título por esa vía. A punto está de conseguirlo cuando en el minuto 114, una serie de rechaces en área bética llegan de nuevo a Figo que finiquita el 3-2 definitivo.

Es el tercer título de la temporada, conseguido sin Ronaldo en la alineación, y el adiós por todo lo alto de Bobby Robson, pero la imagen de aquella cita la protagoniza el vicepresidente Joan Gaspart.

Ebrio por la victoria convence al encargado de megafonía que ponga el himno del Barça y el mismo salta al terreno de juego con una bufanda que ondea como un fanático más. Un nuevo episodio de la interminable guerra Barça-Madrid se ha escrito para la historia.

no pocas ocasiones de esa decisión aunque el tiempo le retornaría al fútbol español......en el máximo rival

Louis Van Gaal, asumió inmediatamente el mando del Barça en el verano de 1997: su meta era reproducir en el Camp Nou su fabuloso periplo el Ajax de Ámsterdam en donde cautivó al público con un juego espectacular plagado de títulos entre ellos la Liga de Campeones de 1995. A fin de cuentas, era una vuelta al Cruyff, pero sin Cruyff. Van Gaal procedía de la misma escuela futbolística, tenía predilección por el juego ofensivo con extremos (Overmars y Finidi en su Ajax triunfal) y el dominio de la pelota, y encima iba a contar con una plantilla de lujo a la que en verano se le unió un refuerzo de primer nivel: el brasileño Rivaldo, fichado a cambio de 4.000 millones de pesetas del Deportivo de la Coruña, que tenía la difícil misión se hacer olvidar a su compatriota Ronaldo, algo que cumplió con creces. Rivaldo representaba la quintaesencia del arte brasileño en el fútbol, un jugador de condiciones descomunales, capaz de la jugada mas inverosímil y del disparo más terrorífico; en definitiva un astro que deleitó al Camp Nou durante cinco temporadas

Van Gaal fue un jugador de nivel medio que había hecho una carrera espectacular en el Ajax de comienzos de los 90 en el que sustituyó a Leo Beenhakker, con una generación inolvidable de jugadores; Seedorf, los hermanos de Boer, Finidi, Overmars,,,,,,que recuperaron las glorias del fútbol total de los 70. Hombre de perfil autoritario, desde el comienzo de su carrera tuvo claro que en el vestuario sólo debía mandar una voz y que los jugadores debían de someterse a sus exigencias. Unas declaraciones suyas al comienzo de su etapa de entrenador resultaban suficientemente significativas sobre su filosofía. «Sin disciplina habrá caos. Esto es igual en todos los sitios. En un equipo de fútbol, en la clase de un colegio o en una familia debe haber unas reglas dentro de las que cada uno puede pensar a su manera». Era la antítesis de Robson y el antídoto contra la sombra alargada de Johan Cruyff.

Pero había diferencias esenciales entre Cruyff y Van Gaal; el primero contaba con un carisma único entre la afición, había sido una leyenda en los terrenos de juego y era considerado como el hombre que había dado todos los éxitos a la entidad tras años inagotables de desencantos; por lo tanto, todos los pecados de su última etapa le eran perdonados. El segundo no era muy aficionado a la diplomacia, tenía un trato más bien áspero con la prensa, contaba con el beneplácito de la directiva, en especial del presidente, y no disimulaba sus brotes autoritarios. Como su predecesor, contó con manos libres para hacer y deshacer el equipo, pero cometería en su periplo un error estratégico que terminó por sellar su trayectoria en Barcelona; llenó el equipo de jugadores holandeses cuando desde los años de Cruyff, la defensa de la cantera había sido un credo incondicional del barcelonismo (Guardiola, Ferrer, Sergi, De la Peña, Oscar, Roger.....) y la acumulación de jugadores procedentes de los Países Bajos fue considerada por el siempre complicado entorno barcelonista como un ataque a la tradición catalana. El primer año ya incorporó a Hesp, Reizteger y Bogarde; salvo el primero, un espigado guardameta que pese a los titubeantes inicios daría un excelente rendimiento, ninguno dejaría gran huella por su juego y ya empezaron las voces que acusaban al entrenador de favoritismo hacia los suyos

Las cosas no empezaron muy bien para el nuevo entrenador; en la Supercopa del 97 el Real Madrid le infringía un duro correctivo en la vuelta (4-1). Al holandés le costaba adaptar sus esquemas a una plantilla con jugadores de primer nivel, pero de características diferentes a los que había manejado en tierras neerlandesas. Las decepciones más grandes llegaron en la Liga de Campeones, en la que el Dinamo de Kiev le infringió un humillante 0-4 en el Camp Nou que le eliminó en la primera fase de la competición, todo un fracaso sin paliativos. En la Liga también la irregularidad presidía el juego del Barça. Una visita al Bernabéu salvó los muebles; los de Van Gaal ganaron 2-3, tras estar encerrados buena parte del partido, pero en pleno acoso blanco una contra fulminante comandada por Figo dio a Giovanni en bandeja el gol del triunfo definitivo, y dejó para la posteridad imágenes nada gratificantes: sucesivos cortes de mangas del brasileño a la parroquia madridista.

Una vez más culés y merengues luchan por el campeonato y es el *derby* de la segunda vuelta en Barcelona el que va a dilucidar el camino hacia el título. Ninguno de los dos equipos destaca por su solidez; el Barcelona ha llegado a perder un encuentro en casa ante el Valencia que dominaba en el segun-

LOUIS VAN GAL
EL ENTRENADOR AMARGO

La figura del entrenador de fútbol maneja no pocos aspectos que hacen de ella una de las profesiones más complicadas de ejercer. De él se espera que sea estratega, manejador de grupos humanos, psicólogo, pedagogo, diplomático y hasta portavoz del club.

En no pocas ocasiones los técnicos de fuerte personalidad futbolística llegan a eclipsar a los propios jugadores y se convierten en la referencia positiva o negativa de la entidad de la que dependen. Entonces, la prensa centra su atención en ellos, busca permanentemente su opinión y intenta trasladar su personalidad a todos los aspectos que marcan la vida de su equipo.

La escuela holandesa ha dado grandes nombres en los banquillos. De entre todos ellos (y aparte del legendario creador del gran Ajax de los 70, Rinus Michels) destacan dos con fuerza propia: Johan Cruyff y Louis Van Gaal. El primero, una leyenda de los terrenos de juego que trasladó su brillantez a su labor como técnico convirtiéndose en la referencia esencial del fútbol de los Países Bajos. El segundo no tenía el mismo currículo como jugador, pero en buena parte de la década de los 90 se convirtió en el rostro más emblemático de una forma de concebir el fútbol y de la "míster" con personalidad. Por cierto que los dos se odiaban cordialmente.

En Van Gaal se concentraron todas las virtudes y defectos del liderazgo autoritario. Su visión del juego no admitía negociaciones y su forma de comportarse con jugadores y prensa no dejaba espacio para las medias tintas. A su favor, cabe decir que siempre apostó por un concepto ofensivo del juego, una seña de identidad inconfundible del balompié neerlandés. Su gusto por el ataque, también suponía una búsqueda obsesiva del dominio de la pelota revestido de un inflexible orden táctico: todas las piezas de su puzzle debía de jugar de forma sincronizada.

Con esas ideas innegociables aterrizó en el histórico Ajax a comienzos de los 90, y protagonizó la última gran etapa dorada de la entidad que cambió para siempre al fútbol mundial allá por los lejanos 70. La factoría del cuatro veces campeón de Europa por entonces funcionaba a pleno rendimiento: unos jovencísimos Over-

do tiempo por 3-0, para acabar 3-4, ante la indignación del público y el Real Madrid se asemeja más a una jaula de grillos por los roces entre las figuras que el técnico Heynckes no sabe

mars, Kluivert, los hermanos De Boer o Litmanen protagonizaron una explosión de fútbol ofensivo y alegre que hizo renacer las esperanzas de los buenos aficionados. Su palmarés por aquellos años habla por sí mismo de la competencia de aquella generación: tres ligas holandesas, una Copa de la U.E.F.A y una Liga de Campeones ganada al todopoderoso y casi imbatible Milán de Fabio Capello.

Una estrella había surgido en el universo de los entrenadores europeos. Van Gaal se convirtió en el técnico más apreciado de Europa y los grandes del continente no tardarían en fijarse en él. Al mismo tiempo, sus incuestionables éxitos traían consigo un reforzamiento si cabe más agudo de su autoconfianza en sus principios. Como en muchas ocasiones sucede la consecuencia más resaltable fue una tendencia a la arrogancia manifestada sin cortapisas.

De entre los más potentes de Europa uno buscaba un sucesor para su mayor mito, y no era otro que el Barca saliente de la guerra civil Cruyff- Nuñez. Tras la época más dorada de la entidad, una lucha interna había desgarrado los cimientos de la misma, y los dirigentes consideraron que la mejor opción de sustituir al artífice de su éxitos era Van Gaal, y no faltaban motivos para ellos: era holandés, como su ilustre predecesor, su imagen se asociaba con el fútbol de ataque y representaba el liderazgo absoluto desde el banquillo.

Tal vez por encontrase con una presión mediática descomunal (el Barca no es el Ajax, o al menos despierta diez veces más pasiones) y sobre todo por vivir con la sombra permanente de su ilustre antecesor, Van Gaal terminó perdiendo el control de la situación. Su rigidez y carácter terminaron derivando en una visión casi estrambótica del sargento del hierro en los banquillos.

Sus ruedas de prensa derivaron en un show de borderías que han pasado a la historia de los momentos jocosos del deporte («siempre negativo nunca positivo»). Ello le granjeó una imagen amarga y antipática que no supo medir, y terminó escapándosele de las manos.

Su eterna libreta en la que tomaba notas durante toda la temporada, terminó siendo motivo de cierta rechifla.

Aunque no faltaron triunfos importantes, salió de forma silenciosa, con sensación de no haber conseguido objetivos y dejando tras de sí una herencia dudosa: el Barca emprendió un largo camino hacia la nada que se tradujo en cinco años de sequía de títulos. Llegó a regresar a Can Barca pero hizo bueno el dicho de segundas partes nunca fueron buenas.

atajar. La expulsión de Fernando Hierro decide un choque que los locales ganan con solvencia 3-0, lo que allana el camino hacia la Liga perdida desde el año 94. A ello hay que unirle la Copa del Rey, en la que se vuelve a disputar la final ante una de las revelaciones del año, el Mallorca entrenado por el argentino Héctor Cúper, que a los seis minutos se adelanta en el marcador con gol de Stankovic. Los de Van Gaal andan atascados y es la salida de un canterano, Roger, la que permite cambiar el signo del partido, que empata Rivaldo. El Mallorca termina encerrado y jugando con nueve jugadores, pero la presión sobre el marco balear no da sus frutos a pesar de numerosas ocasiones desperdiciadas. Son los penaltis los que permiten al club de Núñez sumar su vigesimocuarta Copa del Rey y superar así el record del Bilbao, aunque el triunfo queda algo desnaturalizado por no haber sido capaz de ganar a un equipo en clara inferioridad numérica y física.

En cualquier caso nadie le podía negar al holandés que su primer ejercicio había concluido con el primer doblete en casi cuarenta años (el anterior databa de la temporada 1958-59), pero ese éxito quedo algo apagado por la conquista de la Liga de Campeones por parte del Real Madrid ante la Juventus en Amsterdam. El año siguiente era especial: en 1999 se cumplían 100 años de historia del club, desde la fundación del suizo Joan Gamper. Núñez consiguió que la U.E.F.A aceptara el Camp Nou como sede de la final de la Liga de Campeones y el máximo entorchado continental era el objetivo a conseguir, era una fecha muy señalada para logran la segunda Copa de Europa de la entidad.

Fiel a su filosofía el técnico siguió llenando la plantilla de compatriotas: los hermanos De Boer, Cocu, Zenden o Patrick Kluivert, que convertían el Barcelona en una mini-selección holandesa ante el disgusto de la afición. En las bajas se encontraban nombres ilustres del barcelonismo como Guillermo Amor o Iván de la Peña, la gran esperanza de la cantera que nunca llegó a cuajar, y que encima vivió sus últimos coletazos deportivos en el Espanyol, el aficionado asistía con escepticismo a una pérdida de las señas de identidad que los títulos no parecían amortiguar. Para colmo de males, el sorteo de la U.E.F.A situó al Barça en un durísimo grupo de clasificación en la Liga de Campeones ante nada menos que Manchester United y el Bayern Múnich (que a la postre serían los finalistas) que no pudo superar al ser tercero, después de ser derrotados por los teutones 1-2 en Barcelona, y de nuevo se producía una dolorosa eliminación en primera ronda de la gran competición europea en el año más señalado.

Encima, en la Liga las cosas no van mejor, en el día del centenario culé y en medio de grandes fastos, con el himno del Barça cantado por Joan Manuel Serrat, el Atlético de Madrid gana 0-1 en el Camp Nou y dos jornadas después, la cosa se complica definitivamente cuando el recién ascendido Villarreal humilla al Barça en su estadio por un contundente 1-3. Entonces todo el campo es un clamor pocas veces visto: «Fuera Van Gaal, fuera Van Gaal, fuera Van Gaal........» y los pañuelos blancos pueblan el coliseo barcelonista.

La alineación de tan fatídico día era la siguiente: Hesp, Reiziger, Celades, Pellegrino, Xavi, Guardiola, Figo, Cocu, Kluivert y Rivaldo. Era la cuarta derrota consecutiva, el equipo se encontraba en décima posición de la tabla, eliminado de la Champions, y la prensa catalana clamaba por la destitución del entrenador. «Ni un día más», era el titular de "El Mundo Deportivo". Pero José Luis Núñez había aprendido de su experiencia como presidente que los cambios en el banquillo en rara ocasión dan resultado, en su día aguantó las voces que clamaban por la sustitución de Cruyff y el tiempo le dio la razón.

La continuidad en los proyectos deportivos era un ideario que la entidad mantenía en todas sus secciones; Aito García Reneses en Baloncesto y Valero Ribera en Balonmano por ejemplo. Por otro lado Van Gaal era su apuesta personal y le había dado carta blanca para confeccionar el equipo; su cese le dejaría en mala situación.

Lo cierto es que la ratificación dio en esta ocasión resultado. El Barça venció en Valladolid con gol de un canterano destinado a marcar época al que se le había dado la oportunidad de subir al primer equipo, Xavi Hernández, y a partir de ahí encadenó una racha de victorias que le llevarían a un nuevo título liguero. Ocho triunfos consecutivos le auparon al liderato al comienzo de la segunda vuelta, tras vencer al Zaragoza en Barcelona y ya no se bajaría del mismo y a tres jornadas del final se proclamaría campeón al ganar 1-4 en campo del Alavés. Hesp. Sergi, Abelardo, Frank de Boer, Reiziger; Cocu, Guadiola, Luis Enrique; Rivaldo, y Kluivert en punta formaron un once tipo de ese tramo de campaña. No obstante, gran cantidad de encuentros eran resueltos gracias a las individualidades comandadas por dos inconmensurables Figo y Rivaldo. Una nueva Liga al zurrón barcelonista, la sexta de la década, que apaciguó el ambiente por unos meses.

Quedaba claro que el entendimiento entre Núñez y Van Gaal era perfecto, pero el verano de 1999 trajo consigo las bajas de Celades, Oscar y Roger con lo que la Masía veía como algunos de los jugadores que más representaban la tradición futbolística barcelonista, no eran del agrado del entrenador, sostenido por los títulos pero al que afición y prensa miraban con recelo. En esta ocasión, se iba a exigir la Champions sin remisión. En aquella temporada se incorporaba un defensa del filial que también marcaría toda una época: Puyol. También se ficharon jugadores de fuste como el portugués Simao o el finlandés Litmanen, que ya había estado a las órdenes de Van Gaal en el Ajax, lo cual fue tomado como una nueva muestra del poder del técnico en Can Barça.

Pero, sin embargo, todo terminó en una temporada frustrante. En su ideario futbolístico Van Gaal tenía como condición innegociable el juego de extremos, lo cual obligaba a Rivaldo a ser desplazado a la izquierda. El astro brasileño, auténtico puntal del equipo y de largo el jugador más resolutivo, se rebeló contra esta imposición táctica, que consideraba perjudicial para sus características, y llegó a ser sancionado sin jugar algún partido. Esta circunstancia agravó aún más la posición del técnico. Rivaldo era el ídolo indiscutible, el héroe de la afición y, en realidad, el salvador de muchos apuros, hasta el punto que puede afirmarse que las dos Ligas anteriores no hubiesen sido posibles sin sus goles. Aunque se peleaba por todos los títulos, la irregularidad presidía el juego culé y el Real Madrid le goleaba por 3-0 en el *derby* de la segunda vuelta, con lo que se quedaba a remolque del Deportivo de Javier Irureta que, en esta ocasión, no dejaría de aprovechar los fallos de sus rivales.

Junto a la trayectoria deportiva, la posición del presidente Núñez se erosionaba cada día, desde su salida conflictiva con Cruyff. La Agencia Tributaria reclamaba ver las cuentas del club, un sector de su directiva se mostraba disconforme con el mismo así como con el apoyo incondicional que daba al cuestionado entrenador, y dado el escaso apego que el mandatario había mostrado siempre hacia el nacionalismo catalán, se produjeron fricciones con la propia Generalitat, hasta el punto que Núñez acusaba a TV-3 de hacer campaña en su contra. Mientras, el equipo logra una remontada histórica en cuartos de la Champions ante el Chelsea inglés, superando el 3-1 de Londres con un agónico 5-1 en la prórroga y se dispone a jugar las semifinales frente al sorprendente Valencia de Hector Cúper.

Desde la temporada pasada el equipo valenciano se le atraganta en bastantes ocasiones al Barça, que no puede contrarrestar la rapidez valenciana al contragolpe con un "Piojo" López convertido en pesadilla de la defensa azulgrana. Aun así, el Barça es favorito en la eliminatoria, pero el partido de ida es un auténtico baño valencianista que se refleja en el 4-1 definitivo. El empeño de jugar con sólo tres defensas da vía libre a la velocidad de Mendieta, Kily González y López que noquean a un rival en el que Rivaldo deambula desmotivado por el campo, y sin en brasileño en plena forma los visitantes son en realidad, y por mucha pizarra que se ponga, muy poca cosa pese a su lustrosa y carísima plantilla. Existe cierto ambiente de remontada para la visita valencianista a Barcelona, tal y como ha pasado en cuartos; pero un gol de Mendieta pone fin a tal sueño y aunque el Barça gana el partido (2-1) los de Cúper apenas pasan apuros. A mediados del segundo tiempo el público vuelve a cargar contra presidente y entrenador y Europa asiste asombrada como en un encuentro de tanta trascendencia lo que parece importar menos es pasar la eliminatoria.

Días después jugadores destacados como Figo, Guardiola o Abelardo manifiestan que la situación no puede continuar de esa forma y hablan de "fractura social". Una humillante derrota en casa ante el Rayo supone el adiós a la Liga y en el último tren de la temporada, la Copa del Rey el Barça decide retirarse de la competición y no jugar el partido de vuelta de semifinales en el que había perdido la ida por 3-0 en el Vicente Calderón. Los compromisos internacionales dejan al Barça con apenas 14 jugadores disponibles, suficientes para afrontar la vuelta con medios mínimos, pero la Junta Directiva de Núñez, ya en franca retirada, decide un estrambote: los jugadores hacen acto de presencia en un vacío Camp Nou y Guardiola, capitán del equipo, comunica al colegiado que se retiran de la competición por falta de jugadores. Es una escena dantesca que da la vuelta a Europa y demuestra la desorientación en que ha caído la entidad.

Este desastroso final de campaña se cobra sus víctimas. El presidente José Luis Núñez dimite sintiéndose "perseguido" y, días más tarde, Van Gaal anuncia su despedida, pese al año de contrato que le quedaba, culpando a la prensa de estar permanentemente en su contra aunque, al mismo tiempo, hace cierta autocrítica y reconoce su incapacidad de transmitir plenamente su ideario a los futbolistas, así como el innegable hecho que no había conseguido establecer una conexión definitiva con la afición. Toda una época había acabado.

UN BALANCE EXITOSO.....Y UN LEGADO

Seis Ligas, dos Copas del Rey, una Copa de Europa y una Recopa (amén de Supercopas españolas y europeas) fue el balance del Barça de los 90, el más brillante desde la década de los años 50. Se erigió en el club dominador del campeonato de la regularidad, y consiguió la ansiada Copa de Europa, algo realmente digno de resaltar.

José Luis Núñez dejó la presidencia azulgrana dejando un gran club, con una masa social inmensa y notable poderío económico. Pero no tuvo un camino fácil que recorrer y, de hecho, los grandes éxitos le llegaron de la mano del técnico con el que más antagonía personal y profesional tuvo nunca: Johan Cruyff. El suyo fue un matrimonio de conveniencia que terminó dejando las bases de una sociedad deportiva con unas señas de identidad ganadoras y, además, asociadas al buen juego cuando no al espectáculo. Por eso resultó tan penoso que el final de su relación fuera tan amarga. El intento de crear un clon de Cruyff con Van Gaal no cuajó del todo, porque el carisma del ex jugador era un rival difícil de batir.

Retirado Núñez, su vicepresidente eterno Joan Gaspart asumió la presidencia pero nada más tomar posesión se encontró con un jarro de agua fría que marcaría su presidencia: el fichaje de su gran capitán, Figo, por el Real Madrid. Su mandato nunca pudo reponerse de esa hecatombe, no era el mero traspaso de un jugador; se trataba del símbolo más apreciado por los aficionados, el hombre fuerte del vestuario. Su impacto fue quizá más psicológico que futbolístico y lastró un periodo oscuro de cinco años sin campeonato alguno que sacaron a Gaspart de la presidencia. Pero la semilla germinada en los años del "Drean Team" no se había cancelado del todo, de la mano de otro holandés, Frank Rijkaard, se retomó la senda de los éxitos y el miembro nacional más carismático de aquel equipo, Pep Guardiola, conseguiría encumbrar de nuevo al Barça a lo más alto, hasta el punto de ser considerado por algunos como el mejor equipo jamás visto.

Eso ocurría a finales de la primera década del siglo XXI; pero en la última del XX, se sentaron buena parte de las bases de esos éxitos. De las urgencias históricas se pasó al triunfo regular; del victimismo al triunfalismo y del carrusel de entrenadores a la estabilidad en el banquillo (sólo hubo tres en todos los 90: Cruyff, Robson y Van Gaal frente a los siete inquilinos del banquillo del Camp Nou en los 80; y Robson sólo actuó de puente durante un año) se apostó definitivamente por la política de cantera y, con el tiempo, el club de la Ciudad Condal sería el mayor proveedor de jugadores a la selección española. En definitiva, la historia del Barça cambió en los 90

2
EL MADRID DE LOS 90
DEL CALVARIO DE TENERIFE A LA RECONQUISTA DE EUROPA

La década de los años 80 dejó en el Bernabéu una colección de Ligas y la frustración de no conquistar la ansiada Copa de Europa. Al adentrarse en el nuevo decenio, las esperanzas blancas se centraban en el hecho que la mayoría de los integrantes de la "Quinta del Buitre" se acercaban a la treintena. Para no pocos especialistas se trata de la edad dorada para un jugador de élite, aquella en la que se mantienen las condiciones físicas y se acumulan años de experiencia. Por el contrario, los éxitos se resistieron en el comienzo de los 90, y hasta un cierto aire maldito pareció recorrer Concha Espina.

Al mismo tiempo, el eterno rival iniciaba un camino de éxitos que suponían la pérdida de la indiscutible hegemonía del fútbol español. La transición a una nueva generación resultó, pues, dura y complicada de asimilar; pero cuando la mediocridad parecía instalada en el club blanco, una lluvia de millones procedentes de los contratos televisivos, así como del innegable tirón de la entidad madridista, otorgó la posibilidad de volver a contratar a estrellas de primer nivel internacional y así obtener de nuevo, aquello en que había cimentado su fama el club de Chamartín: el máximo entorchado europeo.

SE INICIAN LAS DECEPCIONES

Tras el record de goles de la temporada 1989-90, se afrontaba la Liga siguiente con los mismos objetivos de siempre: renovar el campeonato y ganar la Copa de Europa. Pero el verano de 1990 resultó movido; Martín Vázquez decidía aceptar una oferta del Torino italiano, sintiéndose minusvalorado en su propia casa, y Schuster, que nunca había llegado a cuajar del todo en el equipo pese a una aceptable segunda temporada, abandonaba también la entidad.

Se perdían, pues, dos titulares indiscutibles del centro del campo y los refuerzos de recambio no se hicieron esperar: Gica Hagi, el llamado "Maradona de los Cárpatos" era el jugador rumano más famoso del momento, centrocampista de gran habilidad con la pelota pero anarquista por naturaleza, lo que se traducía en un individualismo mal solventado en no pocas ocasiones, del Zaragoza llegó Javier Villarroya, jugador de banda, luchador e internacional en el Mundial de Italia 90 que se suponía un complemento del gran fichaje del año: el ex azulgrana Luis Milla, considerado el mejor mediocentro español del momento, futbolista de buen toque, organizador nato y con habilidad para manejar el tiempo de un partido. A ellos se les unió una de las adquisiciones más desafortunadas de la historia merengue: tras el pequeño fiasco que había supuesto el central argentino Oscar Ruggeri, se le buscó recambio en un jugador yugoslavo que había dado una muy buena impresión en el Mundial italiano, de nombre Pedrag Spasic que apenas contaba con veinticuatro años pese a su incipiente calvicie. También vino Pedro Jaro, como recambio de Buyo en la portería.

Lo cierto es que los nuevos fichajes tardaron en acoplarse, algunos como Spasic sufrieron un calvario desde el día en que se enfundaron la zamarra blanca y las lesiones hicieron mella en Milla, destinado a llevar la manija del equipo. El comienzo ya mostró de forma clara que las cosas no serían sencillas: el Milán de Sacchi volvió a pasearse en el Trofeo Bernabéu con victoria por 1-3 y con la eterna sensación de superioridad sobre el Madrid. Por otra parte, el ambiente en el vestuario seguía enrarecido por las tensas relaciones entre Toshack y algunos miembros de la plantilla. El comienzo de campeonato descolgó al Madrid de la carrera por el título por primera vez desde 1985. Incluso se sufrió la humillación de ser derrotado por el modesto Burgos en El Plantío por 2-1, un recién ascendido en ese año, o de empatar en casa ante el Logroñés. Una nueva derrota en Valencia dio a Ramón Mendoza la oportunidad de despedir al galés, aunque en realidad se había perdido la confianza en el mismo desde hace bastante tiempo, casi desde la final de Copa del Rey perdida ante el Barça. Mendoza decidió entonces convocar elecciones, en las que no esperaba gran oposición por el inmaculado palmarés que presentaba a lo largo de sus cinco años de mandato. Intentó traerse a Luis Aragonés como entrenador, pero el técnico madrileño tenía contrato con el Español.

Decidió a renglón seguido entregar el equipo a un dúo mágico de la historia madridista: Alfredo Di Stéfano y José Antonio Camacho dos referentes de la mitología blanca, y símbolos indiscutibles del orgullo ganador del madridismo, tal vez como panacea a la presunta indolencia de las figuras. El cambio pareció dar sus frutos cuando el Madrid barría al Barça en la Supercopa con un global de 5-1, con espectacular goleada en el encuentro de vuelta, pero en diciembre Osasuna y Atlético de Madrid ganaban en campo del Madrid de forma estrepitosa (0-4 y 0-3, respectivamente) dejando bien claro que el demoledor equipo de antaño había pasado a la historia: Buyo cuajaba una mala campaña hasta el punto de ser sustituido por Jaro, Gordillo se lesionaba y Michel y Hugo Sánchez eran una sombra de sí mismos. Mendoza ganaba las elecciones al periodista y escritor Alfonso Ussía y, tras un nuevo ridículo en la

Copa de Europa (derrota en casa por 1-3 ante el Spartak de Moscú) Di Stéfano era sustituido.

Su sustituto fue cuanto menos sorprendente: el serbio Radomir Antic, que venía de dos buenos años en Zaragoza. Se le contrató como entrenador-puente en espera de la llegada al año siguiente del colombiano Maturana, dado que el presidente blanco consideraba aquel como un año de transición. Pero, tras dos derrotas iniciales, el entrenador yugoslavo conseguía lo que parecía un milagro; ocho victorias en los últimos diez partidos que dejaron al Real Madrid tercero y a Butragueño como máximo goleador del campeonato. Nadie consideraba a Antic como un entrenador válido para el Real. De hecho Mendoza, tras descartar a Maturana, echó sus redes sobre Arrigo Sacchi, pero el italiano decidió aceptar la oferta que le hizo la Federación de su país para hacerse cargo de la selección trasalpina. Por otra parte, los números del serbio eran inmaculados y, siendo objetivos, era claro que merecía otra oportunidad que, sin mucha convicción, le fue finalmente otorgada.

Para la temporada siguiente las nuevas caras fueron los depositarios de las esperanzas madridistas: el centrocampista yugoslavo Robert Prosinecki, así como el defensa internacional brasileño Ricardo Rocha. Mientras el primero resultaba un muestrario de lesiones sin fin, el segundo se revelaba como un cacique de la retaguardia, seguro en el cruce, y casi insuperable en el uno contra uno. A ellos hubo que unirle al asturiano Luis Enrique procedente del Sporting de Gijón, una de las promesas más sólidas del fútbol español.

Lo cierto es que el club madridista vivió una situación paradójica: desde el comienzo de temporada no pocas voces se alzaron contra su forma de jugar, pero las victorias caían una tras otra. Antic dispuso un once tipo compuesto por Buyo, Chendo, Rocha, Sanchís, Villarroya, Míchel, Hierro, Milla, Hagi, Luis Enrique y Butragueño y aplicó una receta práctica de buenos resultados, fundamentados en la rigidez defensiva y los destellos de calidad atacante de Hagi, Butragueño y, muy especialmente, un sorprendente Fernando Hierro que, adelantado a la posición de centrocampista, se desató como un gran goleador con más de veinte goles en el ejercicio. En no pocos encuentros el Real Madrid jugaba sólo con un hombre en punta, al menos teóricamente, puesto que las incorporaciones atacantes de Míchel, Hagi, Luis Enrique y el propio Hierro daban lugar a no pocos goles

A pesar de que se conseguían resultados sonados (un 1-4 en San Mamés o un 1-5 en Sarriá) un sector de la prensa no cejaba de censurar el pobre juego madridista. El equipo era líder destacado pero cada semana Antic tenía que escuchar posibles recambios para su puesto. Estos rumores tomaron especial fuerza cuando volvió como manager general el holandés Leo Beenhakker, el técnico tres veces campeón de Liga en los mejores años de la "Quinta del Buitre". No parecía lejano el día en que el holandés se volviera a sentar en el banquillo, pero la racha de resultados continuaba. Todo cambiaría a finales de la primera vuelta.

En enero de 1992 el Madrid enlazó dos derrotas consecutivas fuera de casa en el Vicente Calderón y Luis Casanova de Valencia. El partido en tierras levantinas tuvo aires rocambolescos; a falta de cuatro minutos el equipo visitante ganaba por 0-1, pero los goles de Fernando y Roberto en los minutos 87 y 89 supusieron la vuelta a la tortilla. Los rivales acechaban y el crédito de Antic parecía agotarse, la semana siguiente en recién ascendido Tenerife visitaba Chamartín, ganó el Real 2-1 y el final fue agónico: Míchel tuvo que ponerse de portero en los últimos minutos por lesión de Buyo cuando los cambios ya estaban hechos ante el acecho del equipo visitante. El público abucheó el juego local y el propio presidente Mendoza reconocía que «El Tenerife le había gustado más que el Real Madrid». Desde hace varias semanas se habían producido

ROBERT PROSINECKI
LA ESPERANZA FRUSTRADA

En junio de 1991 toda Europa estaba detrás de un jugador que acababa de proclamarse campeón de la Copa de Europa con el Estrella Roja de Belgrado. Su nombre era Robert Prosinecki, y se trataba de un centrocampista de gran clase, un director de juego a la antigua usanza. Los ojeadores europeos habían tomado nota de su nombre desde que resultara proclamado mejor jugador del Mundial juvenil de 1987 y ante sí se `presentaba una carrera llena de oportunidades. Su designación como mejor jugador joven de Copa del Mundo en Italia 90, en donde formó parte de la selección yugoslava que eliminó a España en octavos, parecía ratificar que la promesa se había convertido en realidad latente.

Ramón Mendoza apostó muy fuerte por su fichaje. En aquel verano estalló el conflicto de los Balcanes y la salida de deportistas yugoslavos era tarea harto complicada. La Federación Yugoslava se negó en rotundo al traspaso del astro croata pese a lo cual el mandatario pagó a su equipo 500 millones de pesetas y presentó a su nueva estrella. La Federación se negaba a dar el transfer, y Mendoza acudió a la FIFA para solucionar el asunto, tras semanas de arduas negociaciones y dado que la guerra iba a provocar el éxodo masivo de deportistas de élite, al final se vistió de blanco. Pero un enemigo mucho más peligroso iba a obstaculizar la carrera de "Prosi" en Chamartín, las lesiones musculares que al poco de vestirse de corto empezaron a asolarle.

Su primera temporada la pasó, prácticamente, en el dique seco; apenas un gol de libre directo en el partido en Madrid ante el Barça pudo ser disfrutado por la

diversos movimientos en torno al presidente para convencerle que Antic no era el hombre adecuado, que el juego del equipo era malo de solemnidad y que el entrenador era blando con la plantilla.

En realidad, el mandatario nunca había tenido plena confianza en el entrenador y un par de malos resultados le dieron la excusa perfecta para el cese. Pero lo cierto es que se habían conseguido 29 de 36 puntos al comienzo de año, un bagaje espléndido.

parroquia merengue.Los servicios médicos del Madrid removieron Roma con Santiago para localizar la raíz del problema, consultaron especialistas, trazaron exhaustivos planes de recuperación del centrocampista. Todo era en balde, una y otra vez se producían recaídas que impedían una continuidad en las alineaciones. Tampoco es que cuando el croata saltaba al césped mostrara su clase en todo su esplendor; al contrario, lo que aparecía en el terreno de juego era un medio demasiado lento, con tendencia a retener en exceso el balón y muy lejos del surtidor preciso de balones que se pretendía con su fichaje. Cuando las lesiones se lo permitían, gozaba de oportunidades continuas más por el coste de su ficha que por sus méritos sobre el campo. De hecho, empezaron los rumores acerca de su vida privada; su gusto por la noche así como su nada disimulada afición al tabaco, hábitos poco recomendables para un deportista de élite. El público nunca fue indulgente con él y su paso por Concha Espina estuvo presidido por un mal fario casi permanente.

Al cabo de tres años el Madrid no sabía qué hacer con él. Decidió cederlo al Oviedo, entrenado por el viejo inquilino del banquillo blanco Radomir Antic, y en tierras asturianas vivió un renacer deportivo de la mano de su paisano. Volvió a cotizar al alza en el mercado y al finalizar contrato, sorprendió a todo el mundo al fichar por el Barça.

Johan Cruyff siempre apreció su buen uso de la pelota, y pretendía rehabilitarlo y mostrar a su gran rival que era un jugador aprovechable. No lo consiguió, por lo que su aventura culé apenas duró un año. De todas formas, su irregular trayectoria le daría una última satisfacción: contribuir decisivamente al tercer puesto de Croacia en el Mundial de Francia 98, y es que su clase siempre fue innegable, aunque no pudiera mostrarla en las ocasiones que hubiera deseado.

La polémica decisión marcaría el resto de la temporada. Con Beenhakker el equipo siguió jugando más bien mal, pero ahora perdía fuera de casa. En toda la segunda vuelta sólo ganó un encuentro a domicilio en campo del Albacete y sólo la irregularidad de Barça y Atlético le permitieron mantener la cabeza de la clasificación. Además, en la competición continental, el Torino de Rafael Martín Vázquez sesgaba el camino a la final de la U.E.F.A, al remontar el 2-1 de la ida con los goles en Turín de Rocha en propia puerta y Fusi. Por si fuera poco, en esa eliminatoria se produjo un hecho luctuoso que afectó a la entidad de forma intensa: uno de sus más emblemáticos jugadores, Juan Gómez "Juanito" moría en accidente de tráfico cuando regresaba a Extremadura de ver el partido de ida en directo.

Se llegó al final de trayecto con el título al alcance de la mano. Había que ganar al Tenerife de Valdano en el Heliodoro Rodríguez López. El 0-2 a los 25 minutos parecía dejar las cosas selladas. Pero cuando al borde del primer tiempo Quique Estebaránz acortaba distancias, pocos pensaban que sucedería en la segunda parte. Y en esta ocasión el arbitraje no favoreció precisamente a los de Beenhakker, con 1-2 en el marcador el linier señaló un fuera de juego inexistente que acabó en la portería local. Luego vino el nuevo "Rochazo", y la absurda cesión de Sanchís a Buyo desde el centro del campo, que finiquitó las esperanzas blancas. No dejó de ser una jugarreta del destino que el jugador más destacado de la temporada cavara la tumba de su equipo con dos auto-goles en los momentos claves. Ricardo Rocha no merecía tan amargo premio. Para colmo de males, se perdía la Copa ante el Atlético dos semanas más tarde.

La figura de Antic salió muy reforzada tras el descalabro liguero. Es imposible aventurar lo que hubiese pasado con el serbio en el banquillo, pero lo que es claro es que el cambio no fue para mejor. También es lícito recordar que ya al concluir la primera vuelta la distancia con el Barça se había reducido de ocho a apenas tres puntos, pero siempre quedó la sensación de que una decisión arbitraria y poco comprensible impidió lograr el título.

Un cada vez más cuestionado Ramón Mendoza decidió dar el mando del equipo a un joven entrenador español : Benito Floro. Tras unas meritorias campañas en el Albacete, al que casi logra clasificar para Europa, le llegaba la gran oportunidad de su carrera, aunque el ambiente en el Bernabéu andaba un tanto enrarecido por los últimos resultados adversos. El técnico manchego tuvo que soportar unos inicios complicados y no pocos rumores de cese hasta bien entrada la segunda vuelta. Del vestuario aparecían filtraciones que señalaban peculiares ejercicios de concentración propuestos por el psicólogo del equipo como hacerle imaginar a los futbolistas comerse una fruta o recitar poesía en el vestuario. Pero la verdad, es que el equipo, reforzado con el chileno Iván Zamorano y la vuelta de Martín Vázquez, llegó al tramo decisivo con posibilidades claras de hacerse con el título. En su camino se cruzó una trilogía siniestra para el madridismo: Tenerife, F.C Barcelona y el árbitro Gracia Redondo.

Pero, con carácter previo, se vivió un momento de gran alegría. En aquellos años todas las visitas del Madrid al Camp Nou solían acabar en derrota, aun en los mejores tiempos de los Michel, Sanchis y Butragueño. Un par de temporadas antes se había cortado la racha al vencer por 0-1 en la ida de la Supercopa. Pero en la semifinales de Copa del Rey de 1993 el envite parecía más complicado; se había empatado a uno en Madrid, el Barça de Cruyff estaba en su mejor momento y el ambiente en Barcelona era tan caldeado como de costumbre cada vez que los blancos viajan a la Ciudad Condal.

Unos días antes de jugarse la Liga en otro domingo dramático Cruyff sacó a Zubizarreta, Ferrer, Amor (Juan Carlos m 79), Koeman, Nadal, Baquero, Goikoechea, Stoichkov, Laudrup, Salinas (Eusebio m 63) y Berigistain. Por su parte Floro se la jugó con Buyo, Chendo, Luis Enrique, Rocha, Sanchís, Hierro, Milla, Michel, Zamorano, Martín Vázquez (Llorente m 70) y Alfonso (Nando m 65).

Aquella tarde se jugó, probablemente, el mejor partido de la era Floro. Con un equipo magníficamente posicionado en el campo, los madrileños empezaron a cortar las alas azulgranas a través de la presión de Alfonso sobre Koeman, el iniciador del juego local. Floro sorprendió de salida con la posición de

BENITO FLORO

EL ENTRENADOR QUE SOBREVIVIÓ A SU NOMBRE

El inestable y cambiante mundo del fútbol suele producir figuras transitorias, tan fácilmente alagadas como inmediatamente fustigadas por motivos relacionados con la necesidad de atención mediática, de dar a la gente ídolos de barro fácilmente digeribles en poco tiempo. A comienzos de los años 90, Europa seguía conmocionada con la revolución táctica del Milán de Arrigo Sacchi. La figura del entrenador empezó a tener gancho comercial y la imagen del técnico italiano tenía todos los elementos necesarios para una buena historia: la del desconocido que partiendo de la nada conquistaba el panorama futbolístico ante el deslumbramiento general. Sacchi era hijo de un zapatero y su obsesión por el fútbol le había llevado a crear un universo propio que, cuando se le dio la oportunidad de aplicarlo en uno de los grandes de Europa, se tradujo en títulos y fascinación por la rigurosidad táctica y estratégica que su triunfante Milán mostraba. Empezó entonces una búsqueda de clones del italiano, sin más objetivo que localizar al estratega genial que aportase novedades en los terrenos de juego. Los ojos se centraron al principio en Francisco Maturana, entrenador colombiano de verbo fácil y buena venta de su producto. Pero en España, la búsqueda se situó en un lugar de la Mancha, con un equipo sin ninguna tradición, el Albacete, que protagonizó una escalada prodigiosa de tercera división a primera bajo la batuta de un entrenador de peculiar nombre: Benito Floro.

El debut de los manchegos en la máxima categoría, en la temporada 91-92 se saldó con un sobresaliente sin paliativos. El propio entrenador era docente de profesión y comenzó en el fútbol como un hobby. Aficionado al estudio científico del juego, supo dar al recién ascendido un orden sobre el campo lo suficientemente cuajado como para asegurar la permanencia sin apenas apuros. Floro aportaba algunas novedades significativas: una tesis sobre la importancia del saque de banda, el posicionamiento riguroso de todos y cada uno de los jugadores y hasta la estrambótica presencia de un psicólogo. Su curioso nombre y esa pretendida aplicación de la rigurosidad científica a un modesto, le convirtieron en una estrella mediática de la noche a la mañana. Era el hombre del milagro, el que había situado al modesto Albacete en el primer plano de la actualidad futbolística nacional. En definitiva, el Sacchi de La Mancha.

No corrían buenos tiempos en el Real Madrid .Tras el segundo ejercicio de la Quinta sin trofeos, el presidente, Ramón Mendoza, estaba siendo acosado por la oposición. Pensaron los directivos blancos que fichar al entrenador de moda calmaría las críticas, y daría una nueva dimensión a una plantilla que empezaba a ser veterana. Floro aterrizó en el verano del 92 en medio de una gran expectación, pero con un sector de la prensa dispuesto a derribarle con la misma celeridad que le había encumbrado. Ya no entrenaba al simpático Albacete, sino al todopoderoso Real Madrid. Sus innovaciones serían miradas con lupa y los resultados marcarían su destino. Como cualquier entrenador; pero en él se daba la particularidad de que pasaba por un revolucionario, y cuando éstos fallan la piedad no suele tener cabida. Lo cierto es que su primera temporada fue realmente meritoria, mucho más de lo que se quiso reconocer. Tenía enfrente al Barça de Cruyff en su mejor momento y encima la Liga empezaba con clásico en el Camp Nou.

No poca gente vaticinaba goleada, pero el resultado se quedó en un ajustado 2-1. Pronto arreciaron las críticas a sus métodos: las filtraciones sobre la labor del psicólogo empezaron a provocar no pocas mofas en los entonces potentes espacios nocturnos deportivos.

Derrotas humillantes como la sufrida en Vallecas o en la U.E.F.A ante el París Saint Germain, provocaron solicitudes de cese. Pero en la segunda vuelta del campeonato el equipo se entonó y lucho codo a codo con los culés por el primer puesto cediendo sólo en la isla maldita de Tenerife; aunque conquistaría la Copa del Rey en Valencia ante el Zaragoza

Pero la decepción de la segunda Liga entregada al máximo rival pesaba demasiado y el segundo año empezó torcido desde el comienzo. El ocaso de algunos miembros de la Quinta y la escasa aportación de los extranjeros (Zamorano, Prosinecki, Vítor) sumergió al equipo en una mediocridad rampante. Floro no supo reconducir la situación y firmó su sentencia cuando las cámaras de Canal Plus le sorprendieron en una descomunal bronca a sus pupilos en Lleida en el descanso de un calamitoso encuentro que los madridistas perderían por 2-1. Los exabruptos proferidos para "motivar" a sus jugadores incluían algunas frases blasfemas y, aunque no fueron pocos los entrenadores que criticaron esa intromisión en la intimidad de la labor de un vestuario, su cese estaba cantado.

El gran innovador era ahora vilipendiado y ninguneado, algo clásico en la jungla futbolística. Sus posteriores experiencias en Sporting de Gijón y, de nuevo, Albacete no aportaron gran cosa a su currículo aunque conoció un buen regreso a España con el Villarreal ya entrado el siglo XXI. Ha entrenado en México, Japón, Ecuador o Canadá lo cual le configura como un auténtico trotamundos del planeta futbolero.

Como curiosidad señalar que el tiempo le daría una pequeña victoria. En la final de la Liga de Campeones del año 2002 el primer gol del Madrid era marcado por Raúl. Su origen: un saque de banda que cogió desprevenido a la defensa alemana (el rival era el Bayern Leverkusen), algo que reafirmaba las tesis de Floro.

Luis Enrique, convertido en improvisado lateral izquierdo, que daba un largo recorrido a los visitantes por esa banda. La línea de cuatro centrocampistas blancos conseguía reducir los espacios a los creadores de juego culés, gracias a una efectiva presión sobre sus hombres de mayor calidad

Pero todo pudo irse por la borda a raíz de la expulsión de Ricardo Rocha, por realizar falta siendo el último jugador en el minuto 30 del primer tiempo. Instantes antes Michel, de penalti, había adelantado al Madrid. Pero el Real no se descompuso: Hierro bajó a la defensa, Alfonso al medio del campo y el orden espartano siguió presidiendo la actuación blanca. En la segunda parte todas las noticias fueron favorables a los de Floro: Koeman falló un penalti y una contra fulgurante permitió a Zamorano rematar la eliminatoria. Casi con el encuentro finiquitado, Laudrup acortaba distancias pero la gesta ya se había conseguido en el escenario más improbable.

El Real Madrid ganaría esa Copa del Rey en la final al Zaragoza con goles de Butragueño y Lasa. Tras el discutido arbitraje de Gracia Redondo en Tenerife el veterano Urío Velázquez estuvo más bien benévolo con los madrileños y duro con los zaragocistas, ya que se le reclamaron dos caídas en el área blanca. Parecía una buena piedra de toque para futuros éxitos y se despachaban tres años de derrotas dolorosas.

Pero el ejercicio siguiente no confirmaría la expectativas creadas en la primera campaña del innovador entrenador. Se produjo la discutible baja de Ricardo Rocha, tras dos temporadas de excelente rendimiento, aunque su sustituto sería un defensa que ofrecía las mejores garantías; el bilbaíno Rafael Alkorta. La tesorería blanca no andaba para grandes derroches y el sueño de contratar al brasileño Cafú se esfumó. A cambio vino un lateral izquierdo procedente del mismo país aunque de prestaciones futbolísticas más dudosas: Vitor.

Floro mantenía sus premisas tácticas y su gusto por el juego mecanizado y riguroso. Pero a esta obsesión por el orden no le acompañaban la inspiración de los jugadores. En especial, en el centro del campo el equipo se difuminaba y no lograba conectar con los puntas de arriba. Hierro iniciaba jugada y solía ceder a Martín Vázquez o Prosinecki, que ponían en danza un juego demasiado horizontal y previsible; además en esa misma zona se producían robos de pelota que daban lugar a peligrosos contragolpes de los rivales.

El entorno mediático no era, por otra parte, el más adecuado con una buena parte de la prensa deportiva madrileña cuestionando las decisiones tácticas del entrenador y poniendo en duda su auténtica valía.

El comienzo de año resultó desastroso con tres derrotas consecutivas ante Valladolid (1-3), Deportivo de la Coruña (4-0) y Oviedo (0-1). El caos parece instalarse en la institución cuando, además, trasciende a la opinión pública que la deuda real del Madrid es una cantidad cercana a los 12.000 millones de pesetas. En una comparecencia en un Colegio Mayor madrileño a Mendoza se le escapa que el nuevo extranjero, Vitor, «era una castaña», sin saber que está siendo grabado.

El equipo endereza algo el rumbo, aunque Floro se mantiene con respiración asistida, se piensa que tal vez la Copa del Rey o la Recopa pueden dar alguna alegría con la que salvar el año, de hecho se vuelve a conquistar la Supercopa de España ante el Barça tras ganar 3-1 en Madrid y empatar en Barcelona, de aquella eliminatoria queda la imagen del presidente merengue botando en con los aficionados en el aeropuerto de Barajas («que bote Mendoza, que bote Mendoza»). Parece incluso que los blancos le tienen tomada la medida al poderoso rival cuando, en el penúltimo partido de la primera vuelta se juega en Barcelona. El resultado no deja lugar a la duda: 5-0 a favor de los locales.

Los pupilos de Cruyff juegan con un rival rendido desde el primer gol y el Madrid obtiene su derrota más dolorosa desde la famosa noche ante el Milán con el mismo marcador en con-

A mediados de los 90 el fútbol se había convertido en un producto de diseño muy distinto del que se había conocido hasta entonces. La prensa empezó a tratarlo de una forma radicalmente distinta, con un interés creciente en presentar los estilos de juego como consecuencia de filosofías personales, formas de entender el deporte y hasta la vida de una determinada manera. El triunfo del Barça de Cruyff, con su juego alegre y ofensivo, era visto como un ejemplo en el que todos se querían reflejar. Valdano cumplía todos los requisitos para los nuevos tiempos; hombre de verbo fácil, con gusto por los pinitos literarios, identificado como un deportista elegante, alejado de los estereotipos futbolísticos clásicos, despertaba encendidas admiraciones y críticas virulentas al mismo tiempo. Era la época de fratricidas luchas mediáticas, en las que no era infrecuente que los futbolistas o entrenadores más importantes se adscribieran a los grupos de comunicación que luchaban por audiencia y, por ende, eran ensalzados o criticados más allá de sus méritos en los terrenos de juego. Colaborador habitual de los deportes de PRISA (Cadena Ser, diario El País) el argentino era carne de cañón de críticas del bando opuesto liderado por José María García y la Cadena COPE, que veía como su reinado de años en la noche deportiva era amenazado por el fenómeno de "El Larguero", liderado por José Ramón de la Morena que, por supuesto, alababa al nuevo técnico merengue como referente indiscutible de calidad.

En plena pretemporada, el nuevo inquilino del banquillo había dejado claras sus preferencias: sus extranjeros eran Laudrup, Redondo y Peter Dubosky. Iván Zamorano, el delantero chileno fichado del Sevilla había cuajado un pobre ejercicio anterior con apenas diez goles en Liga, y estuvo a punto de ser traspasado al Atlético de Madrid, en realidad no acabó en el Manzanares porque la afición colchonera mostró su disconformidad con el refuerzo. Robert Prosinecki era cedido al Oviedo y Valdano le dejó claro al delantero que iba a ser su última opción para las alineaciones y que se buscara equipo. Zamorano no se amedrentó y aceptó el desafío; insistió a Valdano que quería quedarse para demostrarle que era jugador válido para el Real Madrid. A las pocas jornadas era el titular indiscutible, y una máquina de hacer goles.

Con todos estos antecedentes, la temporada 1994-95 empezó con gran expectación tras las cuatro Ligas azulgranas. Y el Real Madrid lo hizo a lo grande; con victoria por 1-4 en el Sánchez Pijuán de Sevilla. Filosofías aparte, el fútbol siempre consiste en la calidad con que se cuente, y el Real Madrid de ese año tenía jugadores de muy buen nivel, aunque algo veteranos. Buyo vivía una segunda juventud, en el centro de la defensa Manuel Sanchís salía de un bajón de juego considerable y formaba una pareja sólida como el cada vez mejor futbolista Fernando Hierro. En el centro del campo, una lesión impidió a Redondo asentarse durante buena parte del año, pero Luis Milla, aquel jugador fichado del Barça a comienzos de década hizo que nadie se acordara del argentino ni por un instante. Michael Laudrup viviría su última gran campaña, cuando las fuerzas físicas todavía no le flaqueaban y su gran visión de juego seguía deleitando a todo buen aficionado. En la delantera, junto con el resucitado Zamorano, Valdano descubrió a un canterano del que nadie se acordaba a comienzos de año; Luis Amavisca, que se convirtió, sin lugar a duda, la revelación de aquella temporada.

Trascurridas nueve jornadas y con el Real en los puestos de cabeza el argentino tomó una decisión sorprendente: mandó llamar a la estrella del equipo juvenil, llamado Raúl González, que se había convertido en una máquina de hacer goles en las categorías inferiores. Esa decisión trajo consigo la relegación de Butragueño al banquillo. El símbolo de los 80 ya llevaba unas cuantas temporadas de rendimiento algo irregular, pero sorprendió la osadía del entrenador argentino. Raúl González era un "colchonero" de toda la vida, formado en las categorías inferiores del eterno rival, de las que tuvo que salir en 1993, con la decisión de Jesús Gil de liquidar la cantera rojiblanca. Transitó a la Ciudad Deportiva donde, desde el inicio, causó sensación su oportunismo y habilidad en el área. Su convocatoria para jugar ante el pujante Zaragoza de Víctor Fernández pareció una cierta osadía y más aún cuando salió de titular y falló tres claras ocasiones ante el meta Cedrún, en un partido que acabaría 3-2 a favor de los locales. Pero la semana siguiente ese atrevido juvenil le haría un excelente gol al Atlético de Madrid, y no se apearía del carro de la titularidad........durante los siguientes quince años.

El Madrid siguió su buena marcha en la Liga hasta que a comienzos de 1995 el Barça visitaba el feudo del Real. No era el equipo imperial de otras temporadas. Laudrup había tomado el puente aéreo, Romario se quería marchar y en la portería Zubizarreta distaba de tener un recambio de garantías. Con todo, era un rival temido, pese a las habituales transformaciones de los azulgranas en el feudo blanco, en donde el Barça solía mostrar un perfil más defensivo, y sólo había ganado en una ocasión. La semana previa al choque fue de gran excitación con unos entrenamientos de la Ciudad Deportiva llenos a rebosar y un despliegue informativo sin precedentes.

El sábado de reyes de 1995 los dos equipos saltaron al terreno de juego, y los casi 100.000 espectadores que abarrotaban el feudo madrileño estaban a punto de presenciar su partido más deseado en cuatro años. Encendido, el equipo de Valdano pasó como una apisonadora sobre su rival y al cuarto de hora ya ganaba por 2-0. Cuando el búlgaro Stoichkov, pisoteaba sin balón a Quique Flores y era expulsado, el cuadro culé mostraba a las claras su impotencia para parar el vendaval de juego de los locales. Los de Valdano realizaron el sueño de cualquier aficionado blanco llevado a sus últimas consecuencias: devolver el 5-0 del año anterior. El último gol de Luis Enrique se celebró como si de un título se tratara. No había mejor forma de mostrar el cambio de ciclo ni de saciar las ganas de venganza de anteriores afrentas.

Después de esa gran noche, el Real fue un líder solvente todo el campeonato. Las tempranas eliminaciones en la U.E.F.A ante el modesto Odense y en la Copa del Rey ante el Valencia dejaron a la plantilla madridista libre de compromisos que desviasen su atención. De todas formas, en la recta final del mismo se pudo apreciar un cierto cansancio y se perdieron algunos partidos fuera de casa. El Barça estaba lejos, pero el Deportivo de la Coruña acechaba y ambos rivales se veían las caras en Madrid a tres jornadas de la conclusión, y los fantasmas del pasado acechaban. Una cierta inquietud se apoderó de los aficionados; ser derrotados por el Deportivo en casa suponía un peligro demasiado duro de aceptar con los terribles precedentes de Tenerife.

El 3 de junio de 1995 Valdano alineó a Buyo, Quique Sánchez Flores, Hierro, Sanchís, Lasa, Luis Enrique, Redondo, Laudrup (Sandro m. 88), Martín Vázquez (Raúl, m.64), Amavisca y Zamorano. Arsenio Iglesias respondió con Liaño, Boro, Rivera, Djukic, Nando, Martínez, Aldana (Alfredo m. 59), Donato, Fran, López Rekarte, Bebeto, Majarín (José Ramón m.62). El Madrid sale en su línea; atacando con ímpetu la portería coruñesa, los de Arsenio son un equipo muy bien plantado sobre el terreno de juego, pero la iniciativa es completamente blanca. A los 30 minutos Amavisca inaugura el marcador y se busca la sentencia que no llega; en la segunda parte los visitantes se estiran algo. Buyo tiene que responder a un duro golpe franco sacado por Donato pero nada puede hacer ante la anticipación de Bebeto a los 23 minutos de la segunda parte. La desazón se apodera del coliseo blanco, ya que un segundo gol gallego deja todo al rojo vivo. A falta de 5 minutos para el final, un pase en profundidad es ganado en el salto por Iván Zamorano. El chileno encara la portería contraria y fusila la consecución del campeonato. La euforia se desborda: atrás han quedado cuatro campañas con sinsabores y la Liga del 95 puede considerarse como el campeonato de la regularidad que más ha sido celebrado por los aficionados.

Durante la campaña se habían producido elecciones a la presidencia del Real Madrid que habían vuelto a ser ganadas por Ramón Mendoza con un escaso margen respecto al empresario de la construcción Florentino Pérez. Pero las cuentas del Madrid seguían siendo discutidas y cuando en el verano de ese año 95 Valdano pidió incorporaciones para el año siguiente, le fueron denegados por falta de recursos. El argentino se tuvo que conformar con fichajes discutibles: la vuelta de Juan Eduardo Esnáider, el defensa, Soler que había pasado por Español, Barça, Atlético de Madrid y Sevilla y el delantero colombiano Fredy Rincón. El equipo campeón de Liga era ya bastante veterano, y algunos de sus componentes empezaban el ocaso de su carrera deportiva. La mítica Quinta del Buitre, por ejemplo, se desintegraba: Butragueño se iba a México tras un año de ostracismo y Martín Vázquez fichaba por el Deportivo de la Coruña.

Los negros presagios se confirmaron al comenzar la temporada 1995-96. Se perdieron dos partidos en casa ante Bilbao y Oviedo; a las pocas jornadas el Real parecía descolgado de la lucha por el título. Nada quedaba del dinámico grupo del año anterior: Buyo recibía más goles de lo debido, Hierro adolecía de lentitud, Redondo era silbado por el público del Bernabéu, los nuevos no aportaban nada y sólo Raúl parecía seguir su progresión. A la crisis deportiva le seguía la institucional, Ramón Mendoza no conseguía la aprobación de la Asamblea de sus cuentas y una rebelión interna capitaneada por su delfín, Lorenzo Sanz, le despojaba de la presidencia. Mientras, el equipo deambulaba como alma en pena por los campos españoles: el Espanyol de José Antonio Camacho lo barría en la ida de la Copa del Rey `con un 4-1 que no pudo ser remontado, y en la Liga ni siquiera se ocupaban puestos europeos. Tras una derrota en casa ante el Rayo Vallecano, Jorge Valdano era cesado. El técnico que había devuelto la alegría a Chamartín sólo duraba media temporada, algo representativo de las locuras del fútbol. Su sustitución por el veteranísimo Arsenio Iglesias, el autor del milagroso Deportivo de la Coruña de comienzos de los 90, no solucionó nada. En Europa, la Juventus de un joven Marcelo Lippi y en la que ya despuntaba Alessandro Del Piero, eliminaba al Madrid en cuartos, tras dos choques soporíferos (1-0 en Madrid y remontada juventina en Italia, 2-0), y el y al final del torneo liguero, por primera vez desde 1977, no se había conseguido ni una clasificación para disputar la Copa de la U.E.F.A. Todo un desastre sin paliativos.

LLEGA EL DINERO, CAMBIAN LOS RESULTADOS

Durante esa horrorosa campaña el nuevo mandatario había tenido que calmar los ánimos de la hinchada con nuevas incorporaciones que alimentasen la ilusión de una afición harta de pobres resultados. Nada más llegar se hizo con los servicios del croata Davor Suker, estrella indiscutible del Sevilla, un delantero de enorme clase y recursos ante la portería contraria. Pero unos meses más tarde dio un golpe de efecto aún mayor; garantizarse para el año siguiente los servicios del que era, en ese momento, el mejor extranjero que jugaba en los campos españoles : el montenegrino Pedja Mijatovic, por el que tuvo que desembolsar 1.250 millones de pesetas en concepto de cláusula de rescisión. Mijatovic era la estrella indiscutible de un Valencia que empezaba a renacer de una larga noche de malos resultados, y su fichaje por el Real Madrid fue una afrenta que la afición valenciana no olvidaría en años; desde ese momento se pusieron las bases de una enconada animadversión entre valencianos y madridistas. Durante varias temporadas, Mestalla se convirtió en un feudo hostil para los blancos.

Hay que destacar que en ese punto, el fútbol español se vio sometido a una convulsión con la aparición de jugosos contratos televisivos que llenaron las arcas de los equipos. Hasta entonces se negociaba un solo contrato con todos los clubes, pero la aparición de las cadenas privadas trastocó este planteamiento, que perjudicaba claramente a los equipos con más tirón, y que ya podían negociar al alza los derechos televisivos de los mismos. En realidad, el Barça y el Real se vieron beneficiados con la llegada del maná televisivo que les permitía ingresar un dinero que poco a poco les iría distanciando de forma sideral del resto de conjuntos españoles. Esta circunstancia permitió a Sanz lo que Mendoza no había podido realizar en los cinco años precedentes, fichar figuras de primer nivel.

Para su nuevo proyecto el presidente madridista quería un inquilino de plenas garantías para el banquillo. El italiano Fabio Capello era el técnico que más títulos había ganado en Europa junto con Cruyff. Sucesor de Arrigo Sacchi en el imperial Milán de Berlusconi, su carta de presentación mostraba cuatro Scudettos Italianos y una Liga de Campeones en cinco años, esta última tras barrer al Barça en la final. Capello pensaba que su ciclo en el Milán había acabado y decidió aceptar la oferta del Madrid con la condición de seleccionar el mismo las nuevas incorporaciones, aparte de los ya fichados Suker y Mijatovic. Por sus indicaciones llegaron dos jóvenes extranjeros procedentes del Calcio: el holandés Clarence Seedorf, un centrocampista que seguía la tradición de medios holandeses que combinaban potencia y técnica a partes iguales, y el lateral derecho brasileño Roberto Carlos, que venía de una temporada irregular en el Inter de Milán, todo un portento físico y con uno de los disparos a puerta más mortíferos nunca vistos, un jugador que dejaría un recuerdo imborrable pese a sus despistes defensivos. Con posterioridad, se incorporaría el guardameta alemán Bodo Ilgner y el defensa internacional italiano Christian Panucci

Por lo tanto, el Real Madrid 1996-97 cambiaba casi todo su equipo titular bajo la férrea dirección del técnico trasalpino, en busca de un campeonato de Liga que conseguiría tras una campaña polémica en la que se sucedieron las victorias con bastantes críticas por el juego del equipo, pero al contrario que sucedió en año de Antic, nadie se planteó la sustitución del entrenador. Es más, el propio Capello terminaría dando la espantada de forma sorprendente.

El italiano dispone sobre el terreno de juego un equipo muy rocoso, con poco gusto por la elaboración pero con gran presencia física y un gran aprovechamiento de la inmensa calidad que atesoran sus jugadores de delantera: Raúl, Suker y Mijatovic son una garantía para perforar la portería contraria. El Madrid recupera, eso sí, su espíritu combativo de antaño, nada menos que en trece ocasiones conseguirá remontar el marcador en contra. Enfrente, se encuentran con un Barça plagado de estrellas y con más profundidad de banquillo, pero el hecho de no jugar competición europea, así como una temprana eliminación copera ante el mismo Barça compensan el desequilibrio existente, en cuanto a número de frentes a disputar. La eliminatoria ante los culés es emocionante y parece completamente abierta tras el 3-2 de la ida en el Camp Nou, que supone la primera derrota oficial del Madrid en esa temporada. Pero en la vuelta el brasileño Ronaldo (futura estrella blanca) trae en jaque a la defensa blanca y en jugada personal provoca el autogol de Roberto Carlos, aunque un penalti empata la contienda los azulgranas son justos vencedores. Tras unos comienzos titubeantes con empates sin goles en casa ante Tenerife y Logroñés el equipo es líder destacado a finales de la primera vuelta. La visita al Bernabéu del Sevilla es significativa del tipo de conjunto en que se ha convertido el Real; los hispalenses se adelantan por 0-2, pero al borde del descanso Seedorf acorta distancias. A poco de iniciarse el segundo tiempo, Raúl empata la contienda y en los últimos siete minutos el arrebato local sobre la portería visitante se traduce en goles de Hierro y Mijatovic hasta el 4-2 definitivo

Desde el mes de enero del 97 el entrenador ha estado haciendo diversos movimientos para intentar liberarse de su compromiso contractual de tres años con el Real. Capello piensa que la plantilla de la que dispone es corta, que esa temporada se está salvando por sólo jugar el campeonato nacional y además, buena parte de prensa y aficionados discuten el modo de conseguir las victorias. Desde Milán le llegan cantos de sirena para que vuelva al club de sus amores, que ha caído en una profunda crisis de juego y resultados tras su salida. Cuando Berlusconi le ofrece recuperar su puesto de entrenador en Milanello no lo duda, y decide regresar al banquillo del equipo que le vio nacer.

Tal vez por la polémica que rodea a esta historia, el equipo sufre un peligroso bajón en las últimas jornadas del campeonato. Sufre dos de sus tres únicas derrotas en todo el torneo en sus salidas consecutivas a Barcelona y Bilbao, ambas por 1-0, y los entrenados ese año por Bobby Robson se acercan a dos puntos. Sin embargo, la inesperada derrota azulgrana en Alicante ante el ya descendido Hércules, deja el camino despejado para que una victoria ante el Atlético por 3-1 selle el definitivo triunfo del Real Madrid en la Liga. Pero esto no altera los planes del italiano que volvería al Milán...para fracasar completamente.

VUELVEN LAS ALEGRÍAS EUROPEAS

Lorenzo Sanz pareció ir sobre seguro cuando contrató al alemán Jupp Heynckes como entrenador para la temporada siguiente. Antigua estrella de la Bundesliga de los años 70 y entrenador con acreditada hoja de servicios tras pasar por Bayern Múnich, Athletic de Bilbao y Tenerife con notorios resultados, su llegada fue considerada como una apuesta por el juego más alegre y ofensivo que aprovechara las virtudes de las estrellas blancas-

Pero el juego irregular presidió gran parte de la campaña madridista. Las figuras seguían decidiendo partidos, pero faltaba auténtica consistencia como equipo. Se recibían demasiados goles, como consecuencia de la poca predisposición a defender de buena parte de algunos futbolistas, y a medida que pasaba la temporada el tren de la Liga se escapaba. El Barça de Van Gaal derrotaba a los blancos en su doble duelo particular (2-3 en Madrid y 3-0 en Barcelona) y la sensación que se tenía era que al alemán se le escapaba el equipo de las manos.

Pero la competición europea actuaría como cura catártica a los males de la entidad. La liguilla previa de clasificación no produjo grandes complicaciones. Oporto, Rosemborg y Olympiakos no supusieron obstáculos importantes para el primer puesto del grupo, y en cuartos esperaba un conjunto alemán más bien menor, el Bayer Leverkusen. En tierras germanas un gol de Karembeu ponía el esperanzador empate a uno para ser resuelto en Madrid. Parecía una ocasión propicia para llegar de nuevo a semifinales y no se desperdició, gracias a los goles del propio Karembeu, Morientes y Hierro de penalti. En la siguiente ronda tocaba otro alemán, el Borussia Dortmund, sorprendente campeón del ejercicio anterior que llegó a la ida a disputar en Madrid lastrado por la ausencia de tres de sus puntales más destacados (Sammer, Moller y Henrich) y que apenas pudo oponer un planteamiento ultra-defensivo que el Madrid superó con cierta facilidad para el 2-0 definitivo. Pero lo más recordado de aquél partido fueron sus prolegómenos de pandereta; un grupo de Ultrasur se subió a la portería situada en el fondo sur y al zarandearla la derribó. Por increíble que pareciese, en el campo no había una portería de repuesto y se produjeron 75 minutos de mofa generalizada con esforzados empleados del club intentando recomponer la portería a martillazos. El balón no comenzaría a rodar hasta a las once de la noche.

Existía cierto temor a la vuelta en tierras alemanas, ya que el Real Madrid ha sufrido mucho históricamente en sus visitas a equipos teutones. A pesar que los locales mejoraron su imagen, el gran partido de Fernando Redondo, amo y señor del medio del campo, fue decisivo para mantener el empate a cero que daba el pase a una nueva final diecisiete años después de la disputada ante el Liverpool en 1981, Enfrente, esta vez sí, un rival potente: la Juventus de Marcelo Lippi, comandada por el elegante francés Zinedine Zidane y con jugadores destacados como Deschamps, Del Piero, Davis o Montero. Un equipazo, seguro en defensa y comandado por el astro galo en la zona creativa que había ganado tres de los últimos cuatro Scudettos y jugaba su tercera final de Champions consecutiva.

Los italianos partían como clarísimos favoritos. El Real Madrid era una calamidad en el campeonato español y sus rivales europeos habían carecido de auténtico poderío. Días antes de la gran cita, Heynckes comunicaba al presidente que se veía incapaz de dominar la plantilla, en la que los egos personales estaban muy por encima de la labor de equipo. Desde no pocas semanas se especulaba con sustitutos para el alemán de cara a la temporada siguiente, y el triunfo que con tanto ahínco se había buscado, parecía una quimera.

Pero una final es siempre una final, con toda su incertidumbre asociada a la disputa de un único encuentro en campo neutral y no cabe duda que el Real Madrid cuenta con futbolistas de primer nivel capaces de dar la sorpresa. El 20 de mayo de 1998 sobre el terreno de Ámsterdam Arena se trataba de romper una maldición de 32 años. La Juventus sale con las pilas cargadas y toma la iniciativa siempre girando en torno a Zinedine Zidane, pero la defensa blanca comandada por un imperial Hierro aguanta bien la embestida. En la media, Fernando

Redondo poco a poco va imponiendo su presencia y se deriva en un choque táctico con los puntales de ambos equipos (Raúl y Del Piero) anulados por las defensas y con la sensación que un gol decide el ganador; de hecho el holandés Davis tiene la posibilidad de desnivelar la balanza a favor de los de Lippi pero falla su gran ocasión. La segunda parte es de superioridad española y en el minuto 66, Roberto Carlos dispara sobre la portería italiana, pero su tiro se queda corto, la defensa juventina no acierta a despejar el balón y Mijatovic (en probable fuera de juego) perfora el 1-0 que no se movería del electrónico del magnífico estadio holandés. Una explosión de felicidad estalla en Madrid puesto que aquello que se había convertido en una obsesión se convertía, al fin, en un título buscado infructuosamente por tres generaciones de jugadores blancos sin éxito y, paradójicamente, había llegado en una temporada más bien pobre de juego, pero resuelta con el más preciado de los trofeos.

A nadie le escapaba el hecho que tal éxito no ocultaba las carencias del equipo y el entrenador alemán no continuó en su cargo. Incluso en los propios vestuarios de Ámsterdam, el técnico mandó un par de recados a directiva y futbolistas tras la conquista del trono europeo, y salir por la puerta grande de uno de los años más difíciles de su larga trayectoria como preparador; «A mi juicio, el Madrid no tiene una plantilla lo suficientemente equilibrada para jugar a buen nivel en Liga y Copa de Europa». Lo cierto es que Lorenzo Sanz rescindió su contrato una semana después del triunfo europeo y a comienzos de julio José Antonio Camacho, la vieja leyenda de la casa, tomaba las riendas del equipo. El ex internacional había realizado muy buenas campañas al frente del Espanyol, clasificándolo para competiciones europeas aunque su paso por el Sevilla había resultado desastroso. Su misión era trasmitir a un conjunto lleno de estrellas, una cierta ética de trabajo y sacrificio, los dos baluartes de Camacho en su etapa de futbolista.

Pero entonces un acontecimiento algo inaudito dio al traste con los planes del murciano. A los veintidós días de firmar su contrato, el nuevo entrenador tuvo un enfrentamiento con el vicepresidente Juan Onieva por la relación contractual de sus ayudantes, Pepe Carcelén y Juan Carlos Lorenzana. El Madrid había impuesto una cláusula que establecía la vinculación de los dos al futuro de Camacho, esto es, que si el entrenador era cesado sus ayudantes le acompañarían. Camacho entendió esta medida como una muestra de desconfianza hacia su persona, puesto que pensaba que Carcelén y Lorenzana debían negociar de forma independiente sus contratos, y, tras una acalorada discusión, se rompió el compromiso por ambas partes. En plena pretemporada en Madrid volvía a quedarse sin entrenador.

Para cubrir la vacante se recurrió a Guus Hiddink, precisamente la persona que estaba al frente del PSV en la traumática eliminatoria de Copa de Europa de 1988, que finiquitó las esperanzas continentales de la "Quinta del Buitre". Parecía una apuesta segura dado el gusto que siempre había mostrado por el juego de ataque y su sentido común. Pero las constantes preocupantes mostradas el año anterior continuaron en la temporada 1998-99. El Real Madrid se había convertido en una acumulación de excelentes jugadores pero sin sentido colectivo. Los partidos se ganaban gracias a las individualidades pero cuando se enfrentaba a un equipo con buena colocación en el campo, lo pasaba realmente mal. De hecho, sufría goleadas escandalosas ante el Deportivo de la Coruña (4-0) o el Celta de Vigo (5-1). Para rematar la faena, el vestuario seguía mostrando brotes de indisciplina muy llamativos. Hiddink tuvo serios enfrentamientos con Mijatovic, Seedorf o Panucci en partidos en que los mismos fueron sustituidos. Incluso en la Liga de Campeones, Hierro y Seedorf casi llegan a las manos tras discutir en el saque de una falta sobre quién debía tirarla.

Entre tanto desaguisado, la entidad recuperó otro trofeo asociado con la etapa más dorada del madridismo: la Copa Intercontinental o Copa Toyota, que no se ganaba desde 1960. El 1 de diciembre de 1999 ante el Vasco de Gama el Real Madrid salió con Ilgner, Panucci, Sanchís, Hierro, Fernando Sanz, Roberto Carlos, Seedorf, Redondo, Raúl, Mijatovic (Jarni m.81) y Savio (Suker m.89). A los 24 minutos Roberto Carlos centra y un defensa brasileño introduce el balón en su propia portería, con posterioridad los cariocas empatan y en el minuto 82 Seedorf pasa a Raúl, que deja sentados a los defensas contrarios con dos elegantes quiebros para introducir la pelota en la portería contraria y permitir seguir al Real con su escalda internacional. Pero en la competición nacional, la irregularidad sigue siendo la nota predominante. A comienzos de la segunda vuelta se acude al Camp Nou, de nuevo, para disputar un choque decisivo para el devenir del título. Los Rivaldo, Figo o Luis Enrique no dan opción y el concluyente 3-0 retrata la realidad del equipo banco. Hiddink está sentenciado y unas jornadas después es cesado. El banquillo del Bernabéu no conoce la estabilidad.

Para sustituirle Lorenzo Sanz recurrió a un viejo amigo suyo: el galés John Benjamin Toshack, que dirigió al equipo en el periodo 1989-90 con un título de Liga y el record (superado en fechas recientes) de 107 goles. Sanz apostaba, en esta ocasión, por una presunta mano de hierro en el banquillo ya que los modos más pausados de Heynckes y Hiddink no se habían mostrado útiles a la hora de dominar el vestuario. De hecho, el presidente llegó a negociar la vuelta de Fabio Capello, pero el entrenador italiano puso la condición de no incorporarse hasta el año siguiente cuando el Madrid lo quería para finalizar el año, sobre el que se cernía la sombra del desastre absoluto ya que ni siquiera el segundo puesto, que daba acceso a la Liga de Campeones estaba asegurado. El galés no había salido precisamente por la puerta grande en 1990 y su incontinencia verbal era por todos conocida, aunque todavía tenía en su haber una temporada histórica. Sus declaraciones eran toda una declaración de intenciones «Voy a ser el perro de la finca. Y si el dueño tiene un perro, este debe de ladrar». Sanz asumió que se necesitaba un punto de mano dura para poner freno a los actos de indisciplina y empezó a tomar medidas con la colaboración del entrenador: Davor Suker, su fichaje estrella de años atrás, era despedido por inasistencia a los entrenamientos y posteriormente se imponía Mijatovic una multa de cinco millones de pesetas por negarse a jugar un partido en casa.

Con el nuevo entrenador se termina luchando por la segunda plaza, y en semifinales de Copa del Rey ante el Valencia, que es también el rival por la plata liguera. En la misma, semana se disputa la ida de Copa y un encuentro decisivo por el segundo puesto en el Calderón. Toshack reserva varios titulares en Mestalla y los locales infringen al Madrid una derrota histórica: 6-0. Tras tamaña humillación, una victoria sobre el Deportivo en el Bernabéu sella la clasificación para la siguiente edición de la máxima competición continental.

EL EQUIPO DE LAS GRANDES OCASIONES

La última temporada de la década se inició con el desembolso más grande jamás hecho por el Real Madrid en un jugador: nada menos que 5.300 millones de pesetas se pagaron por el delantero francés Nicolas Anelka, procedente del PSG. Delantero habilidoso, potente y con buen remate de cabeza... pero extraordinariamente vago. Su paso por Madrid dejó bien claro los inconvenientes de realizar tales inversiones en peloteros sin la profesionalidad necesaria.

A la hora de la verdad eran los Hierro, Raúl, Redondo y Roberto Carlos los que sacaban las castañas del fuego en los malos momentos. Ello no servía para optar por un campeona-

VICENTE DEL BOSQUE
EL INTERINO QUE HIZO HISTORIA

En las tres ocasiones en las que Vicente del Bosque ocupó el banquillo del Real Madrid en la década de los 90, siempre dio la impresión que cumplía con un deber pesado, asumido con resignación y profesionalidad, pero con pocas ganar de cargar con el muerto. No era un desafío fácil, su llegada al banco suponía una crisis de resultados que había fagocitado a Benito Floro, Jorge Valdano o John Toshack y su presencia se anunciaba como solución transitoria hasta que un nombre con más prestigio ocupara tan inestable puesto.

Detrás había una destacada carrera como centrocampista en los años 70-80, uno de los protagonistas de la infructuosa final de la Copa de Europa de 1981 ante el Liverpool, y de no pocos años de trabajo reconocido en la cantera madridista. Hombre discreto, con pocas ganas de lucimiento, gustoso del trabajo a la sombra y representante de épocas muy distintas del deporte de élite era considerado como la figura más adecuada para dotar de tranquilidad a un puesto que no conocía la paz: desde 1990 ningún entrenador pudo concluir dos campañas completas como entrenador del Real Madrid. Esto resultaba inconcebible para Del Bosque que en diez años como jugador del primer equipo sólo conoció de cuatro entrenadores, incluyendo los interinajes de Luis Molowny. Desde el comienzo destacó por una premisa esencial de sentido común en sus alineaciones y tácticas.

to que requería de una regularidad incompatible con el juego de destellos que ofrecía el Madrid. Los malos resultados arreciaron a comienzo de temporada y, cómo no, el entrenador se volvió a situar en el punto de mira. Como la vieja estrella del fútbol inglés de los 70 no se caracterizaba por su diplomacia las tensiones volvieron a aflorar y unas declaraciones suyas al diario "Marca" supusieron su inevitable cese: «Es más fácil ver a un cerdo volando por el Bernabéu que yo rectifique» Un día después Vicente del Bosque era nombrado sustituto.

Perdida una vez más la Liga, las esperanzas se centran en la competición europea en donde el Real ofrece su mejor cara. En

Nunca pretendió destacar como estratega ni mostrar a la galería los matices de su personalidad. En una época en la que los entrenadores habían suplantado parte del protagonismo que ostentaban los futbolistas, Del Bosque siempre tenía claro que no era bueno para la entidad que él asumiese más lucimiento del debido .

Con esas premisas supo dotar de la tranquilidad necesaria a un colectivo de grandes jugadores, que sorprendieron a propio y extraños ganando la Liga de Campeones del año 2000, eliminando a los mejores equipos de Europa después de una temporada de juego muy irregular.

Siguió la misma línea con la llegada de Florentino Pérez a la presidencia y la sucesiva incorporación de los llamados "galácticos" a los que comandó a Ligas españolas y la Champions del 2002.

Su sorprendente cese en el año siguiente aún se considera una de las mayores injusticias jamás conocidas en el mundo de fútbol; atendiendo a una presunta "falta de imagen", fue minusvalorado al considerar que con las estrellas que disponía cualquiera ganaba campeonatos. Pues bien, desde su marcha el Real Madrid ha completado cinco ejercicios sin título alguno.

Tras una experiencia fallida en el fútbol turco, sucedió a Luis Aragonés en la selección nacional en 2008, tras haberse ganado la Eurocopa y sellar 24 años de frustraciones. Era una tarea complicada por el alto listón establecido, pero los resultados están ahí: un Mundial y una Eurocopa con los mismos parámetros de juego brillante. Del Bosque se ha convertido en un referente del trabajo bien hecho y de la culminación de una trayectoria modélica dentro y fuera del terreno de juego.

esta ocasión hay que pasar dos fases de liguilla para llegar a cuartos, en la primera Olympiakos, Molde y Oporto no son un obstáculo destacado aunque la segunda es harto complicada; el poderoso Bayern Munich de Khan, Effemberg y Elber golea a los de Del Bosque en los dos campos (2-4 en Madrid y 4-1 en Alemania) y se consigue de forma milagrosa el segundo puesto por delante del Dinamo de Kiev, verdugo de la anterior temporada.

En cuartos espera del Manchester United de Alex Ferguson, campeón de la edición anterior y claro favorito de la eliminatoria. En Madrid se produce un justo empate a cero que parece dejar en ventaja a los insulares, pero la vuelta en el "Teatro de los Sueños" ofrece una de las grandes noches europeas de los madrileños. A los 20 minutos Keane marca.......en su propia portería. Los ingleses atacan infructuosamente sobre la portería de un jovencísimo portero que ha conseguido alzarse con la titularidad pese a su juventud, su nombre no es otro que Iker Casillas, pero la defensa blanca, en la que empieza a destacar Iván Helguera, se muestra segura y el Real espera agazapado una contra que le ponga la eliminatoria a su favor de forma definitiva. Al comienzo de la segunda parte, Raúl González vuelve a mostrar que es un jugador de grandes citas al conseguir el 0-2 con un preciso remate. Pero lo mejor está por llegar; Fernando Redondo con un sublime taconazo deja atrás a su marcador y en una jugada plena de potencia y habilidad deja a Raúl en bandeja el tercer tanto. En un ataque de orgullo los locales meten don goles que no sirven sino para maquillar el resultado.

Si los cuartos habían sido épicos las semifinales no le fueron a la zaga. Enfrente uno de los peores rivales de la historia madridista; el Bayern Múnich que había vapuleado a los blancos en la fase previa. Pero el 3 de mayo de 2000 en Madrid volvió el equipo de las grandes ocasiones. Incluso Nicolás Anelka, tras una desastrosa temporada, sorprende con un gol a los 4 minutos a pase de Raúl. A los 33, Salgado hace la pared con Raúl, que se interna en el área, recorta al portero y un defensa alemán, Jeremies, llega desde atrás y en su intento de despeje introduce el balón en su portería. Se ve un equipo compacto, seguro de sí mismo y con jugadores que vuelven a su mejor versión en los momentos decisivos. Aun así, hay temor a la vuelta en Alemania, y más ante un rival como el Bayern plagado de internacionales y con su eterno carácter ganador. Un miedo que parece confirmarse cuando en el partido de vuelta el equipo bávaro marcaba a los 11 minutos. Pero a los 37 vuelve a surgir el "milagro", un centro del brasileño Salvio al área alemana es ganado de forma magistral por el desaparecido Anelka, el jugador más caro y más decepcionante de la historia merengue pero que ha resultado decisivo en los momentos claves de la máxima competición . Una nueva final espera, la segunda casi consecutiva, tras diecisiete años sin vivirla.

El rival en esta ocasión era español y por primera vez en la historia de la Copa de Europa dos equipos del mismo país iban a disputar el duelo por la corona europea, produciéndose una avalancha de seguidores a París, escenario de la misma. El Valencia, entrenado por el argentino Héctor Cúper, ha seguido las líneas trazadas por Claudio Ranieri y se ha plantado en la capital gala con un estilo sobrio, defensivo y con gran verticalidad en las contras en las que el delantero "Piojo" López es un auténtico estilete con una punta de velocidad estratosférica, al que le complementa la faceta ofensiva de centrocampistas con gran capacidad de incorporación como Mendieta y Gerard. Los valencianos han protagonizado la gran sorpresa barriendo al Barça en semifinales truncando así, el desenlace esperado por todos. Se iban a enfrentar a priori dos estilos contrapuestos: solidaridad frente a genialidad, contraataque frente a creación y dominio de la pelota, primer título frente a tradición ganadora. El Valencia afrontaba el gran desafío de su historia, y el Madrid se veía obligado a ganar para cerrar la temporada con algún título y dejar atrás sus crisis internas, muy aminoradas desde la llegada de Del Bosque al banquillo.

Sobre el césped del estadio Saint Dennis Del Bosque sacó a Iker Casillas; Salgado (Hierro, min. 84), Karanka, Helguera, Iván Campo, Roberto Carlos; Mcmanaman, Redondo, Raúl; Morientes (Savio, min. 71) y Anelka (Sanchis, min. 79). Frente a ellos Cañizares; Angloma, Djukic, Pellegrino, Gerardo (Ilie, min. 68); Mendieta, Gerard, Farinós, Kily González; Claudio López y Angulo. Lo cierto es que lo que apuntaba una final disputada en la práctica significó una demostración de poderío madrileño. Al Valencia pareció superarle la cita en todo momento y ocasión. Anulado López por el impecable trabajo de Iván Helguera, jugador fichado esa misma temporada procedente de la Roma y convertido por Del Bosque en el vértice de la defensa, el equipo valenciano también perdió la batalla en el centro del campo en donde Redondo y el inglés Macmanaman, una de las recomendaciones de Toshack pudieron siempre con sus pares Farinós y Gerard, en ataque; la posición de enlace de Raúl acabó por desmontar el entramado valenciano. Pero, ante todo, se puedo percibir una diferencia esencial a la hora de afrontar un encuentro de tanta trascendencia; la seguridad en sí misma madridista frente al tembleque valencianista. Los goles de Morientes, Macmanaman y Raúl sellaron la aplastante superioridad del equipo que alcanzaba su octavo máximo entorchado europeo.

UNA NUEVA ERA

Tras la consecución de la Liga de Campeones, Lorenzo Sanz convocó unas elecciones que todos daban por un paseo triunfal del constructor, que pese a su polémica gestión había logrado colocar al Real Madrid en lo más alto del podio europeo. Muchas eran las dudas que planteaban los métodos del mandatario, y no pocas crisis se habían sorteado desde el inicio de su mandato en 1995. Pero el excelente rendimiento de los jugadores claves en los partidos más decisivos a nivel continental, había salvado los muebles de la mejor forma posible.

Sanz estaba seguro de su éxito y puede decirse que se durmió en los laureles. Florentino Pérez, uno de los principales empresarios de la construcción españoles que ya había rozado la presidencia en las elecciones del 95 planteó una hábil campaña de recogida de votos por correo y dio el bombazo más inesperado; la contratación de la gran estrella del máximo rival, el internacional luso Luis Figo. Todo el mundo pensó que era una boutade (incluso el mismo Figo) pero, a la hora de la verdad, el portugués firmó un pre-contrato que le vinculaba a la casa blanca en caso que Florentino saliese ganador, cosa que realmente ocurrió. Con el conocido empresario el Real Madrid tomaría un rumbo diametralmente opuesto al seguido hasta entonces.

Los años 90 empezaron muy mal y terminaron de la mejor forma posible para los madridistas. De las decepciones de Tenerife al éxtasis de Ámsterdam y París en apenas diez años. Las sensaciones no escondieron contradicciones; por un lado el viejo rival que nunca llegaba a nada sucedía a los blancos como dominador del campeonato; seis Ligas azulgranas por sólo dos del Real Madrid y, sobre todo, un cambio de tendencia histórico en cuanto a regularidad en los éxitos. Pero, al mismo tiempo, los campos de Europa, a finales de década, volvieron a ver al viejo triunfador en el torneo que siempre ha tenido una relación especial con los de Concha Espina.

3

DEL CIELO AL INFIERNO

DOBLE HISTORICO Y DESCENSO. EL ATLÉTICO DE LOS 90

En 1990 los tres proyectos de Jesús Gil y Gil al frente de la nave rojiblanca habían concluido en el vacío más absoluto en cuanto a títulos. Una sucesión de entrenadores y jugadores habían transitado a orillas del Manzanares sin que las vitrinas colchoneras hubiesen incrementado sus trofeos. La palabra fracaso parecía asentada en la política del mandatario rojiblanco, cuyos desmanes copaban las noticias de la prensa deportiva de la época.

La nueva década dejó momentos inolvidables en lo bueno y lo malo. Se vivió el mayor éxito de la historia de la entidad y, unos años más tarde, el desastre absoluto. La inestabilidad volvió a presidir buena parte de la actualidad del histórico club madrileño y una nueva e interminable lista de nombres desfilaron por sus filas con desigual fortuna. Cuando la oscuridad absoluta se había instalado en el Atlético, un inesperado resurgimiento dio lugar a una temporada memorable. Parecía que, al fin, se había encontrado una senda deportiva coherente e incluso un mismo técnico duró tres temporadas completas; pero, por el contrario, se inició un nuevo proceso de decadencia deportiva que, unida a la inestabilidad institucional, dio lugar al amargo descenso de categoría, algo inédito desde nada menos que el año 1936. Curiosamente, este desastre estuvo precedido de un número aceptable de títulos, cuatro, superior a los dos conquistados en la década precedente.

LAS COPAS DEL REY BALSÁMICAS

Nada parecía presagiar que la temporada 1990-91 iba a ser mejor que los tres irregulares ejercicios anteriores. En plena pretemporada Jesús Gil cesaba al entrenador, Joaquín Peiró, tras la mala imagen dada en el Trofeo Carranza. Era uno más de la larga lista de técnicos fagocitados por el mandatario desde el fichaje de Menotti en verano de 1987. En realidad el en su día llamado "galgo del Metropolitano" resultó cuestionado desde el final de la temporada pasada en la que había acabado en cuarta posición tras coger el equipo en segundo lugar, tras el cese de Clemente. Luis Aragonés estuvo a punto de ser entrenador del Atlético, pero a última hora. se cambiaron las tornas. La pobre impresión ofrecida en los torneos de verano selló el destino de Peiró, que sería sustituido por el balcánico Tomislav Ivic .

Ivic era un entrenador con una amplísima experiencia internacional, en diversos equipos algunos de ellos importantes como el Oporto. Gustoso de un fútbol defensivo "a la italiana" que partía de la premisa de no recibir goles bajo ningún concepto, acumular defensas y aprovechar las contras, se encontró con la carencia de un lanzador de pases largos para aprovechar la rapidez de Futre. Los refuerzos de aquella temporada eran el delantero austriaco Gerard Rodax, el madrileño Juan Sabas, una velocísimo atacante procedente del Rayo Vallecano, el defensa canario Juanito que venía de destacar en el Real Zaragoza, equipo del que también procedía Juan Vizcaíno, un centrocampista que daría muchos años de buen rendimiento en el Manzanares. Las auténticas esperanzas se centraban el Rodax, presuntamente avalado por una trayectoria de gran goleador, pero lo cierto es que el austriaco tras unos buenos comienzos se difuminó en la mediocridad más absoluta hasta el punto de ser relegado a la suplencia.

El comienzo de Liga muestra un juego espeso, defensivo y que apenas da para victorias apuradas, muchos empates y derrotas por la mínima. Una de ellas causa un gran escándalo. En la quinta jornada, se visita San Mamés y con el marcador 2-1 a favor de los locales, el árbitro Socorro González deja sin señalar un despeje con la mano del bilbaíno Urrutia a la salida de un córner, un penalti de libro que deja atónito a todo el estadio por su no señalización. Gil amenaza con retirar al equipo de la competición aludiendo a las mafias arbitrales que van a por él. La jornada siguiente el esperpento sigue; en el Atlético-Osasuna se señalan hasta cuatro penas máximas, tres a favor de los locales, de las que sólo se convierte una de ellas, en un encuentro que concluye con empate a dos.

Pero el hecho más destacado de este inicio de campaña es el nuevo desastre europeo. Ante la flojísima escuadra rumana de la Politécnica de Timisoara, se realiza uno de los mayores ridículos de la historia europea del club, cuando en la ida en tierras rumanas se es derrotado por 2 a 0. La endeblez del rival es tal, que casi todo el mundo espera que en la vuelta se remonte, pero el cerrojo rumano sólo es perforado por un solitario gol de Juanito casi al final cuando no hay tiempo para la remontada . Es uno de los mayores desastres de la historia de la entidad y muchas voces claman por la dimisión de Gil, que no hace más que acumular desastres deportivos y broncas institucionales. En el viaje de vuelta de Rumanía, Ivic le ha manifestado al presidente que la plantilla no da más de sí, que falta calidad técnica hasta el punto de plantearse realizar partidos de fútbol sala como entrenamiento para pulir ese aspecto y, en definitiva, que hay que reforzarla si no se quiere un nuevo fracaso.

Durante el verano de 1990, se había producido la salida de Bern Schuster del Real Madrid, a raíz de un acto de indisciplina del alemán al no querer realizar una gira por Estados Unidos. En septiembre, el germano se encuentra sin equipo y sobre él pesa el sambenito de ser un gran futbolista pero muy conflictivo lo que unido a su alto caché económico y elevada edad, le hace estar en paro forzoso. Gil se ve obligado a ficharlo para calmar a una afición harta de polémicas y de falta de éxitos deportivos y es la llegada del centrocampista lo que determina el rumbo rojiblanco durante las dos siguientes temporadas. Con Schuster en la media se dota al equipo del plus de calidad necesario para poner en práctica el contragolpe con los puntas Futre y Manolo de culminadores. Ivic ensambla un equipo sostenido en la seguridad defensiva que alcanzan los centrales Solozábal y Juanito; así como los laterales Tomás y Juan Carlos. En el centro del campo el nuevo cerebro alemán muestra que no se le ha olvidado jugar al fútbol pese a su intermitencia y, para realizar la labor de desgaste, se cuenta con la notable colaboración del incorporado ese año, Juan Vizcaíno, que se revela como un centrocampista defensivo muy efectivo, de aceptable trato de la pelota y un gran sentido táctico; a esto hay que añadir que el brasileño Donato, alcanza en su tercera temporada su madurez deportiva y supone un pulmón en la media no exento de toques de calidad, de hecho retrasa su posición hasta convertirse en un quinto defensa; incluso el discutido Pizo Gómez realiza una notable campaña con su tesón y lucha constante. Desde el banquillo los jóvenes Alfredo Santaelena y Juan Sabas dan el oxígeno necesario para cuando las piernas no responden.

Desde el debut de Schuster en Gijón con victoria colchonera por 1-2 los buenos resultados se enlazan aunque no se consigue ganar la Liga. El sistema ultradefensivo del entrenador yugoslavo supone un gran número de empates a domicilio que no son suficientes para seguir la estela del Barcelona de Cruyff, que comienza una racha gloriosa de cuatro Ligas consecutivas. Las opciones rojiblancas se centran en la visita al

Camp Nou en la segunda vuelta del campeonato. Se hace un gran partido pero apenas se consigue empatar a uno, cuando sólo valía la victoria. A pesar de todo, hay satisfacción por el segundo puesto conquistado por encima del Real Madrid.

En la Copa del Rey, el comienzo es de aúpa: nada menos que el "eterno rival" verdugo de los rojiblancos en las dos anteriores ediciones. Son épocas de piques y fricciones entre las dos entidades, y el encuentro de ida resulta áspero y tenso. Ivic dispone su muralla defensiva y el Real Madrid entrenado por el binomio Di Stefano- Camacho, sale en tromba a por el partido. Pero quien inaugura el marcador es el cuadro visitante, cuando un pase en profundidad de Manolo lo aprovecha el austriaco Rodax, que sólo parece responder ante el Real, al que ya le ha marcado en Liga. En la segunda parte Gordillo empata a la salida de un córner pero el Atlético domina en un terreno de juego muy pesado en donde aparecen más brusquedades que fútbol .En la vuelta en el Calderón los Futre, Manolo, Vizcaíno y compañía se imponen con claridad a pesar de sólo ganar por 1-0 con gol de Donato al rematar la salida de una falta, el Madrid vive horas bajas y solo empuja de forma tibia.

En la siguiente ronda, el Valladolid es finiquitado en la ida con un claro 0-2 en Pucela, los dos tantos de saque de golpe franco. Pero entonces la relación del entrenador yugoslavo con los jugadores está muy deteriorada por las formas bruscas del mismo que llevan a los jugadores a quejarse al presidente. Éste les hace caso y decide sustituir a Ivic después de perder la vuelta ante los vallisoletanos por 0-1, aunque la renta del partido de ida es suficiente para llegar a semifinales, donde espera el Barça, campeón del torneo de la regularidad y que parte como favorito para el doblete. Surge el carácter imprevisible del Atlético, que en la ida en Barcelona soporta las embestidas azulgranas del comienzo y aprovecha su única ocasión a cargo de Futre para ponerse por delante antes del descanso. Iselín

Santos Ovejero hace de entrenador interino, y mantiene los esquemas del balcánico, aunque aporta la tranquilidad necesaria a la plantilla que jugaba un poco agarrotada. El segundo tiempo es un manual de estilo de contragolpe colchonero que logra el segundo tanto por medio de Manolo, y deja la eliminatoria en franca ventaja.

Pero los Zubizarreta, Laudrup, Baquero y demás no están por la labor de tirar la posibilidad del doblete y en la vuelta en el Calderón se vive un choque intenso, espectacular y copero al cien por cien. A la media hora, el Barça ha empatado la eliminatoria aunque Solozábal da oxígeno a los locales con su gol cuando concluye la primera parte. La tensión preside un choque con muchos nervios, y Barça se queda con 10 antes del descanso. La reanudación es un toma y daca, que se manifiesta en el 1-3 de Koeman, tras pegar en la barrera el lanzamiento de una falta, y el definitivo 2-3, de Manolo, tras gran jugada de Tomás Reñones que sella el 4-3 definitivo en la eliminatoria. El gran espectáculo vivido solo es empañado por los nervios finales que traen consigo las expulsiones de Ferrer y el propio Koeman, frustrados por no conseguir una machada que tuvieron cerca.

La final de Copa en el Bernabéu supone un enfrentamiento con el Mallorca. Los de Ovejero son favoritos pero los baleares son el único equipo que ha ganado en los dos campos al Atlético en la Liga (1-0 en ambos casos) y juegan con la ventaja de ser las presuntas víctimas. Entrenados por Lorenzo Serra Ferrer son un equipo defensivo y muy ordenado con un excelente portero marroquí, Ezaki, que sabe que sus opciones parten por mantener su portería a cero y aprovechar las escasas ocasiones que se les presente. Al tratarse de dos equipos más tácticos que vistosos la disputa es más bien aburrida aunque salvada por la emoción. Se llega a la prorroga y en la misma juegan dos hombres de refresco, Alfredo y Sabas, que han sustituido a los desafortunados Orejuela y Futre. La velocidad de Juan Sabas produce la jugada del gol que decidirá el vencedor, ya que deja atrás al defensor mallorquín y lanza un disparo cruzado al que Ezaki responde, pero deja muerto el balón para que Alfredo Santalena, un producto de la cantera, lo remate a placer. Es un gol que vale una Copa y rompe una sequía.

Antes de ganar la Copa ya se había firmado el contrato que suponía la vuelta de Luis Aragonés al banquillo rojiblanco, tras la abrupta salida del técnico madrileño en 1987. Para el ejercicio 1991-92, sólo se incorporaron el defensa Soler, cedido por el Barcelona y los delanteros Gabriel Moya y Sebastián Losada, procedente del Real Madrid, que ya había estado a punto de firmar por los del Manzanares en verano de 1989. Con su llegada, Gil cumplía el sueño de traerse un jugador de la casa blanca, pero en realidad fue un regalo envenenado. Losada había destacado en una temporada en el Español de Javier Clemente, donde había jugado como cedido, y se erigió como una de las promesas más sólidas del fútbol español. De regreso al Real Madrid había chocado con la titularidad indiscutible de Butragueño y Hugo Sánchez, con lo que chupó mucho banquillo, de tal forma que se encontraba ante la gran oportunidad de demostrar su valía, oportunidad que perdió de forma calamitosa al resultar un auténtico fiasco: sólo un gol en todo el campeonato. Un Gil enfurecido le despidió, y el futbolista pasó a engrosar el amplio número de litigantes contra el Atlético.

Con la base del año pasado, Luis sacó un gran rendimiento de la plantilla. Adelantó mucho la defensa, siguiendo la estela del Milán de Sacchi, como era costumbre en Europa entonces, y dio libertad de movimientos a Futre en ataque, consiguiendo la mejor campaña del portugués en España. Si la temporada anterior había sido la de Abel, esta sería la del extremeño Manolo, Pichichi del campeonato con la extraordinaria cifra de 27 goles, muchos de ellos a asistencia del luso. Aun así a

ABEL RESINO
EL RÉCORD BAJO LOS PALOS

Desde la retirada de Miguel Reina a finales de los 70 la portería rojiblanca había resultado un lugar bastante inestable. Por lesiones, rendimiento irregular o diversas circunstancias ningún guardameta había cuajado de forma absoluta durante varias temporadas. Aguinaga, Navarro, Mejías, Pereira, "Pato" Fillol o Elduayen no habían conseguido estabilizarse de forma definitiva en el tiempo. En la temporada 1986-87, el Atlético jugaba el insulso "play-off" de mitad de tabla y Luis Aragonés decidió dar minutos a un portero toledano que se había incorporado en 1982 pero que sólo había jugado en el filial. Abel Resino no desaprovechó esa oportunidad y consiguió ganarse la confianza del técnico que le alinea en una semifinales de Copa del Rey ante el Real Madrid, reválida que supera con nota, puesto que los colchoneros eliminan a sus vecinos tras ganar el encuentro de vuelta en el Calderón por 2-0.Jesús Gil y Gil llega poco después a la presidencia atlética y de su mano el entrenador argentino Cesar Luis Menotti. Aunque Gil intenta fichar a Juan Carlos Ablanedo, meta del Sporting, e incluso al mítico Luis Arconada, "el flaco" decide que Abel sea el portero titular.

El carrusel de entrenadores de las siguientes temporadas no afectó al guardameta toledano que siempre terminaba de titular y cuajando buenas actuaciones. Abel era un portero sobrio, muy efectivo en el mano a mano, buenos reflejos y colocación. No era fácil batirle. Pero su mejor momento coincidió con la llegada al banquillo de Tomislav Ivic, que consiguió crear un muro defensivo infranqueable en torno a la portería rojiblanca. Ante la admiración generalizada el cancerbero toledano acumuló la friolera de 1.275 minutos sin recibir un gol (desde el 25 de noviembre de 1990 hasta el 17 de marzo de 1991) sólo truncado por el tanto del entonces sportinguista Luis Enrique al borde del descanso de un Atlético-Sporting concluido con victoria local por 3-1. Entonces, todo el campo se puso a aplaudirle, seguramente la mayor ovación que jamás haya recibido un portero

finales de la primera vuelta la racha rojiblanca sufrió un vuelco con tres derrotas consecutivas ante Deportivo de la Coruña, Logroñés y Albacete que enfurecieron a Gil y hasta casi le cuesta el puesto al de Hortaleza. Pero la segunda vuelta resultó excelente y fueron sus dos choques ante el Barça y el

por encajar un gol. Superó ampliamente el record anterior de Miguel Reina, cuando éste jugaba en el Barça, de 824 minutos y su gesta hasta provocó una anécdota curiosa: en un Betis- Atlético de ese año en el que logró superar la citada marca, Jesús Gil se enfadó por considerar que a los jugadores sólo les había interesado el record y no habían ido a ganar el partido.

Pero luego quedaba el más difícil todavía. Conseguir batir la marca del mítico Dino Zoff, campeón del mundo en 1982, que en los años 70 había mantenido su portería imbatida 1.143 minutos. Abel acepta el desafío y cuatro jornadas más tarde en el estadio de El Sadar la hazaña se consigue.

El Atlético gana 0-3 a Osasuna y el portero pasa a ser una celebridad internacional. La selección española no llega a abrirle las puertas plenamente ya que vive en el reinado de Andoni Zubizarreta, todavía con Luis Suárez como seleccionador. Abel juega dos encuentros internacionales y nunca vuelve a saber de convocatorias.

Consolidado como uno de los mejores porteros de Europa en la temporada siguiente vive uno de sus momentos culminantes cuando detiene un penalti decisivo a Míchel en la final de la Copa del Rey que gana el Atlético 2-0. Es su canto del cisne ya que un par de temporadas después empieza a ver amenazada su titularidad, aunque no deja de cubrir en varias ocasiones la portería atlética.

Concluido el lastimoso campeonato 1994-95 con el club a punto de descender se decide hacer limpia y Abel deja atrás 13 años de vinculación profesional con el club. Juega unos meses en el Rayo Vallecano y se retira. Pero no dejará atrás al club de sus amores; en 1998 trabaja como asistente de Arrigo Sacchi, en el 2000 forma parte del satff técnico liderado por Futre que trata de devolver al club a primera división y en el 2008 sustituye al mexicano Javier Aguirre como primer entrenador de en el que destacan sus delanteros Agüero y Forlán. Consigue una espectacular remontada final con seis victorias consecutivas que meten al equipo en Liga de Campeones. Pero la temporada siguiente no comienza bien ni en el campeonato español ni en la competición continental y es cesado tras una derrota por 4-0 en campo del Chelsea. Abel es, por méritos propios, historia del Atlético de Madrid.

Madrid los que les privaron del título. Ante los de Cruyff, en Madrid, se adelantaron por dos goles y debieron golear a los culés en un primer tiempo de antología, pero dos despistes defensivos (en especial una auténtica cantada de Abel ante Baquero) dieron lugar a un injustísimo 2-2 . En el Bernabéu, el Atlético se adelantó dos veces y tenía el partido a su favor cuando, quizá por falta de plena confianza, cometió el craso error de retrasarse demasiado y no matar la contienda. El empuje y coraje blanco, remonta el resultado con goles de Butragueño y Maqueda y parece sellar la Liga en favor de los entrenados por Beenhakker,.......hasta el rocambolesco final de campeonato en Tenerife.

Pero ambos conjuntos tiene otra cuenta pendiente: la conquista de la Copa del Rey a la que se llega tras eliminar con claridad a Oviedo, Athletic de Bilbao y Deportivo de la Coruña. En la ida de semifinales, Futre es expulsado, pero su inmediata reacción pidiendo perdón provoca la reducción de su sanción a un solo partido, que cumple en el la vuelta de Riazor. El 27 de junio de 1992, en un ambiente intensísimo y colorido Luis alinea a Abel, Tomás, Solozábal, López, Donato, Soler, Vizcaíno, Schuster, Futre, Manolo y Moya. Por su parte el Real Madrid saca a Buyo, Chendo, Sanchís, Tendillo, Luis Enrique, Míchel, Hierro, Hagi, Villarolla, Milla y Butragueño. A los seis minutos se pita una falta un tanto alejada de las inmediaciones de Buyo. Parece demasiada distancia como para sorprender al portero, pero Schuster se saca de la manga un golpe franco de antología que inaugura el marcador. El Madrid intenta reaccionar, pero topa con la infranqueable defensa colchonera que estrecha los espacios y somete a los centrocampistas blancos a un fuerte pressing en la media, que provoca recuperaciones de balón para sacar el letal contragolpe. En una de esas contras, Futre marca el segundo tanto, sacándose de la manga un disparo cruzado imposible, que sorprende a su marcador, Chendo, y al portero Buyo. Es, posiblemente, el mejor partido del portugués en España, una auténtica pesadilla para la defensa blanca. El delantero rojiblanco Moya puede matar la contienda pero falla dos ocasiones clarísimas, y la segunda parte ofrece un Atlético más conservador cuestión que el aprovechada por el Madrid para presionar, aunque sin excesivo peligro. El asunto se finiquita en el minuto 24 del segundo tiempo cuando un derribo de Abel a Butragueño es señalado como penalti, que el cancerbero detiene a disparo de Míchel. El último tren de la remontada ha pasado, y se redondea la tercera victoria en cuatro finales de Copa sobre el poderoso vecino.

VUELVE EL CAOS

No puede decirse que las dos brillantes campañas firmadas a comienzo del decenio servirían para consolidar una entidad más estable. Tras salvar in extremis la conversión del club en S.A en el verano de 1992, Gil vuelve a dominar la entidad como un cortijo a sus anchas. Eleva de forma espectacular el precio de los abonos con lo que las gradas se pueblan de cemento, intenta cobrar un canon a la prensa por informar y introduce una "línea caliente" de atención al socio en la que se despacha a gusto contra jugadores y entrenador después de alguna actuación poco convincente. Tras perder en Vallecas 2-0 carga contra los que jugaron en campo del Rayo, lo que le vale un conflicto con Luis Aragonés. El equipo ha perdido el buen tono del año pasado y muestra más inseguridad defensiva, ya que la línea adelantada de la defensa requiere de una precisión que brilla por su ausencia. La única incorporación del año, el delantero mejicano Luis García, no responde a las expectativas.

El rendimiento de Paulo Futre decrece en esta temporada. Tras cinco intensos años de altos y bajos, la puntilla a su etapa rojiblanca son sus malas relaciones con el entrenador, rematadas por desencuentros con el propio presidente. Tras un derby ante el Real concluido con empate a uno, Luis declara en los micrófonos de la cadena COPE «estoy contento de casi todos», el locutor José María García con habilidad le consigue sonsacar que el jugador del que se queja el técnico es el astro luso. Es la gota que culmina el vaso y el delantero pide el traspaso. Además, su ficha es muy elevada para la precaria economía de la entidad. El Benfica accede a pagar 600 millones de pesetas y el cauteloso Gil incluye una cláusula anti-Real Madrid que sanciona con 1.000 millones de indemnización el posible traspaso posterior de Futre a la entidad blanca. El mandatario da en el clavo ya que en 1993, en plena crisis de resultados madridista, Ramón Mendoza intentará su fichaje, que tendrá que abandonar por su elevado coste.

La ausencia de Futre y el posterior abandono en marzo de Schuster suponen la decadencia del conjunto que ve limitada su actuación en la Liga a luchar por una plaza europea. Después de un humillante 0-5 en la Copa ante el Barça, Aragonés es cesado y se contrata a un argentino desconocido en tierras españolas: Omar "Pato" Pastoriza. Apenas un mes después es cesado por no admitir las "sugerencias" de arriba en las alineaciones y Gil anuncia un "decálogo" de actuaciones para los entrenadores que contrate el Atlético. "Cacho" Heredia, vieja gloria del gran equipo de los 70, ocupa el banquillo hasta que concluye la temporada, que se salda con un discreto sexto puesto que permite una clasificación europea. La mejor cara se da en la Recopa de Europa donde se llega a semifinales en las que se encuentran con el Parma del colombiano Faustino Aspirilla que con sus dos goles en la ida en Madrid (1-2) parece decidir la eliminatoria. En la vuelta en tierras italianas todo parece perdido cuando, en el minuto 75, un gol de Sabas abre la puerta a la esperanza. Entonces aparece en escena el funesto colegiado alemán Schmidhuber, el trencilla reservado por la U.E.F.A para favorecer a los clubes italianos en las competiciones europeas, que un par de años antes había señalado un penalti en contra del Real Madrid en Milán al menos dos metros fuera del área en una eliminatoria de la Copa de Europa. En esta ocasión, deja de señalar un clarísimo derribo al propio Sabas por parte del portero italiano, y otra caída de Solozábal, lo que acaba provocando la ira de los jugadores españoles, que tienen que ser detenidos para no agredir al árbitro.

Los malos presagios de esta campaña se manifestaron en su esplendor en el binomio 93-95. Nada menos que ¡nueve entrenadores! ocuparon el inestable banquillo del Calderón. En esa temporada 1993-94 un record mundial de seis técnicos: Jair Pereira, Heredia, Emilio Cruz, José Luis Romero, Ovejero y Jorge D`Alessandro. Pereira llega de Brasil con un buen palmarés a sus espaldas, pero sin experiencia en el fútbol europeo. Intenta cambiar la idiosincrasia rojiblanca del contragolpe por un fútbol más ofensivo pero se ve lastrado por el escaso acierto en el fichaje de extranjeros: el centrocampista carioca Moacir apenas demuestra nada, y el delantero polaco Roman Kosecki, que ha recibido elogios generalizados tras su paso por el Osasuna, y al que se le considera el sustituto natural de Futre por su velocidad (Cruyff llega a decir que Kosecki es superior) mantiene esa cualidad sin añadirle ninguna otra, ya que consume kilómetros de campo sin sentido futbolístico alguno. La falta de paciencia clásica de Gil supone su cese tras apenas seis jornadas de campeonato, con dos victorias, dos empates y dos derrotas y "Cacho Heredia" se pone al frente de la nave rojiblanca, pero una eliminación ante el modestísimo OFI de Creta en la U.E.F.A, con discutido arbitraje en contra, sella su destino. Emilio Cruz, técnico del filial, le sucede y Gil asegura que se mantendrá hasta fin de año pase lo que pase. Pero, para variar, es sustituido al finalizar la primera vuelta tras una victoria en nueve encuentros. A Cruz le sustituye José Luis Romero, el entonces Secretario Técnico, que mantiene los desastrosos resultados y se gana el apodo de "sargento Romerales" por su fuerte disciplina que le enfrenta a los jugadores: no les permite ver la televisión en el vestuario, comer pipas en el banquillo ni llevar pulseras. Apenas dura unas jornadas

La consecuencia de este desmadre es que se coquetea por primera vez en décadas con los puestos de descenso, hasta el punto que la categoría se salva en un dramático partido en Pamplona con victoria ante Osasuna (0-1) que sentencia a un rival directo. Y eso que en esa campaña se han incorporado dos de los jugadores emblemáticos de los 90: José Luis Pérez Caminero y Kiko Narváez. El primero es un talentoso jugador de gran calidad técnica, con visión de juego, llegada a gol y polivalencia, ya que es capaz de jugar en casi todas las posiciones, aunque su carrera se ve lastrada por numerosas lesiones y un rendimiento demasiado irregular. Formado en las categorías inferiores del Real Madrid al no hacerse un hueco en la primera plantilla blanca, emigra al Real Valladolid donde da muestras de su talento, en el verano de 1993 el Real pretende repescarlo pero la operación se aborta y deja el camino libre a club de Jesús Gil. En cuanto a Kiko, es uno de los grandes héroes del oro olímpico de fútbol en Barcelona 92, procedente del Cádiz, es un delantero muy habilidoso, y con una extraordinaria capacidad para recibir de espaldas a la portería y dejar sentados a los defensas gracias a su destreza con el balón, que provoca el delirio del público por sus jugadas espectaculares. Sin embargo, en sus primeras campañas en Madrid su rendimiento no es el esperado

Los sucesivos cambios en el banquillo se suceden al alimón de numerosas derrotas, que muestran a un once sin patrón de juego, imposible de mantener con tanto vaivén. Las cosas no mejoran el año siguiente; a pesar de que D'Alessandro ha salvado la categoría, Miguel Ángel Gil Marín, hijo del presidente que actúa de Director General, decide darle el cargo de entrenador a Pacho Maturana, un entrenador colombiano de inusitado, y quizá excesivo prestigio, a pesar que su experiencia previa en España, en Valladolid no ha sido muy destacada. Con él llega el delantero colombiano Adolfo "Tren" Valencia procedente del Bayern Munich, donde ha sido señalado como uno de los tipos más extraños que jamás han pasado por la entidad bávara y también se incorpora el ruso Dobrovolski así como el defensa brasileño Iván Rocha, y un centrocampista argentino que ha destacado en el Sevilla y que está destinado a ser una figura clave en la historia rojiblanca, Diego Pablo Simeone, un pulmón de lujo, con capacidad de sacrificio, potencia, habilidad para incorporase al ataque y mentalidad ganadora. «Aquí no hay un duro –dice Gil– pero hacemos las cosas a lo grande», el día de la presentación de las novedades.

Pero las cosas no se hacen, precisamente, a lo grande, a las diez jornadas de campeonato el Atlético es penúltimo. Maturana es cesado y vuelve D'Alessandro que tras unos iniciales buenos resultados cae en barrena tras perder en casa ante el Racing de Santander (0-1) y termina siendo sustituido al no apartar al equipo de la zona baja de la tabla. Los Caminero, Kiko, Simeone, Manolo, Abel o Vizcaíno son una sombra en el terreno de juego y Gil vuelve a cargar contra los jugadores, en especial contra el indolente "Tren" Valencia que muestra unos números paupérrimos, salvo una noche de gloria en un duelo copero en el Camp Nou, en el que marca dos goles en la victoria atlética (1-4). Tras un desastroso partido en Logroño, saldado con empate a cero con el colista Logroñes, y un enfrentamiento en el vestuario, el mandatario se desata «Es para fusilarlos con una metralleta a todos»; y explota contra Valencia «Al negro le corto el cuello». Las declaraciones del dirigente generan una ola de rechazo generalizado y pasan a engrosar el dudoso historial del mandatario, que luego se retracta de las mismas.

Unas jornadas antes, el entrenador argentino Alfio "Coco" Basile se ha hecho cargo del Atlético, pero nada endereza el rumbo a la deriva. Apenas la calidad de Caminero salva los muebles, aunque el internacional rinde por debajo de lo esperado tras su espléndido Mundial en Estados Unidos. Por si fuera poco, Gil y Basile se enzarzan tras una derrota en San-

PARTIDOS MEMORABLES

UNA REMONTADA PARA LA HISTORIA

La temporada 93-94 fue muy aciaga para los colchoneros, que vieron de cerca el fantasma del descenso tras años de permanencia en la élite, pero el Vicente Calderón presenció quizá uno de los partidos más emotivos de su historia. En la novena jornada de Liga, el Barça de Koeman, Laudrup y Romario llegaba al templo rojiblanco. La temporada anterior las dos visitas culés había acabado con goleadas de escándalo (1-4 en Liga y 0-5 en Copa) finiquitando la prometedora etapa de Luis Aragonés en el banquillo atlético.

El comienzo de temporada había sido convulso. Gil había liquidado al entrenador (Jair Pereira) una vez más, apenas pasadas seis jornadas. "Cacho" Heredia, asumía el interinaje, pero la visita azulgrana causaba terror a orillas del Manzanares con los antecedentes descritos. Y cuando al descanso el marcador señalaba un rotundo 0-3 con tres dianas de Romario, los 35.000 espectadores que acudieron esa fría noche de octubre, temían una nueva humillación histórica. Pero, contra todo pronóstico, el comienzo de la segunda parte abre la puerta a la esperanza. Tras un error en la cesión de Amor, Kosecki bate a Zubizarreta. Unos minutos más tarde, falta a favor del Atlético, bastante alejada de la meta azulgrana. Segundos

tiago, ante el Compostela. El presidente rompe el pacto entablado con el vestuario de no hablar y vuelve a criticar a los jugadores a lo que el argentino, ni corto ni perezoso, le responde en rueda de prensa de forma nada prosaica «A mí no me pisotea nadie, yo me cago en el contrato». Al momento es destituido y remplazado por el hombre de la casa Carlos Aguiar, que consigue salvar la dramática encrucijada en las últimas jornadas, tras ganar al Zaragoza (2-0) y empatar a dos en campo del Sevilla.

A lo largo de este binomio negro un factor ha suscitado la atención de toda la España futbolística: el fabuloso comportamiento de la afición colchonera, que en los peores momentos ha llenado el campo y mostrado un apoyo constante a sus maltrechos colores. Un fenómeno social que crea una masa de afi-

después, el estadio se queda atónito ante el tremendo disparo del riojano Pedro, jugador de efímera vida en la entidad, pero poseedor de un tremendo golpeo a la pelota, que casi introduce al meta internacional en la portería. En apenas diez minutos del 0-3 al 2-3 y el público empieza a creer en el milagro.

Entonces, el juego se convierte en una bendita locura. Uno de esos encuentros sin rigor táctico, en el que ambos conjuntos se olvidan de la presión en la media y los marcajes, para buscar sin freno la portería contraria. En medio de ese festival de fútbol ofensivo, el polaco Kosecki marca su segundo gol de la noche y pone la igualada en el marcador. Apenas quedan unos minutos para el final, y Romario es objeto de un penalti en el área rojiblanca. El colegiado no lo señala y los de Heredia montan una contra de manual ante un rival que se ha olvidado de defender, el balón llega a José Luis Caminero, que se planta ante el portero azulgrana al que no da opción alguna cruzando la pelota hasta donde no puede llegar.

Es el 4-3 definitivo y la locura se apodera de jugadores y aficionados que han visto superar, con sus propias armas, al equipo más ofensivo del continente europeo. Diego, Quevedo, Solozábal, López, Juanito, Pedro, Manolo (Pizo Gómez m. 88), Caminero, Pirri Mori, Kosecki, Luis García (Kiko m.17), no es, ni de lejos, uno de los grandes onces de la historia del Atlético de Madrid, pero sí ostenta el honor de haber protagonizado una de las jornadas más inolvidables en el Vicente Calderón.

cionados indispensable para mantenerse a flote y salvaguardar la supervivencia del club en los próximos años

EL RENACIMIENTO IMPOSIBLE

Un nuevo proyecto sin muchas esperanzas se iniciaba en el verano de 1995. Lo cierto es que los fichajes no eran muy alentadores: el delantero búlgaro Lodoslav Penev, un buen jugador pero que había sido desechado por el Valencia por problemas de salud, el defensa Santi Denia y el portero José Francisco Molina procedentes del recién descendido Albacete (aunque rescatado por decisión administrativa) y que habían cuajado una desastrosa actuación en el partido decisivo de la promoción ante el Salamanca. También llegaron del Español, Roberto Fresnedoso y de Argentina Leo Biagini, dos jóvenes promesas. No parecían mimbres de mucho lustre para un equipo que había coqueteado con el descenso dos años.

Al frente de la nave se colocó Radomir Antic, entrenador serbio procedente del Real Oviedo. Antic no tenía títulos de relumbrón en su currículo, aunque sí notables campañas. Llegó al Zaragoza, donde triunfó como jugador, en 1988 y en su primera temporada metió a los maños en Europa. Su sorprendente reclamo por el Real Madrid se recibió con escepticismo, pero sus resultados fueron casi inmaculados, y sufrió el hecho inédito de ser cesado cuando el equipo era líder. Un año más tarde, sustituyó a Irureta al frente del Real Oviedo, que se encontraba al borde del descenso y no sólo lo salvó, sino que lo consolidó en primera los dos siguientes ejercicios salvados sin apuros. De todas formas nadie pensaba que tuviera más horizonte que aguantar la campaña completa y conseguir una clasificación para Europa.

Antic insistió en fichar a su compatriota Robert Prosienecki para el centro del campo, tras dirigirlo con fortuna en el Oviedo a donde había llegado tras su desastroso periplo madridista. Pero, de forma sorprendente, el Barça de Cruyff, sumergido en el caos *post- Dream Team* interfirió para fichar al croata, con la intención de lanzar un dardo a su eterno rival al tratar que triunfara un jugador que había fracasado en la casa blanca. Por descontado que el paso del bueno de Prosienecki en Can Barça ofreció más bien poco. Entonces, Antic se desmarcó en proponer un fichaje con pinta sospechosa: un compatriota suyo de casi 30 años, totalmente desconocido y que deambulaba por un equipo de medio pelo de la liga griega, el Panonios. Su nombre era Milinko Pantic y, según todos los indicios, el técnico intentaba colocar a un amigo en el club, uno de los muchos "paquetes" que suelen aterrizar en el campeonato español al amparo de los comisionistas. Pero la insistencia del entrenador es tal, que promete pagar de su sueldo su ficha, si el mismo no responde. Unos videos del futbolista así como lo barato de su contratación (60 millones de pesetas, cuando un jugador de cierto nivel rondaba los 300 por aquellos años) permiten dar el visto bueno a la operación.

Pantic aterriza en un Trofeo Ramón de Carranza y en su primer partido marca un lanzamiento de falta de forma magistral. En poco tiempo se percibe que se trata del mejor especialista en balón parado que jamás ha pisado el fútbol español. Sus saques de esquina y faltas van con un efecto perverso que produce el terror en los porteros rivales. Tras una pretemporada inmaculada, el comienzo es arrollador: gana en casa a la Real Sociedad (4-1), Sporting (2-0), Español (2-1) y Oviedo (3-0); lejos del Manzanares triunfa en Santander (0-4), Bilbao (0-2), Vigo (0-3) y Valladolid (0-1) empatando en casa del Sevilla. Nada queda del grupo deprimido de los años anteriores. Antic pone en danza un 4-4-2 clásico, con espíritu ofensivo y con una alineación que al poco tiempo todo el mundo recita de carrerilla: Molina, Geli, Santi, Solozábal, Toni Muñoz, Pantic, Vizcaíno, Caminero, Simeone, Penev y Kiko. La base de los triunfos colchoneros reside en la posición adelantada de Molina, que ejerce funciones de líbero en la práctica y permite ganar metros a la línea de cuatro en defensa. Los contrarios ven reducidos sus espacios y se encuentran con un centro del campo muy potente, con el dominio de Simeone y Vizcaíno en la zona central y las incursiones por banda de Pantic (preciso surtidor de centros) y Caminero. En punta de ataque, Penev, pese a sus 16 goles, va de más a menos, pero su gran envergadura le permite proteger la pelota y arrastrar a defensas contrarios, eso despeja a Kiko Narváez que, por fin, muestra su talento como jugador y cuaja una excelente campaña con goles decisivos. Como el jerezano es también un maestro en la recepción de la pelota de espaldas a la portería, los huecos abiertos por los delanteros permiten la incorpora-

MILIKO PANTIC
LA SORPRESA DE LOS BALCANES

Durante no pocos años Pantic representó el fichaje soñado por todo Secretario Técnico: rendimiento espectacular a cambio de poco dinero. Su impacto en la masa social rojiblanca vino dado por lo inesperado de sus prestaciones en el terreno de juego. Cuando en el verano de 1995 aterrizó en Madrid como compensación a frustrada incorporación de Robert Prosinecki, nadie podía imaginarse que dejaría una huella irrepetible en los aficionados madrileños y hasta españoles.

Cuando a los 29 años y, tras casi diez de carrera, eres un perfecto desconocido, todo parece indicar que tus cualidades no son muy extraordinarias. Pantic tuvo que enfrentarse al escepticismo generalizado frente a su figura pero apenas tardó en dejar claro que era un excelente jugador. Su historia casi recordaba a la película "El Mejor" protagonizada por Robert Redford, en la que un as del béisbol aparece por primera vez en la Liga casi en la hora de la retirada y ante el asombro generalizado se destaca como el mejor jugador nunca visto.

Ficciones aparte, lo cierto es que en un campeonato que había presenciado un buen puñado de peloteros excelentes, Pantic destacó poderosamente al ser el maestro consumado de las jugadas de estrategia. Cada falta o córner botado por el serbio terminó siendo casi un acontecimiento: provocaba una esperanza sin freno en los colchoneros y una inquietud rayando en el pánico en los rivales. Antic era un gran defensor de la importancia de la estrategia como vía de alcanzar la victoria en partidos que se complicaban por la imposibilidad de superar las defensas rivales. Cuando el Atlético se sentía espeso siempre contaba con una falta o córner para agarrase a la esperanza de sacar puntos. El número de encuentros solventados por la participación de Pantic por esa vía fue innumerable en el año

ción de centrocampistas con vocación ofensiva como Caminero o Simeone. Además el "factor Pantic" resulta esencial puesto que la habilidad del serbio a balón parado permite desatascar los encuentros más complicados. Pocos piensan que los rojiblancos tengan opciones de ganar la Liga, pero dos excelentes partidos saldados con triunfos ante Barcelona y Valencia hacen ver a todos que los de Antic van en serio y más cuan-

mágico del doblete. Pero en ese campeonato inolvidable no sólo de estrategia vivió el menudo jugador. Su incursiones por banda con centros calculados a la cabeza de Kiko o Caminero y su notable visión de juego le convirtieron en un pilar esencial de la media. Hasta se permitió el lujo de darle una Copa del Rey a su equipo con un gol de cabeza ante el Barça, algo insólito dada su escasa estatura. Pero aquella temporada el serbio estaba tocado por las hadas como demostró en las semifinales contra el Valencia, con dos goles fabulosos en el choque de ida, uno de ellos de impecable libre directo.

La irrupción de Pantic en aquella campaña no ha tenido parangón desde entonces. Ningún jugador ha cuajado en el aprecio del aficionado como "Sole" aunque sus prestaciones fueron decreciendo en sus dos siguientes temporadas. En realidad nunca se situaría, ni remotamente, en los estándares de ese comienzo, aunque el año siguiente sería el máximo goleador del equipo en Liga de Campeones y dejaría para la historia una inolvidable noche en el Camp Nou de Barcelona, con la friolera de cuatro goles, que no servirían para evitar la eliminación del Atlético tras un intenso choque copero. Jugador eminentemente técnico y de gran trato con la pelota, el paso de los años iba dejando huella en cuanto a sus dificultades para aguantar el exigente ritmo físico que marca la temporada y en 1998 abandonaba la disciplina rojiblanca dejando tras de sí un inolvidable recuerdo. Quizá su desgracia estuvo en no llegar a tiempo a un campeonato potente que le permitiese una carrera adecuada a sus grandes condiciones. Terminó sus días futbolísticos en Francia y Grecia.

Nunca dejó de ser un referente en el universo atlético. Empezó dirigiendo campus de la Fundación para los más pequeños y en el año 2011 se hizo cargo del filial en la Segunda División B. Incluso su nombre se barajó en alguna ocasión para dirigir al primer equipo. Sus grandes condiciones técnicas y su exquisito trato a la pelota le hacen ser un maestro adecuado para aquellos chavales que tratan de abrirse camino en el complicado mundo del fútbol.

do los rivales clásicos están en momentos bajos: el Real Madrid cuaja una campaña desastrosa y el Barça es una sombra de sus mejores tiempos, aunque no pierde comba de los puestos de arriba. En realidad, es otro renacido, el Valencia de Luis Aragonés, y con Pedja Mijatovic como gran estrella, el que termina siendo el gran rival por el título que se resiste desde hace casi veinte años.

A esta gran campaña en Liga hay que unirle la Copa del Rey en donde se elimina a Almería, Tenerife, Betis y Valencia. En Sevilla, ante el Betis, se produce un gran escándalo en la vuelta en Sevilla, donde los rojiblancos ganan 1-2 pero ser ven beneficiados por la no señalización de un penalti al delantero bético Alfonso y la condonación de la expulsión de Molina, que ha sacado un balón con la mano fuera del área. El presidente del Betis, Manuel Ruiz de Lopera, baja a los vestuarios a insultar a los madrileños que tienen que salir escoltados por la policía.

En semifinales contra el Valencia, se produce el mejor partido de la temporada y quizá uno de los más brillantes de la historia colchonera. Tras ir perdiendo 2-0 en el descanso y fallar Penev un penalti, los líderes de la Liga consiguen cinco goles en el segundo tiempo, dos de ellos por medio de Pantic, que unidos a los de Biagini, Juan Carlos y Roberto Fresnedoso sellan el 3-5 definitivo, pero lo que ha asombrado a toda España es la auto confianza rojiblanca en sus posibilidades y la disciplina prusiana de sus hombres y todas y cada una de las zonas del campo.

A la final copera se llega, sin embargo, en medio de un bajón que ha situado al Barça a apenas 3 puntos de distancia. Se juega un 10 de abril en el Estadio de la Romadera de Zaragoza ante los propios culés y, como suele pasar, es un partido de mucha precaución y poco juego. Cruyff deja la iniciativa a los madrileños y pone a su motor, Guardiola, más preocupado por labores defensivas que de crear, error que pagará caro. A medida que pasan los minutos los madrileños se van apoderando de la posesión de pelota aunque chocan con la seguridad de los defensas Nadal y Popescu.

Se llega a la prórroga y visto el desarrollo de la contienda a nadie le hubiese extrañado que se llegara a los penaltis. Pero en el minuto 10 de la primera parte de la misma, Geli (jugador formado en la cantera azulgrana), se interna por banda, lanza un buen centro y al primer palo, Milinko Pantic sorprende a Busquets y a la defensa haciendo el único gol de la final. El Barça no reacciona y Caminero puede sentenciar en un mano a mano contra el portero que desaprovecha.

El partido, en todo caso, concluye con la novena Copa del Rey rojiblanca y la alegría desbordante se apodera de las calles de Madrid.

Es la inyección de moral necesaria para afrontar el esfuerzo de la Liga, ya que las fuerzas de la corta plantilla rojiblanca andan muy justas. Tras vencer en el Camp Nou todo parece sellado, pero el Valencia gana en el Manzanares, con una gran actuación de Mijatovic presente en todos los goles valencianos (2-3); y aprieta en un sprint final con seis victorias consecutivas. Un triunfo agónico sobre el Salamanca, con espectacular gol de Kiko casi al límite del tiempo reglamentario, y un empate *in extremis* en Tenerife ponen en bandeja el título tras casi 20 años de sequía.

El 26 de mayo de 1996, ante el Albacete en un abarrotado Vicente Calderón espera que se haga historia. Existen no pocos temores a una derrota, que alcanzaría la dimensión de traumática, ya que el rival es uno de los farolillos rojos del campeonato; se apela al presunto mal fario que siempre persigue a los colchoneros cuando lo cierto es que siete de los ocho campeonatos ligueros que se habían conquistado se lograron en la última jornada y el rival es uno de los equipos más flojos de la primera división. Pero no hubo lugar a la duda; los goles de Simeone y Kiko en la primera parte certifican el milagro en un partido que es un paseo triunfal para el mejor combinado de la Liga.

El doblete histórico en el momento más inesperado, cuando nadie apostaba un duro por el Atlético. Es el momento culminante de una entidad que parecía haber caído en un pozo sin fin.

CUESTA ABAJO

Como se suele decir, lo más difícil en el competitivo mundo del deporte no es llegar sino mantenerse. Antic había resucitado a un moribundo y ahora tenía la difícil tarea de mantenerse en lo más alto del futbol español y europeo y puede decirse que no lo consiguió. En realidad, entrenador había acaparado la atención mediática de los éxitos del ejercicio anterior, y eso empezaba a engordar su vanidad más de lo deseado y provocaba recelos en los jugadores y la directiva.

A pesar de que el verano de 1996 fue de auténtico desmadre por la llegada del dinero televisivo, el club apenas se reforzó para la temporada 1996-97. Sólo la vuelta de Carlos Aguilera, defensa formado en la cantera atlética y que había pasado buenos años en el Tenerife, el centrocampista checo Bejbl, un portento físico de nula capacidad creativa e organizadora, y el delantero Juan Eduardo Esnáider procedente del Real Madrid, donde había fracasado estrepitosamente tras triunfar de forma absoluta en el Zaragoza, al que llevó a conquistar la Recopa de Europa. Jugador con condiciones, pero muy acelerado e impulsivo, lo cual lastraría su prometedora carrera, en el mercado de invierno llegará Prodan, defensa rumano con notables carencias. No eran refuerzos de garantías para competir con los súper equipos confeccionados por Real Madrid y Barcelona, o el mismo Betis, que aprovecharon el maná televisivo para fichar por todo lo alto. Ya durante la Eurocopa de Inglaterra, Caminero, estandarte del doblete, había manifestado su intención de abandonar el club del que es santo y seña, por oscuras razones nunca aclaradas. Aunque al final se quedó, las lesiones y su cada vez más evidente desmotivación le impidieron dar el nivel como jugador desequilibrante que era.

Desde comienzos de año se vislumbra que revalidar el título de Liga es imposible ya que no hay plantilla para los tres fren-

EL QUIEBRO DE CAMINERO

Pocas jugadas han quedado en la retina del espectador con tanta claridad como la jugada que produjo el primer gol del Barça- Atlético de la Liga de 1996. Apenas diez minutos de juego cuando pegado a la banda José Luis Pérez Caminero se encuentra con la oposición del defensa internacional Miguel Ángel Nadal, y con poco espacio para maniobrar ya que el barcelonista cubre todos los huecos posibles.

El madrileño amaga y protege la pelota arrastrando al defensor muy encima suyo y, en un instante, realiza una finta elegantísima que deja atónito a su implacable marcador para quedarse solo en la banda y centrar con precisión para que el centrocampista Roberto Fresnedoso inaugure el marcador. Es una de las jugadas más brillantes que el campeonato español jamás ha presenciado. Aunque el Barça empata por mediación de Jordi Cruyff, el centrocampista internacional domina su parcela de cabo a rabo. De hecho, en la segunda parte, anota un gol legal que se le anula por presunta falta en ataque. Dirige a los suyos y marca el tiempo de juego en todo momento. La superioridad visitante se manifiesta en el 1-3 definitivo que anula las opciones culés a conquistar el título, que parece viajar de forma irreversible para Madrid.

tes abiertos. Una humillante derrota ante el Real Madrid por 1-4 en el Calderón, cuando los blancos jugaban con un jugador menos deja bien claro que las esperanzas deben de centrase en los torneos coperos.

El equipo sigue teniendo momentos de juego brillante, tal y como demuestra su meritoria liguilla en la máxima competición continental, en la que es primero de grupo con buen rendimiento, destacando por encima de todas, la victoria en casa del Borussia Dortmund, (1-2) que a la postre sería el sorprendente campeón, pero los síntomas de cansancio apreciados en el último periodo del año del doblete se confirman. Antic es poco dado a mover el once inicial, y los mismos jugadores juegan todos los partidos con el cansancio que ello supone. Pantic sigue infalible a balón parado, pero se muestra claramente incapaz de seguir el ritmo físico de tanto encuentro, Caminero se pasa lesionado buena parte de la campaña y Simeone comete la estupidez de realizar un alevoso pisotón a Julen Guerrero en San Mames, que da lugar a una escalofriante imagen de la pierna del bilbaíno ensangrentada, y que le supone una importante sanción y el rechazo general. Como Bejbl dista de ser el creador de juego que se necesita el centro del campo rojiblanco, motor de los éxitos anteriores, queda muy disminuido.

Aun así, la temporada se canceló en dos choques trepidantes, llenos de buen juego y de auténtica mala suerte atlética. En la Copa del Rey, colchoneros y azulgranas vuelven a cruzar sus caminos, tras el empate a dos en Madrid, la vuelta viene precedida de un escándalo: en uno de sus habituales números, Gil amenaza con no presentarse por las sanciones impuestas a los atléticos tras un polémico Betis- Atletico, concluido con victoria local en el último suspiro. A última hora el equipo viaja a Barcelona el mismo día del partido y al descanso el marcador del Camp Nou es revelador: 0-3, con tres goles de Pantic. La segunda parte da lugar a uno de los momentos más emotivos e intensos de la historia de la Copa, con un estruendoso parcial de 5-1 los entrenados por Bobby Robson remontan lo que parecía imposible y ganan la eliminatoria, a pesar del nuevo gol de Pantic que ve como sus cuatro goles no sirven de nada.

Una semana más tarde, se recibe al Ajax en cuartos de la Champions. En la ida se ha conseguido un esperanzador empate a uno con goles de Esnáider y Kluivert. Los holandeses, entrenados por Van Gaal, muestran un conjunto plagado de jóvenes y brillantes futbolistas, que han disputado las dos últimas finales aunque ese año no rinden al mismo nivel y son un conjunto vulnerable en defensa.

Los locales empiezan muy nerviosos, y Molina tiene que intervenir con acierto ante el dominio holandés, pero poco a poco el centro del campo local se va imponiendo y Caminero y Pantic van entrando más en juego. A la media hora, Kiko caza una pelota complicada y bate al meta holandés. Desde entonces, el Atlético empieza a combinar y debe sentenciar el partido antes del descanso, cuando en una misma jugada no se señala un penalti a Geli y Caminero no acierta con todo a favor para marcar. Pero nada más comenzar la segunda parte Ronal De Boer empata al rematar de cabeza un centro y no poder Molina blocar la pelota. Eso no desanima al Atleti, que sigue jugando muy bien, buscando las bandas y cercando la meta de Van Der Sar gracias, sobre todo, a la gran noche del gaditano Kiko, que en un control imposible en el área es trabado y el árbitro señala penalti.

En esa temporada, Antic había tomado la cuestionable decisión de señalar al Esnáider como lanzador de penas máximas por delante de Pantic, maestro del balón parado. Tan craso error se manifiesta en el fallo del delantero argentino, no precisamente un modelo de sangre fría, que, para colmo de males, remata su fallo con dos gestos muy feos: una entrada a destiempo tras fallar la pena máxima merecedora de expulsión y los insultos a Antic tras ser sustituido que captan las cámaras de televisión.

Se llega a la prórroga, y un jugador portugués recién incorporado, Dani, que con el tiempo sería jugador rojiblanco, marca un espectacular gol por la escuadra que sentencia la eliminatoria, aunque otra pena máxima, ahora sí trasformada por Pantic, pone la emoción de nuevo, pero un nuevo gol tulipán, con los locales volcados en pos del milagro, señala un 2-3 no acorde con lo visto en el terreno de juego. La decepción es terrible y la sensación de malditismo que periódicamente acecha a la entidad vuelve a aparecer.

Finalizada esa desafortunada temporada los Gil reafirman la supremacía del entrenador serbio, que afronta su tercera campaña con plenos poderes. Salen del equipo futbolistas que tienen una claro enfrentamiento con el entrenador como Esnáider, Simeone o el capitán Roberto Solozábal, que se ha negado a jugar en el lateral izquierdo en un choque liguero ante el Barça. Ya la temporada anterior, Penev había salido por sus malas relaciones con Antic, que ahora exige fichajes de relumbrón que en esta ocasión si llegan: el brasileño internacional Juninho, centrocampista menudo con regate y visión de juego, el extremo españolista Jordi Lardín, perseguido por numerosos pretendientes o el delantero italiano Christian Vieri, llegado de la Juventus de Turín, también se incorpora el defensa brasileño Andrei Frascarelli y de forma sorprendente, el mismísimo ¡Paulo Futre¡ presuntamente retirado y al que se le une a los entrenamientos, en una maniobra más comercial que realista.

La llegada de Vieri, por 2.600 millones desata muchas dudas, ya que solo viene de marcar 8 goles en el exigente Calcio, y más aún cuando en el debut liguero en Chamartín falla tres goles cantados ante el Real Madrid, en un partido que acaba en empate a uno. Pero el italiano termina formando un ataque letal con Kiko y se desata como el mejor delantero del continente. Las lesiones le impiden jugar no más de 24 jornadas en las que consigue nada menos que 24 goles, el ariete es todo un compendio de potencia y anticipación en el área.

Lo cierto es que parecía tenerse todo para volver a situarse en lo más alto, `pero a la inmensa capacidad ofensiva hay que añadirle entereza defensiva, y por ahí hace aguas este tercer proyecto de Antic. La posición adelantada de Molina tan rentable en épocas pasadas, es ahora aprovechada por muchos rivales que acceden con facilidad al área atlética, ya que el centro del campo compuesto por jugadores eminentemente ofensivos (Caminero, Lardín, Pantic o Juninho), no presiona y la defensa es un manual de inseguridades. Se marcan muchos goles, pero se reciben también a granel. Por si fuera poco, entrada la segunda vuelta se visita Vigo para jugar ante el Celta y una entrada de Michel Salgado a Junihno, supone una gravísima lesión para el brasileño, que se pierde casi toda la temporada y nunca vuelve a ser el mismo. La Liga se escapa y apenas se lucha por un puesto en las competiciones europeas, y el Zaragoza elimina al Atlético de la Copa. El 2-0 de la ida está cerca de ser remontado en Madrid, pero en el minuto 85, José Ignacio hace el 2-1 definitivo aprovechando una inseguridad de Prodan, con lo que sólo queda la U.E.F.A en la que se alcanzan las semifinales, tras una agónica eliminatoria ante el Aston Villa. Pero la derrota por 0-1 ante la Lazio romana en la ida sella las posibilidades de acceso disputar el título, pese a empatar a cero en la ciudad eterna. Para entonces, el deterioro de la convivencia en el vestuario es enorme, ya que los jugadores mantienen el enfrentamiento al técnico que construyó al campeón de dos temporadas atrás; hasta la gran estrella italiana choca con él y en Mallorca, Vieri le insulta tras ser sustituido. Antic ha impuesto la capitanía de Santi frente a compañeros más veteranos, y ha marginado al lateral izquierdo, Toni Muñoz, poniendo a un diestro, Geli, en su `posición; el `propio Futre acusa al serbio de haberle engañado y de sólo quererle para hacer de chivato en el vestuario; en el descanso de un partido en El Molinón se ve a los jugadores hacer una piña en el centro del campo tas una descomunal bronca del serbio en el descanso tras ir perdiendo 2-0; el Atlético acabaría ganando 2-3. El deterioro es tal que antes de finalizar la temporada Gil anuncia su sustitución por Arrigo Sacchi, sin equipo desde su salida del Milán en 1997, tras su regreso proco lustroso al club lombardo. Pero, al menos, la despedida de Antic es por todo lo grande. En el mejor partido de la temporada se golea al campeón Barça por 5-2, lo cual da el pasaporte para al menos jugar competiciones europeas la temporada siguiente y la afición le canta. «Radomir te quiero», y es que de bien nacidos es ser agradecidos…….

LA FALLIDA VÍA ITALIANA

La contratación del técnico que había revolucionado el fútbol europeo unos años antes se inscribía en un deseo de "italianización" del Atlético al identificar el fútbol trasalpino con la eficacia y el profesionalismo, tal vez teniendo en mente la experiencia en el Real Madrid de Fabio Capello y el predominio en Europa de la Juventus de Marcelo Lippi. Pero en realidad, como casi siempre, no se trataba de estilos a seguir sino de la calidad del plantel con el que se contaba. Por mucho que Sacchi fuese el gran estratega del fútbol contemporáneo requería de unos jugadores adecuados para jugar a ganar. Y en la temporada 1998-99, bajo las directrices del italiano, un puñado de futbolistas menores se incorporaron a la disciplina rojiblanca: Torrisi, Venturin, Nejgus o Serena no eran precisamente los holandeses de su periplo mágico en Milán, ni por asomo se podían asimilar a los Tasottí, Ancelotti o Baresi. Como suele pasar, darle plenos poderes a un entrenador al confeccionar la plantilla tiene riesgos muy evidentes. Otros incorporados como Jugovic, Mena o Valerón despiertan más esperanzas, pero el rendimiento de los mismos no alcanzará las cotas exigibles para un aspirante al título. Por otro lado, el técnico italiano no es muy partidario de Juninho e incluso Kiko, aunque el jerezano termina conectando bien con él, y llega a declarar que es el mejor entrenador que jamás ha tenido.

Las cosas empiezan a torcerse de forma muy prematura; unos días antes de que el balón empiece a rodar, la gran estrella italiana, Vieri, en gran medida el responsable de esta pretendida "italianización", pega la espantada y ficha por el Lazio. Una vez más una gran figura emigra del Calderón y el equipo queda lastrado, hasta el entrenador, sintiéndose engañado, pretende librarse de su compromiso pero en el club le aseguran que la marcha de Vieri no estaba pactada, aunque, por otra parte, no se le aporta un sustituto de plenas garantías.

Las ideas de Sacchi dan lugar a un juego defensivo y más bien tedioso, que gana en casa y pierde fuera, alguna vez de forma estrepitosa como en Mallorca, donde se cae por 4-0, lo que provoca que el técnico se plantee la posibilidad de dimitir. Como pasa en la farándula futbolística las explicaciones son tópicas: se está en pleno proceso de acoplamiento, los sistemas de Sacchi son difíciles de asimilar, también en Milán se tardó en tener resultados. Tras una victoria en el Camp Nou el italiano toma aire y termina la primera vuelta cerca de la zona noble, fundamentalmente por las victorias en los partidos del Calderón, convertido en un fortín, pero un comienzo de segunda vuelta desastroso, con cuatro derrotas seguidas, produce su salida de la entidad. Apenas 20.000 personas acuden a ver las soporíferas actuaciones del equipo que, además, ha perdido a Kiko por lesión cuando estaba cuajando una campaña excepcional.

Sacchi es sustituido por Carlos Aguiar, que consigue buenos resultados en las competiciones de eliminatoria directa, pero muy malos en la Liga, y, unas jornadas más tarde, Radomir Antic vuelve a la entidad rojiblanca. Jesús Gil, enfadado con sus jugadores, les pretende poner en vereda, contratando al entrenador con el que buena parte de la plantilla no se hablaba, y que logra así un regreso con sabor a venganza. Pero no logra enderezar el rumbo atlético y, de nuevo, se coquetea con los puestos de descenso. En la Copa de la U.E.F.A se realiza una machada al eliminar a la potente Roma de Cafú y un jovencísimo Totti, pero el también italiano Parma es un escollo demasiado elevado en las semifinales. Cuando menos se esperaba, se produce una cierta resurrección: se gana al Real Madrid en el Calderón (acontecimiento milagroso donde los haya) por 3-1 en la penúltima jornada, con lo que se aleja el fantasma de la promoción, y unos días más tarde, se acude a Riazor para jugar la vuelta de las semifinales de la Copa del Rey, ante el Deportivo entrenado por Irureta, que ha arrancado un empate sin goles en Madrid. Los gallegos son claros favoritos pero el Atlético imprevisible surge para ganar 0-1 con gol de Serena. Incluso parece viable salvar el año con un título.

Pero no se da dicha circunstancia. El Valencia de Ranieri, Mendieta, "Piojo" López o Amadeo Carboni, rompe una sequía de casi veinte años sin títulos goleando en la final por 3-0, en el coqueto estadio de La Cartuja de Sevilla. Es un baño en toda regla, ante el que el anonado grupo madrileño nada puede hacer. Unos días antes, el entrenador valenciano, el propio Claudio Ranieri, había llegado a un acuerdo con Jesús Gil para dirigir al Atlético en la última temporada de la década. Es un fichaje que se había fraguado varios meses antes, ya que Ranieri estaba cuajando un gran trabajo con el Valencia desde su llegada en 1996.

Pero en los planes del entrenador se encontraba la llegada de su gran arma en la ciudad del Turia: el rapidísimo delantero argentino Claudio "Piojo" López, letal al contragolpe, su no incorporación al proyecto suponía un duro golpe a las aspiraciones. Aun así, el análisis del plantel rojiblanco en la temporada 1999-2000 daba lugar al optimismo: Molina, Toni Muñoz, Rubén Baraja, Carlos Aguilera, Juan Carlos Valerón, Chamot, José Marí o Kiko se veían acompañados por incorporaciones nada desdeñables: los defensas Capdevila y Gamarra, el centrocampista portugués Hugo Leal y, sobre todo, un espléndido delantero centro holandés Jimmy Hasselbaink, que unidos al portero internacional, Toni, dan lugar al optimismo.

Para variar, las expectativas distan de cumplirse. El fútbol defensivo y físico de Ranieri no encaja bien con el perfil de jugadores con notable capacidad técnica y que no se ajustan al esquema de fuerte defensa y veloz contragolpe que quiere el italiano. El comienzo de campeonato es muy malo, y se vuelven a vislumbrar los puestos de descenso, pero una sorprendente victoria en campo del Real Madrid hace renacer la esperanza. Morientes adelanta a los blancos, pero José Mari y Hasselbaink (2) remontan dando la campanada. Pero es solo un espejismo, y la irregularidad vuelve a presidir la actualidad atlética.

Pero, al final de la primera vuelta, un hecho marca el momento más tremendo de la convulsa historia rojiblanca. El 22 de diciembre de 1999, una decisión del Juez de la Audiencia Nacional, Miguel García Castellón, supone el asalto del Vicente Calderón por la Guardia Civil y el sometimiento de la S.A deportiva Atlético de Madrid a una intervención judicial, despojando del poder a la familia Gil. Se acusa al Consejo de Administración de los delitos de estafa, apropiación indebida y fraude. El Juez ,asimismo, nombra un administrador judicial Luis Manuel Rubí Blanc, al frente de la entidad, un hecho insólito en la historia del fútbol español. En realidad es una operación, que al margen de los aspectos legales, parece encuadrada en un ataque a la presencia política en la Costa del Sol del presidente colchonero, que a través de su partido el G.I.L (Grupo Independiente Liberal) dominaba Marbella desde 1991 con abrumadoras mayorías absolutas. Pero las ambiciones políticas del edil marbellí terminaron alcanzando a varios municipios de la Costa (su hijo Jesús fue también alcalde de Estepona) e incluso llegaron a los territorios de Ceuta y Melilla, con lo que provocaron la reacción de la clase política española, temerosa del poder que el grupo independiente alcanzaba. La Fiscalía Anticorrupción llevaba tiempo tras los pasos de Jesús Gil que ya en 1998 había vuelto a ingresar en prisión, y su titular, Carlos Castresana, se había convertido en el azote del presidente rojiblanco.

La conmoción de la intervención judicial deja boquiabierta a la plantilla , que esa misma noche golea (5-0) al Oviedo en el Calderón. Pero la situación en que queda el histórico club provoca el pánico generalizado y la obsesiva búsqueda de una salida por parte de los futbolistas, temerosos de no cobrar sus contratos por la intervención. Rubí adquiere un protagonismo inusitado y hasta perjudicial, ya que empieza a tomar decisiones deportivas, y se enfrenta a los jugadores, que le ven como una amenaza a su futuro profesional. Tras ganar en Vigo al comienzo de la segunda vuelta las derrotas empiezan a sucederse y el propio Claudio Ranieri provoca su salida. Lo cierto es que el técnico italiano deja tras de sí un `pobrísimo balance de 8 victorias en 26 partidos,

El sustituto del italiano es una vez más Radomir Antic, a pesar de las advertencias del Secretario Técnico, Miguel Ángel Ruiz, que insiste a Rubí de lo equivocado de la decisión. El serbio no consigue que la nave atlética remonte el vuelo, ya que los rojiblancos han caído en una fase de agarrotamiento total de la que no pueden salir. Aunque sorprenden en semifinales de Copa del Rey al mismísimo Barcelona ganando por 3-0 en la ida en el Calderón, la trayectoria en la Liga es desastrosa sin remisión. Jesús Gil ya ha recuperado el mando del club, y quiere transmitir tranquilidad ante las citas decisivas que se avecinan. Un empate a dos con el Málaga en Madrid casi sentencia a los de Antic, que deben visitar los campos de Valencia y Deportivo, así como recibir en casa al propio Barça. Las tres finales se saldan con derrota, y la sentencia llega de forma cruel en campo del Oviedo que, para más inri, entrena una vieja leyenda colchonera, Luis Aragonés. Con 2-0 en contra, todo parece perdido; pero se remonta hasta empatar a dos y en el minuto 41 del segundo tiempo, penalti a favor de los visitantes. Hasselbaink falla la pena máxima, y el último tren de la permanencia se pierde. Desde antes de la Guerra Civil tal circunstancia no se daba. Una cadena de acontecimientos ha condenado al Atlético que, al mismo tiempo, paga el precio por años de política deportiva errática, entrenadores inadecuados, altas y bajas poco rigurosas así como la pérdida de identidad futbolística. Para colmo de males, el Barça decide no presentarse a la vuelta de semifinales de la Copa, y de forma automática se llega a la final contra el Espanyol. El entrenador serbio ya ha abandonado el club y el nuevo entrenador, Zambrano, decide de forma algo extraña alinear a Toni en la portería. En la primera parte, el guardameta rojiblanco se entretiene con la pelota al sacar y, antes de que el balón caiga al suelo, el delantero españolista Tamudo, le roba la cartera y marca el gol más absurdo jamás vivido en un encuentro por el torneo de Copa. Los periquitos ganan 2-1 y las lágrimas arrecian en buena parte de los madrileños, desolados por un destino cruel cuyas desgracias no parecían tener fin.

UN CIERRE LASTIMOSO PARA UN PERIODO INTENSO

Es bastante probable que, de no haber mediado intervención judicial, el Atlético 1999-2000 se hubiera podido salvar. No son pocas las voces que señalan que, en esa temporada, se contaba con uno de los mejores equipos de la historia rojiblanca. De hecho, la mayor parte de los integrantes de aquel conjunto luego tuvieron una trayectoria destacada en otros destinos: Molina, Valerón, Baraja, Capdevila, Solari, Gamarra entre otros fueron internacionales.

¿Qué pudo pasar?. Parece claro que el caos institucional afectó a unos profesionales que temieron por su futuro y, de esta forma, terminaron por hundirse en un campeonato que ya habían iniciado de forma muy deficiente. Aunque esta circunstancia no debe servir como excusa: en su historial como jugadores siempre contará el formar parte de la plantilla que descendió a uno de los grandes del fútbol español, una mancha desde cualquier tipo de consideración.

Tampoco la apuesta por entrenadores italianos dio los frutos apetecidos. Ya a finales de los 90 Italia empezaba a perder la primacía del fútbol europeo, y no deja de ser significativo que por aquellas fechas saltara el escándalo del posible *doping* generalizado que afectaba a los clubes trasalpinos, denunciado por el entrenador de la Roma, Zeman. Sacchi resultaba más una gloria del pasado que un técnico puntero y Ranieri gustaba de un tipo de juego para el que no disponía de los futbolistas adecuados. Tampoco los equivocados regresos de Radomir Antic eran la medicina adecuada. Aunque el serbio era un especialista en reanimar equipos decaídos (así lo había hecho en el Real Madrid, Oviedo y Atlético) su época ya había pasado, y su desconexión con parte del vestuario era evidente.

Puede asegurarse incluso que en esta última etapa el papel de Gil no fue tan decisivo como lo había sido en sus primeros años de presidente. Tras el doblete de 1996, el soriano adoptó una actitud más pausada, y hasta pareció seguir criterios razonables desde el punto de vista deportivo: mantuvo al mismo entrenador durante tres años y luego apostó por una línea de trabajo y dejó de criticar en público a los jugadores. Pero en esta ocasión le fallaron los profesionales del balón, o sus elecciones distaron de ser las mejores.

Curiosamente, en aquellos años se consolidó la masa social colchonera en los momentos más oscuros desde el punto de vista deportivo. Cuando en la temporada 1993-94 se atisbaban los puestos de descenso, el cemento del Calderón empezó a poblarse de aficionados que animaban a sus colores de forma incansable. En un Atlético de Madrid-Zaragoza que concluyó con 0-4 a favor de los visitantes, todo el estadio empezó a gritar en favor de su equipo, hecho que sería resaltado por toda la prensa nacional. El regreso a la élite del fútbol español, años más tarde, partió de la fidelidad de una afición inasequible al desaliento.

4
LA ALTERNATIVA A LOS GRANDES
SÚPERDEPOR Y ZARAGOZA

La escena ya forma parte de la leyenda del fútbol español. El defensa Djukic resopla y se dispone a lanzar una de las penas máximas más dramáticas de la historia de la Liga. Un primer plano de la televisión capta el angustioso momento que concluye con un disparo raso que el portero del Valencia detiene ante el estupor general del estadio de Riazor y de todo un país. A cientos de kilómetros, el Camp Nou de Barcelona estalla de alegría y en buena parte de los hogares españoles la desazón se apodera de la mayoría de los aficionados al fútbol, a excepción claro está de los forofos culés. No ha sido posible un final más rocambolesco y trágico a una de las historias más fascinantes del campeonato de Liga desde su inauguración allá por un lejano 1928.

Años más tarde, el escritor Julio Llamazes, recogió la situación en uno de los más memorables relatos cortos del deporte jamás escrito. «Tanta pasión para nada», en el que ahondaba en la psicología del defensa yugoslavo antes, durante y después de lanzar el penalti, en una narración que capta con especial fortuna el dramatismo vivido. Ningún momento de la década de los 90 puede comparársele en intensidad a la oportunidad de oro marrada por el extraordinario defensa del Deportivo de la Coruña, una entidad secundaria del fútbol español que protagonizó una de las hazañas deportivas más destacables del mismo. La historia de cómo un modesto estuvo a punto de conseguir la Liga y desplazó la atención nacional futbolística durante varias temporadas había nacido unos años antes y concluyó con el nuevo siglo, cuando el tiempo le dio la revancha por el éxito no conseguido. Es una historia fascinante de superación, lucha contra los elementos, desgracia y triunfo que incluye a nombres como Augusto César Lendoiro, Arsenio Iglesias, Fran, Mauro Silva, Bebeto, Donato o, por supuesto, Dujkic

El fútbol español había vivido sorpresas como la irrupción del pujante Sporting de Gijón de finales de los 70 o, por supuesto, los triunfos de los equipos vascos de comienzos de los 80 (en especial de la Real Sociedad de menos tradición ganadora), pero el fenómeno del Deportivo supuso una alteración tan radical del *status quo* futbolístico español que puede decirse que casi todos los aficionados adoptaron a los blanquiazules como segundo equipo, cuando no el primero. Casi era una historia a lo Frank Capra que sin embargo, había nacido muchos años antes de una forma bien distinta.

EL CAMINO HACIA LA NADA Y LOS CICLOS

En la última jornada de la temporada 1987-88 el Deportivo de la Coruña evitaba el descenso a segunda división B con un gol en el tiempo de descuento. Fue un triunfo que salvó de la desaparición a una entidad bien representativa del fútbol gallego, pero que desde 1973 no conocía las miles de la máxima categoría. Su entrenador era un veterano de guerra de los banquillos, Arsenio Iglesias, hombre de la casa al que se solía acudir en los momentos de más necesidad.

La carrera de Arsenio era la de un jornalero del futbol, uno de esos personajes conocidos a nivel local y anónimos para la mayoría de los aficionados. Buen jugador de los años 50-60, aunque sin resonancia nacional, se convirtió en el entrenador que llevó a los gallegos a primera división en los comienzos de los 70. Con posterioridad había protagonizado unos exitosos trabajos con equipos modestos como el Hércules de Alicante, el Zaragoza o el Burgos que le llevaron a ser conocido como "el brujo de Arteixo", aunque su figura no pasaba de ser la de un actor secundario del panorama futbolístico, el típico nombre que suena para ocupar un banquillo cuyas perspectivas no pasan del ascenso o el mantenimiento de la categoría, que casi siempre conseguía resultados superiores a los esperados, pero que nunca contaba en la agenda de los grandes. Personaje reservado, muy gallego y lo más opuesto al divismo propio de la primera línea de la jungla futbolística, había vuelto a su Deportivo de la Coruña para salvarlo de una de las situaciones más dramáticas de su historia. En su periplo como jugador había tomado buena nota de entrenadores legendarios como Helenio Herrera o Heriberto Herrera, cuyas enseñanzas utilizaría a lo largo de su carrera. Poco podían pensar que aquel gol milagroso de un delantero llamado Vicente ante el Racing de Santander iba a cambiar para siempre la historia de una entidad.

Por aquel entonces se había llamado a la puerta de un personaje llamado Augusto César Lendoiro, portavoz del PP en el Ayuntamiento de La Coruña y que dirigía un Colegio Privado, el Liceo, cuyo equipo de hockey de patines había alcanzado gran resonancia al conquistar numerosos títulos nacionales e internacionales, hasta el punto de eclipsar a un disminuido fútbol. Lendoiro aceptó el puesto, sin duda convencido que una buena labor al frente del Depor podría suponerle una rampa de lanzamiento para su gran objetivo: la alcaldía de La Coruña, por la que compitió sin éxitos varios años contra un compañero de colegio, el socialista Francisco Vázquez. Desde su llegada el nuevo dirigente instauró un programa de actuación sorprendentemente coherente: buscar el asentamiento en segunda, sanear económicamente al club y, en un plazo de tres años, subirlo a primera división y consolidarlo en la categoría. Confirmó a Arsenio de entrenador y, en contra de lo que suele ser habitual, las predicciones se cumplieron en esta ocasión. El Deportivo jugaría la promoción en la temporada 1989-90 ante el Tenerife y ascendería el año siguiente, tras una temporada angustiosa en la que el veterano técnico pasó, según sus propias palabras, uno de los peores ejercicios de su vida, presionado desde todos los sectores para conseguir el ansiado ascenso, que se materializó en la última jornada con una victoria por 2-0 en Riazor ante el Murcia.

Cansado de muchos años en los banquillos, el entrenador decidió retirarse y se contrató para el año de regreso a la máxima categoría a José Antonio Boronat, procedente de la Real Sociedad. Ya entonces estaban consolidados en el primer equipo dos hermanos destinados a marcar una época en el club coruñés: José Ramón y Fran, muy especialmente este último, un interior fino, con gran manejo de la pelota, regate, visión de juego e incluso llegada a gol, hasta el punto que no pocos le denominaron como "el nuevo Luis Suárez". Tras una aceptable primera vuelta el Deportivo se estancó en la segunda y el fantasma del descenso volvió a aparecer. Era una situación límite ya que el presidente preparaba para el año siguiente importantes incorporaciones, que no sólo tenían por objeto el quitar de la entidad el sambenito de club ascensor, sino que buscaban en el horizonte la posibilidad de luchar por puestos europeos. Como suele suceder en estos casos, la cabeza del entrenador fue la que pagó los platos rotos de esa amenaza y Lendoiro se vio obligado a recurrir al viejo zorro plateado de los banquillos, especialista en situaciones límites que, cómo no, se volvió a poner al frente del timón blanquiazul. Pese al cambio, se tuvo que disputar la promoción de nuevo frente al Betis. En el partido de ida en Riazor un apurado 2-1 no dejaba las cosas nada claras de cara al encuentro de vuelta, jugado un 17 de junio en Sevilla en medio de un calor infernal. Pero el empate a cero final dejaba a los gallegos en la máxima categoría del fútbol nacional. El sueño empezaba a fraguarse.

LLEGA LA EXPLOSIÓN

Antes de finalizar la temporada Lendoiro ya había fichado al centrocampista brasileño Mauro Silva, procedente del modesto Bragantino, pero que ya empezaba a ser habitual de la selección carioca. De imponente presencia física, se trató de uno de los mejores todoterrenos extranjeros jamás vistos en España. Su despliegue en la media le permitía robar balones a diestro y siniestro, a lo que había que unir una notable calidad técnica; según Cruyff la combinación perfecta entre la magia carioca y la potencia europea. Pero el bombazo absoluto fue el fichaje del delantero Bebeto, gran estrella del Vasco de Gama y con Romario, el mejor delantero del momento. Bebeto tenía prácticamente apalabrado su fichaje por el potente Borussia Dortmund alemán, pero los directivos coruñeses jugaron una baza inteligente: apelar al mal tiempo existente en la ciudad germana durante buena parte del año, cuestión que para la esposa del delantero era una hándicap importante, ya que en La Coruña iba a vivir en un apartamento a pie de mar. Un año antes, el Deportivo se había hecho con los servicios del serbio Djukic, fichado por mera casualidad del destino, cuando un ojeador deportivista visitaba Yugoslavia en busca de incorporaciones baratas y tras presenciar un partido del líbero serbio e impresionado por su rendimiento, lo incorporó al los gallegos. Se trató de un defensa de una clase superior, de gran frialdad en la salida de la pelota y con cierta vocación atacante, una pieza clave del sólido entramado defensivo al que aspiraba Arsenio. A estos foráneos de gran calidad se le unieron jugadores hispanos desechados por los grandes y que encontraron en La Coruña su hábitat idóneo: el mediapunta Adolfo Aldana, procedente del Real Madrid y el defensa Nando fichado del Valencia, así como Serna del Barça.

Con estos ingrdientes Arsenio encaró la temporada 1992-93 con el objetivo de la consolidación en primera sin pasar apuros. No sólo lo consiguió; desde comienzos de año La Coruña empezó a vivir una racha de buenos resultados que auparon al equipo al liderato durante buena parte de la Liga. De repente, el panorama futbolístico español se vio sacudido por la presencia de una entidad secundaria que, con un fútbol alegre y vistoso ganaba dentro y fuera de Riazor aportando una frescura al campeonato inesperado. Que los deportivistas iban en serio se demostró cuando Real Madrid y Barcelona cayeron en tierras gallegas en la primera vuelta. El encuentro ante los entrenados por Benito Floro confirmó que los buenos resultados iniciales no eran producto de la casualidad, cuando los locales remontaron un 0-2 ante el delirio de la hinchada, partido que, por otra parte, significó el inicio de un calvario madridista cada vez que visitaba el feudo deportivista, racha negativa que duró un buen puñado de años y que incluyó algunas goleadas sonoras, cuando La Coruña siempre había sido un lugar con gran arraigo madridista, desde los éxitos de Amancio Amaro en Chamartín.

Desde el banquillo se alimentaba el mensaje que la gente no debía llevarse a engaño y que el objetivo real era la permanencia. Pero cuando se acabó la primera vuelta en el primer puesto obteniendo el título honorífico de "campeón de invierno" no pocos empezaron a soñar con cotas más altas. Como era de esperar, el Deportivo terminó perdiendo el tren del campeonato, precisamente por su fracaso en los duelos con los grandes del mismo. En su visita al Bernabéu lo tuvo todo a favor para hacerse con la victoria; se adelantó en el marcador y dispuso de un penalti para sentenciar el encuentro. Djukic, falló por primera vez una pena máxima decisiva y en la recta final, el Madrid remontó el partido (2-1). En su visita al Camp Nou y tras fallar varias ocasiones ante la meta de Zubizarreta, se vio superado por la locomotora ofensiva azulgrana con un 3-0 final que le despojaba de la primera posición. Lendoiro llegó a denunciar maniobras políticas para evitar el triunfo coruñés en la Liga, tras el discutido arbitraje de Martín Navarrete en este encuentro; pero no pasó de una rabieta por la frustración producida ante la vuelta a la realidad de que la victoria final era patrimonio de los de siempre. Un empate en casa ante el Atlético de Madrid alejó definitivamente a los coruñeses del sueño liguero, aunque el campeonato terminó con la mejor clasificación de la historia de la entidad: terceros. Bebeto fue el máximo goleador de la Liga y Liaño el portero menos goleado. Aquella temporada había estado marcada por el papel deportivista.

¿Era flor de un día o había una base más sólida de cara al futuro?. Lo cierto es que las incorporaciones para el campeonato 1993-94 supusieron un plus de calidad que daba lugar a la esperanza. Donato, Alfredo Santaelena, Voro y Manjarín eran futbolistas de muy buen nivel, que reforzaban una estructura más que sólida. Años de peregrinaje en diversos banquillos habían dado a Arsenio las ideas muy claras de lo que debía ser un equipo de fútbol: buen trato de la pelota, alineaciones estables poco dadas a introducir modificaciones, laterales de largo recorrido y capacidad de desborde, orden defensivo sin concesiones y llegadas al área rápidas. Con un diseño táctico de 5-3-2, con carrileros de frecuentes incorporaciones al ataque, lo cual matizaba el presunto carácter defensivo del ya llamado "Super-Depor" ponía en danza con carácter habitual a Liaño en la portería; López Rekarte y Nando como laterales ofensivos, Voro y Ribera como marcadores, Djukic de hombre libre encargado de sacar el balón desde atrás, Mauro Silva y Donato como armazón defensivo en la media, la genialidad creativa de Fran como enlace en la delantera y en punta, el inconmensurable talento de Bebeto, acompañado del veterano Claudio Barragan. En definitiva, un excelente conjunto construido desde la seguridad defensiva y con el contragolpe como arma letal, sin renunciar al toque de balón cuando éste era preciso, en torno a la genialidad de Fran en la media, convertido con Mauro Silva y Bebeto en el triángulo mágico deportivista.

Que lo del año pasado no era una broma se manifestó en la segunda jornada, cuando el Real Madrid caía humillado 4-0 en Riazor, resultado quizá engañoso en función de lo visto en el terreno de juego, pero revelador del potencial gallego. En la decimotercera jornada el Depor ganaba 0-1 en el Manzanares, y no sólo provocaba la reacción airada de Jesús Gil contra el árbitro del partido, también aupaba a los de Arsenio al liderato. Con el Madrid de capa caída, el Barça víctima de desajustes defensivos y el resto de potenciales candidatos excluidos, la Liga se iba dilucidar entre dos equipos: el "Dream Team" azulgrana y los entrenados por Arsenio. En contra de lo sucedido el año pasado, todos tenían claro que el triunfo liguero no era una quimera, sino una realidad factible y más cuando ,entrada la segunda vuelta, el Coruña ampliaba su ventaja a nada menos que seis puntos sobre el Barça. La gloria estaba en manos del Super-Depor, pero en el horizonte se encontraba un fantasma que terminó superando a los protagonistas del gran milagro futbolística de los 90: su falta de experiencia en grandes eventos.

La ausencia de tradición ganadora es una losa psicológica que pocos equipos pueden superar. Si el futbolista ha vivido éxitos o ha pertenecido a escuadras punteras asimila mejor la presión de la lucha por los títulos. En la plantilla coruñesa no existía historial ganador equiparable a la de su gran rival por el título, que además supo jugar con su poderoso entorno mediático a favor para transmitir un mensaje claro: el Deportivo no

Nadie mejor que Guardiola, un producto de la cantera, simbolizaba la nueva era triunfadora del Barça.

Arriba: José María Baquero resultó decisivo en muchos choques trascendentales, a pesar de no tener el renombre de otros miembros del "Dream Team".
Abajo: Cuatro Ligas consecutivas finalizaron con un cierto estigma de equipo sin suerte que había acompañado al Barça durante no pocos años.

Raúl González Blanco marcó toda una época en el Real Madrid. Uno de los jugadores españoles con más olfato de gol de la historia.

La victoria en la Champions de 1998 acababa con 32 años de sequía en la máxima competición continental.

El internacional francés, Karembeu, protagonizó uno de los muchos litigios Madrid-Barça, que se disputaron su fichaje.

Con su victoria por 2-0 ante el Albacete, el Atlético de Madrid conquistaba una Liga en la que pocos creían a comienzo de temporada. Simeone simbolizaba su fe mejor que nadie.

Fran, el estandarte nacional del pujante Deportivo de la Coruña de los 90, una inesperada alternativa a los poderes fácticos tradicionales.

La temporada 1995-96 se saldó con un inédito doblete para un equipo que había rozado el descenso los dos años anteriores. Radomir Antic sacó en su primera temporada el máximo rendimiento a sus hombres.

MARBELLA

El Deportivo pasó a denominarse "Super-Depor". El veterano Arsenio Iglesias desde el banquillo y el presidente Augusto César Lendoiro, con sus acertados fichajes, cambiaron la faz de un modesto.

El destino guardaba un papel decisivo a Nayim, jugador formado en la cantera del Barça y pionero en la emigración a otras ligas, en este caso la inglesa.

El Real Zaragoza reeditó viejos laureles en la mitad de los 90, con un juego atrevido y vistoso impulsado por el joven técnico Víctor Fernández. La Recopa del 95 fue su momento álgido.

Desolación de Andoni Zubizarreta, tras la tanda de penaltis de la Euro 96, saldada con la clasificación de Inglaterra. La maldición de los cuartos de final seguía vigente para la selección.

El Mundial USA 94 fue una nueva oportunidad de España para hacer algo grande. Clemente montó un equipo fiel a su ideario, con perfil defensivo y potencia contragolpeadora. La fortuna le fue esquiva contra la Italia de Sacchi.

adidas
15
adidas
18
adidas
10
adidas
2
adidas
21

En apenas tres minutos, el United remontó la final de la Champions del 99. El Bayern no se lo podía creer.

Alex Ferguson tuvo que soportar unos difíciles comienzos para, con el tiempo, consolidar el equipo más poderoso de las islas.

David Beckham fue más que un notable futbolista; representó un fenómeno mediático sin precedentes.

Italia 90 deparó unas intensas semifinales entre los anfitriones y Argentina, campeona de la edición anterior. La revelación del torneo Salvatore Schillaci, muestra la tensión del choque.

La Eurocopa de 1992 se saldó con sorprendente triunfo danés. Brian Laudrup muestra eufórico el trofeo conseguido contra todo pronóstico.

Zinedine Zidane marcó toda una época en el fútbol francés. La final del Mundial de 1998 en su país y ante los poderosos brasileños fue la culminación de su liderazgo.

aguantará la presión de la lucha por el título. Tras su humillante derrota en la Romadera por 6-3 el Barça de Laudrup, Romario o Guardiola empezó a ganar de forma consecutiva partido tras partido hasta el punto de conseguir 28 de 30 puntos en las últimas quince jornadas de Liga. Aunque los de Arsenio aguantaban el tipo, poco a poco se fue notando agotamiento y cierta espesura en el juego. De hecho, volvió a fracasar en grandes escenarios; cayó 2-0 en Madrid ante un Real en horas críticas y volvió a ser goleado por 3-0 en Barcelona lo que suponía que los de Cruyff ganaban el gol-average particular. La Liga se puso al rojo vivo debido a dos empates en casa del Depor ante rivales en teoría asequibles como el Valladolid y el Rayo Vallecano; éste último era un rival maldito en Riazor, ya que una década antes había malogrado un ascenso al primera con una victoria en Coruña cuando a los locales les valía el empate para ascender.

En la penúltima jornada las esperanzas coruñesas se centraban en la visita del Barcelona a Chamartín. El Real no se jugaba nada más que la honrilla de saciar sus ansias de venganza por el humillante 5-0 de la ida y de quitar el título a su máximo rival. La desazón se apoderó de La Coruña cuando un gol de Amor daba el triunfo a los culés. Un día después se visitaba Las Gaunas, para jugar contra el Logroñés. Era una situación límite que se solventó con un triunfo por 0-2 que parecía alejar fantasmas y dejaba todo para la última jornada. Deportivo-Valencia y Barça-Sevilla. Si ganaba el Barça a los coruñeses no les valía otra cosa que el triunfo. Toda Galicia se concentró en aquellos dramáticos días del mes de mayo de 1994.

El sábado siguiente, a las veinte horas, se empezó a dilucidar el título de Liga. En mente de todos los dos últimos conseguidos por el Barça con las derrotas madridistas en Tenerife. El rival coruñés era muy incómodo: el Valencia venía de una temporada decepcionante, sin clasificación para puestos europeos, pero se trataba de un conjunto con buenos futbolistas, sin la más mínima presión y con el aliciente de una jugosa contraprestación económica por parte del otro candidato. Tampoco el Barcelona tenía un toro fácil de lidiar, ya que el Sevilla de Luis Aragonés, con el croata Davor Suker como estrella, se jugaba entrar en la Copa de la U.E.F.A, de hecho a los pocos minutos los hispalenses se adelantaban en el marcador ante el delirio de Riazor que veía que se podía ganar el título incluso sin ganar.

Pero los acontecimientos en Barcelona distaron de favorecer los intereses coruñeses, la locomotora ofensiva blaugrana no tardó en poner las cosas en su sitio y hasta se permitió el lujo de terminar goleando por un contundente 5-2. Cada gol azulgrana caía como una losa en campo coruñés, que presenciaba un ejercicio de impotencia de su equipo, dominador infructuoso del encuentro, pero sin chispa ni ingenio para superar la defensa valenciana. Además, un par de contras del montenegrino Mijatovic, ponían los pelos de punta a la afición. Arsenio se desesperaba en el banquillo, a lo largo de su carrera el partido límite en la última jornada había supuesto una constante resuelta en sentido favorable o desfavorable en diversas ocasiones, pero siempre en encuentros para ascender o evitar el descenso, quizá en el fondo más angustiosos, pero lejos de alcanzar la dimensión de lo sucedido en aquella tarde del 14 de mayo. El destino, además, fue especialmente cruel con el gran once blanquiazul; ante la espesura del juego local, el entrenador retiró del campo a Donato e introdujo a Alfredo, con intención de ganar velocidad. Variantes tácticas aparte, el hecho tendría una trascendencia decisiva: el hispano-brasileño era el gran especialista en los lanzamientos desde el punto de penalti. Se juega el minuto 90 y todo el campo empieza a vivir la resignación de la derrota, el Depor acecha la meta rival y en una jugada sin aparente peligro un defensor valencianista entra a destiempo y traba a Nando. Penalti a favor del Deportivo y más de treinta jornadas de liga se van a decidir en unos segundos.

Años más tarde, Djukic recordaba el momento de la siguiente forma «Siempre intentaba esperar al portero para decidir donde lanzar, la otra opción era tirar a romper. En esta ocasión no pude esperar y lancé fuerte. Dudé y eso siempre es lo peor que uno puede hacer al tirar una penalti». El drama fue escenificado de la forma más aparatosa que uno puede imaginarse, las lágrimas de jugadores, aficionados y el presidente Lendoiro se contrastaban de forma cruel con la nueva explosión de júbilo culé, el cuarto título de la regularidad consecutivo en la última jornada. Un admirablemente entero Arsenio daba una rueda de prensa muy significativa. *«Mucho que contar y poco que decir»,* resumió magistralmente. Apeló al reconocimiento de una plantilla que lo había dado todo y había estado a punto de conseguir la que quizá se trataba de la mayor hazaña del fútbol español en la historia y que ahora se encontraba destrozada, reconoció un final de temporada agónico, marcado por el cansancio y la terrible tensión de tener la oportunidad de realizar un sueño que parecía casi imposible teniendo en cuanta que hace apenas tres años se militaba en segunda. En realidad, casi toda España estaba consternada por la forma en la que se habían desarrollado los acontecimientos.

CRISIS Y REHABILITACIÓN

Afrontar un palo anímico de tales dimensiones no es una tarea fácil ni para el más curtido de los equipos. El Atlético de Madrid nunca pudo superar el trauma de la final de la Copa de Europa de 1974, perdida en el último minuto, ante el Bayern Múnich, o la Quinta del Buitre las semifinales perdidas ante el PSV en 1988 así como el Barça pre-Cruyff la derrota ante el Steua de Bucarest en Sevilla en la tanda de penaltis del 86. Aunque todo el mundo reconocía el milagro coruñés, aquella amarga derrota creo una ansiedad entre aficionados, directivos y jugadores que se vieron impacientes por lograr un título de prestigio.

Este ambiente de desazón se manifestó en la temporada 1994-95, tras un buen comienzo, una crisis importante se apoderó de los blanquiazules a finales de la primera vuelta. Desde no pocos sectores de la afición e incluso la plantilla se empezó a señalar a Arsenio como el "responsable" indirecto de la pérdida del título por sus tácticas defensivas que habían supuesto muchos empates donde se necesitaban victorias. En realidad el Depor que irrumpió en 1992 con un juego alegre y ofensivo, se fue tornando cada vez más en un equipo rocoso, muy difícil de superar, pero con ciertos problemas a la hora de la construcción en el juego. La lesión de Adolfo Aldana, un centrocampista con clara vocación ofensiva y su sustitución por Donato, gran especialista en la contención, supuso un tránsito que algunos distó de agradar a pesar de los resultados favorables; Donato y Mauro Silva formaban un muro casi infranqueable y el soporte de contención en el que se iniciaba el buen balance defensivo, pero distaban de ser dos distribuidores capaces de asegurar la posesión y lanzar balones a las puntas.

Entre los más críticos con esa línea de juego se encontraba el capitán y estrella local Fran, que tras un empate sin goles ante el Real Madrid en Riazor, criticó abiertamente el juego del Coruña. *«Así nunca seremos campeones»*.y sin pelos en la lengua reclamó un juego ofensivo como el del Madrid y Barcelona. Sintiéndose traicionado, y más por el emblema de la afición con el que llevaba años de convivencia, Arsenio amenazó con dimitir, aunque su arranque fue frenado por el presidente. Pero entre el entrenador y la plantilla se abrió un abismo marcado por la desconfianza mutua, agrandado por la marginación de algunos jugadores, que se veían relegados dada la poca afición el técnico a los cambios en el once inicial. Una derrota en casa ante el rival local el Celta (1-2), con nuevo fallo de penalti incluido, agrandó más la situación de descontento.

El hecho que el entrenador de Arteixo desarrollara su carrera en clubes modestos dejó, sin duda, una huella en su forma de enfocar el juego. Plantillas ajustadas y presupuestos limitados no son los mejores ingredientes para hacer un juego brillante. Pero lo cierto es que Arsenio fue víctima de una cultura futbolística como la española que, desde los años 90, tomó la posesión de la pelota como condición indispensable para ser considerado como grande, y que creó una entorno mediático en torno a los dos dominadores de la Liga (Barça y Madrid) en el que la competición no sólo se circunscribía los títulos, sino a quien era más virtuoso a la hora de conseguirlos; ese entorno periodístico en el que sólo la ofensiva total era digna de tenerse en cuenta, terminó calando en el entorno deportivista, todavía no repuesto del palo del ejercicio pasado. Pero esas voces olvidaban que el veterano entrenador había sacado petróleo de donde no había ninguna tradición ganadora, y constituyó un equipo bien ensamblado, y muy competitivo, que se aupó a los primeros puestos del campeonato contra todo pronóstico. Sus medios nunca fueron los de una entidad puntera , aunque la labor de la directiva coruñesa en los fichajes fue admirable y, en cualquier caso, no era muy lógico exigirle la Liga a toda costa. Como respuesta a esta situación, un sector de la grada se alió con Arsenio ante su crítica situación y empezó a reivindicarle como el gran artífice del milagro blanquiazul.

Estos acontecimientos afectaron al equipo que entró en una fase algo alicaída que le apartó de la cabeza de la tabla que en esta ocasión encabezaba el Madrid de Valdano con Zamorano, Laudrup y el emergente Raúl González como estrellas. A ello hubo que unirle una traumática eliminación en la Copa de la U.E.F.A ante el Borussia Dortmund alemán, cuando en el partido de vuelta, tras tenerlo todo a favor en la prórroga, el Depor encajó dos goles en los instantes finales ante la desesperación de entrenador y jugadores que veían cómo, una vez más, se quedaban a las puertas de una proeza. Arsenio anunció que dejaría el cargo al final de temporada y se jubilaría. Lendoiro le tomó el guante y contrató al galés John Benjamin Toshack para el ejercicio siguiente, mientras el veterano entrenador acababa la temporada. Al mismo tiempo, una competición que en las últimas campañas había pasado algo desapercibida para la entidad, la Copa del Rey, permitía cierto bálsamo al ir pasando con autoridad eliminatorias (Lleida , Athletic de Bilbao y Sporting de Gijón en semifinales) hasta plantarse por primera vez en la historia en la mismísima final que se iba disputar ante nada menos que el verdugo liguero del año anterior; el Valencia. Una oportunidad para una revancha histórica.

A ello hubo que unirle un buen sprint final de Liga, combinado con una serie de derrotas madridistas que permitieron al Depor llegar contra pronóstico con opciones de ser campeón a falta de tres jornadas, con un duelo decisivo en el Bernabéu, que se decidió con el famoso gol de Zamorano, casi al final del partido. Aun así, el segundo subcampeonato consecutivo demostró la calidad del equipo y dejó un buen sabor de boca; por tercer año seguido se encontraba entre los tres `primeros. Sólo faltaba la guinda y esa no era otra que un título importante ante el rival al que más ganas se le tenían. Un desenlace a la temporada que contaba con todos los ingredientes para un enfrentamiento fascinante.

Liaño, López Rekarte, Voro, Dujkic, Ribera, Nando, Aldana, Donato, Fran Manjarin y Bebeto se enfrentaban a Zubizarretra, Mendieta, Giner, Camarasa, Juan Carlos, Maziho, Roberto, Poyatos, Penev, Mijatovic y Fernando. Buena parte de los protagonistas del dramático desenlace del año pasado luchaban por un trofeo de un enorme valor simbólico para ambos. Acostumbrados a ser secundarios en el panorama futbolístico nacional era su gran oportunidad para reivindicarse; para el Depor el primer título de su historia nada menos, y dejar atrás su maldición de que resbalaba en las grandes citas;

para los del Turia, el acabar con una sequía que databa de 1980, cuando conquistaron su último título oficial, iniciando un largo túnel oscuro que había incluido el descenso a segunda división a mediados de los ochenta. Ambos conjuntos tenían su hábitat natural en el contragolpe, aunque los coruñeses mostraban un entramado defensivo más sólido; por el contrario los valencianos contaban con atacantes quizá más incisivos, con Mijatovic a la cabeza, ya convertido en una de las estrellas rutilantes del fútbol español; un duelo equilibrado y que se iba decidir en las circunstancias más insospechadas.

Los de Arsenio lo empezaron a tener a favor cuando una indecisión del defensa central Giner, permitió a Manjarín inaugurar el marcador. El valencianista dudó a la hora de sacar el balón controlado y la asfixiante presión del delantero deportivista hizo el resto; robó la pelota y, acto seguido, fusiló a Zubizarreta. El 1-0 dejaba los espacios a favor del Coruña pero el Valencia no se descompuso y gozó de un `par de buenas ocasiones antes del descanso. Entonces, el cielo madrileño empezó a llenarse de nubarrones y la lluvia hizo acto de presencia, esta fue ganando en intensidad hasta el punto que unos minutos más tarde Madrid vivió la peor tormenta en más de un siglo. Litros de agua empezaron a encharcar el césped de Chamartín, y el partido en la segunda parte adquirió un tiente épico con los dos equipos luchando palmo a palmo de un terreno impracticable. En estas circunstancias, un libre directo magistralmente ejecutado por Mijatovic ponía las tablas en el marcador. Unos minutos más tarde. el árbitro, García Aranda, decidió suspender el encuentro. Tras consultar a la Casa Real el encuentro se reanudaría tres días después, en el mismo escenario.

Las siguientes 72 horas fueron de nervios contenidos y de la clásica guerra psicológica cuando los coruñeses invocaron un penalti no señalado a Fran, que pudiera haber supuesto el 2-0. Quedaban pocos minutos para llegar a los 90 y en la mente de todos estaba que ninguno de los combinados estaba dispuesto a arriesgar demasiado. Cuando el martes 27 de junio ambos conjuntos saltaron al terreno pocos imaginaban lo que aconteció casi al instante: en un minuto Manjarín se internó por la izquierda sacó un centro bombeado, el defensa Juan Carlos lo esperó demasiado y Alfredo Santaelena, que había sustituido a Aldana, se anticipó. Como Zubizarreta salió también a destiempo, al centrocampista le bastó con cabecear mansamente el balón a la red valencianista y poner el 2-1 que sería definitivo, ya que los valencianos no pudieron sobreponerse al shock inicial de encajar un gol al instante de la reanudación. La Copa del Rey volaría para Riazor y una catarsis se apoderó de toda la afición. El camino iniciado en aquel verano de 1992 había concluido al fin en un campeonato de relevancia y con la consagración de un equipo modesto entre los grandes del campeonato nacional. El técnico curtido en mil batallas se retiraba de La Coruña por la puerta grande, reconocido por todos y dejando tras de sí casi cuatro décadas de dedicación al futbol compensadas con un retirada entre los mejores.

SE ACABA EL SUPER, SE CONTINÚA EN LA ÉLITE

El año primero después de Arsenio fue una gran decepción. De la mano de Tosachk el Depor, que había plantado cara a los grandes el trienio anterior no se clasificó ni para la Copa de la U.E.F.A. En realidad, fue un año maldito para todos, ya que Arsenio Iglesias aceptó salir de su retiro para entrenar nada menos que al Real Madrid del recién cesado Jorge Valdano para vivir una pesadilla hasta el final de temporada.

Tosachk tenía ante sí la misión casi imposible de hacer olvidar a su ilustre predecesor, el padre espiritual del gran Coruña de la década. Su fichaje pareció responder a un intento de darle un cierto aire más alegre al sólido bloque coruñés; en todos sus equipos el galés había mostrado un juego ofensivo y que había dado lugar a un buen número de goles; la Real Sociedad de los 80 y el Real Madrid de los 107 goles de 1990 así lo atestiguaban. Al mismo tiempo, sus resultados no habían sido muy regulares, alternando éxitos importantes con temporadas insulsas, mostrando eso sí, una peculiar forma de ser, a medio camino entre lo arisco y lo populista. Pero como su patrón de juego era el 5-3-2, al igual que el de Arsenio en las últimas dos temporadas, parecía reunir las condiciones para el puesto. Estos indicios favorables parecieron confirmarse en la pretemporada, que mostró un nuevo título oficial, la Supercopa, tras vapulear al Real Madrid por 3-0 en Riazor e incluso ganar el partido de vuelta (1-2) en Madrid. Todo apuntaba al Coruña como un aspirante al título.

Pero la cuesta abajo coruñesa vino marcada por un hecho en el que pocos habían reparado en las últimas campañas de grandes resultados; la elevada edad media de la plantilla, la mayor de primera división. Era algo lógico si se tenía en cuenta que la política de fichajes de Lendoiro se había centrado en veteranos de la Liga, que habían dado lo mejor de sí en su nueva oportunidad coruñesa. López Rekarte, Voro, Nando, Claudio Barragán o Aldana ya acusaban el paso de los años; las lesiones tenían a Mauro Silva mermado y Bebeto había descendido considerablemente sus prestaciones, al considerar que su época coruñesa había pasado. Esta situación, unida a la posible relajación por haber conseguido, al fin, un título oficial provocó que la temporada 1995-96 fuese insulsa, alejado de puestos de cabeza aunque en la Recopa de Europa se hizo un buen papel llegando a las semifinales en las que fue derrotado por el Paris Saint Germain, a la postre campeón de la competición. Por otro lado, el carácter del galés, famoso por su incontinencia verbal, no pareció sentar muy bien a buena parte del público y la prensa coruñesa, nostálgicos de Arsenio, al que por otra parte, no pocos habían criticado.

Contra todo pronóstico, Lendoiro ratificó al entrenador en su puesto y acometió una transformación amplia de la plantilla con numerosas altas y bajas. Pareció una decisión acertada, ya que en la temporada siguiente el equipo estuvo nada menos que diecisiete jornadas sin perder un partido. El fichaje de Rivaldo, un deslumbrante jugador brasileño, capaz de las jugadas y goles más inverosímiles, así como nada menos que otras diez incorporaciones (Renaldo, Madar, Martins, Songo o entre otros....), dieron nuevos aires al Coruña. Una derrota en casa ante el Barça (0-1) marca, por el contrario, el inicio del declive, ya que se entra en barrena y se enlazan ocho jornadas sin ganar, apartándose de la lucha por el título; a lo que hay que añadir los desplantes del técnico galés a la grada y sus propios jugadores, entre los que se encuentra un corte de mangas al público de Riazor. Estas circunstancias obligan a su cese y su sustitución por Carlos Alberto Parreira, entrenador brasileño de prestigio que respondía a la existencia de cuatro jugadores de esa nacionalidad en la alineación inicial (Donato, Mauro Silva, Rivaldo y Renaldo) y una tradición de gusto por el juego carioca en la casa. De la mano de Rivaldo, el rumbo se volvió a enderezar y se acabó la temporada en un meritorio tercer puesto que devolvió la sensación de pertenencia a la élite en el club.

Estas expectativas de grandeza sufrieron un duro revés en el verano de 1997, apenas a un día del cierre del mercado y cuando se iba a disputar la final del Teresa Herrera, saltaba la bomba informativa: el Barça había pagado los 4.000 millones de pesetas de clausula de rescisión de Rivaldo y la principal baza de la temporada se perdía. El club culé respondía así a la marcha del delantero Romario al fútbol italiano unos meses antes, cuando el entrenador Van Gaal comprobó que la plantilla resultante no daba garantías de conseguir títulos esa temporada. Esta circunstancia trastocó gravemente los planes de Silva, que se encontró sin su principal referente ofensivo. La consecuencia de esta marcha fue que el Deportivo deambuló peligrosamente durante varias jornadas por los puestos de descenso, aunque un buen final de campeonato le permitió mantenerse entre los grandes, a trancas y barrancas.

Para entonces, Lendoiro ya había apalabrado el entrenador del siguiente ejercicio: Javier Irureta, un clásico de los banquillos españoles que parecía dar garantías suficientes desde la dirección en la banda. Fiel a su búsqueda del mercado carioca, el dirigente había incorporado a mediados del ejercicio anterior a un jugador anárquico pero con una genialidad desbordante; Dajalma Feitosa Dias (Dajalminha), destinado a desesperar y deleitar durante los siguientes años al público coruñés. Con los incombustibles Mauro Silva y Fran manteniendo un gran rendimiento el asentamiento definitivo del seguro defensa Naybet, y la llegada de argentina del delantero Turu Flores, se volvieron a ocupar puestos europeos y, lo que es más importante, se fueron sentando las bases del equipo que una temporada después conseguiría devolver a la ciudad lo que se había perdido aquella infausta tarde de 1994; el título de Liga. Fue en el 2000, al comienzo de la nueva década, y en esta ocasión no se falló en la última jornada con todo a favor: una victoria por 2-0 ante el Espanyol selló de forma definitiva el camino de una entidad que seguiría viviendo unos años de esplendor deportivo ya entrado el siglo XXI

UN LEGADO INOLVIDABLE

Hoy en día, no corren buenos tiempos futbolísticos en La Coruña. Descendido en segunda división y agobiado por las deudas, el fantasma de la desaparición ha rondado Riazor en los últimos tiempos. Augusto César Lendoiro no pudo mantener su milagro deportivo de forma permanente, y después de veinticinco años en la poltrona coruñesa dejó su cargo en enero

JAVIER IRURETA
EL SECUNDARIO DE PRIMERA

En el mundo de los entrenadores suelen aparecer, de vez en cuando, personajes muy conscientes de su papel secundario en el circo del balón y que, desde la profesionalidad y la modestia, logran éxitos relevantes que su falta de ganas de protagonismo les impide convertirse en estrellas mediáticas. Javier Irureta Goyena puede presentar una extraordinaria carrera profesional, de la que nunca ha querido presumir demasiado. Llamado comúnmente Irureta, desde que Vicente Calderón decidió que un nombre tan largo debía ser recortado por comodidad, fue integrante de unos de los mejores Atlético de Madrid de la historia; aquél compuesto por Adelardo, Luis Aragonés, Gárate o Ufarte, con el que ganó dos Ligas, una Copa e una Intercontinental. En 1975 recalaba en San Mamés, cuando la entidad vasca implantó una política deportiva destinada a fichar a jugadores de la tierra ya veteranos, que habían mostrado su solvencia en equipos ajenos. Fue pieza clave con Iribar y Rojo para el doble subcampeonato de la temporada 1976-77, en la que se perdieron las finales de la Copa de la U.E.F.A y la Copa del Rey, la temporada más brillante en Bilbao en muchos años antes de los títulos de los 80.

Tras esta notoria carrera como futbolística se empezó a forjar como técnico en el modesto Sestao. A finales de los 80 asumió el banquillo del recién ascendido Logroñés en donde se llevó un chasco incomprensible: tras una excelente primera vuelta en función de las posibilidades de la plantilla, fue cesado de forma incomprensible por una oscura maniobra dentro del vestuario. Tal contrariedad no le desanimó y el siguiente ejercicio fue fichado por otro modesto: el Oviedo. En tres magníficas campañas situó al equipo de la capital del principado nada menos que en competiciones europeas. Esto le abrió las puertas de los dos gran-

de 2014. Atrás quedaban momentos de gloria deportiva inimaginables, aunque una discutida gestión económica que, con el tiempo, demostró que la entidad había vivido por encima de las posibilidades reales, algo que siempre se sospechó.

El Deportivo fue quien mejor supo transformarse en S.A y el que mostró una política de fichajes más exitosa durante varios años. Generalmente, el tránsito a la élite de un conjunto sin

des vascos Athletic y Real Sociedad, con los que no consiguió éxitos relevantes pero fue fogueándose para asumir el gran reto de su carrera que no fue otro que sentarse en el banquillo de uno de los gallitos del fútbol hispano de los 90: el Deportivo de la Coruña, al que llegó tras una buena campaña en el rival gallego, el Celta. El desafío de Irureta no era sencillo: manejar un vestuario que Lendoiro había convertido en una O.N.U, al amparo de la sentencia Bosman, con jugadores de mucha calidad pero con tendencia a la anarquía y la improvisación. No sólo consiguió superar las dificultades sino que superó con creces todas las expectativas: devolvió a la Coruña aquella Liga perdida que tanto dolor había provocado. Pero su mérito no quedó en eso: durante los siguientes cuatro años el Depor fue siempre un primer espada, que jugaba con regularidad Liga de Campeones y se permitió un lujo al alcance de pocos: chafarle la fiesta de cumpleaños centenario al todopoderoso Real Madrid de Zidane o Figo, al ganarle la final de Copa del Rey en el Bernabéu.

Para Irureta el triunfo tuvo un sabor especial; no en vano él había fallado un penalti en la tanda decisiva de la final de 1975 entre los dos rivales madrileños, y en la prórroga había impedido el triunfo rojiblanco, al estar en fuera de juego posicional en una jugada que acabó en gol rojiblanco y que el árbitro anuló, permitiendo un polémico triunfo madridista,

Su caso puede equipararse al de su más ilustre predecesor Arsenio Iglesias: sobre él siempre pesó una duda respecto a sus planteamientos tácticos timoratos o defensivos, según buena parte de aficionados y periodistas. Pero lo cierto es que el vasco era un especialista en montar escuadras sólidas, bien parapetados en su zona defensiva y dispuestos a salir al contragolpe con resultados letales, tal vez una herencia del estilo que vivió con gran éxito en el Atlético puntero de comienzos de los 70. Su trayectoria solía avalar sus propuestas y no en pocas ocasiones fue tenido en cuenta para ser seleccionador nacional. Se trató de una de las figuras más representativas de muchos años del fútbol español y en un ejemplo de saber estar y competencia.

mucha tradición ha solido venir precedido de la adquisición del club por algún millonario dispuesto a invertir en fichajes de postín. Este esquema no le resultó aplicable al cuadro coruñés, que nunca perdió su condición de modesto, en cuanto a términos presupuestarios en comparación con otros equipos de la Liga, pero que mostró una habilidad sorprendente en bucear en el mercado internacional (en especial el brasileño) para adquirir grandes figuras a precios bastantes asequibles. Bebeto, Mauro Silva o Rivaldo fueron buenos ejemplos de esa notoria capacidad. A ello hubo que añadirle el buen ojo en la contratación de veteranos desechados por Barça. Madrid, Valencia o Atlético que supusieron un complemento idóneo a los cada vez más numerosos foráneos que poblaban la plantilla coruñesa.

Cuando el mercado nacional empezó a escasear o dejó de ser asequible en cuanto a precio, el mandatario decidió convertir al Deportivo en una selección internacional en la que no era infrecuente encontrase con apenas dos o tres españoles en el once inicial. Esto supuso una cierta pérdida de identificación del aficionado que tanto había disfrutado con la revelación de comienzos de los 90; aquel combinado dirigido por un entrenador con aire entrañable que tanto impacto causó y tan buenos recuerdos dejó en la memoria de casi todos. Por este motivo, el equipo que ganó el trofeo liguero en el 2000, con sólo tres españoles en el once inicial, es menos recordado que aquel de la Copa de 1995 que contaba con ocho nacionales regularmente en su alineación titular. En cualquier caso, la aventura del Coruña ocupa por méritos propios un recuerdo imborrable en la historia del fútbol gallego y nadie le puede negar su condición de gran sorpresa de la década de los 90.

DOS COPAS PARA LA HISTORIA

En junio de 1991 las cosas no le acababan de salir bien al Real Zaragoza; después de un año caótico, debía jugarse la permanencia en la máxima categoría en una promoción a doble partido con el Murcia. Empate a cero en La Condomina y victoria incontestable por 5-2 en la vuelta. Esa alegría apenas disimulaba una campaña desastrosa y una cuesta abajo pronunciada desde no pocos años atrás.

Lejos quedaban las glorias de los llamados "cinco magníficos" (Canario, Santos, Marcelino, Villa y Lapetra) en los 60, con cuatro finales de Copa del Generalísimo consecutivas. Desde aquellos dorados años, apenas un par de clasificaciones para Europa, un descenso en la 1976-77 y un único punto de luz en 1986, año en el que, de la mano de Luis Costa, se conseguía ganar la Copa del Rey derrotando al Barça en la final; eran los tiempos de Señor o Ruiz Sosa. Pero poco después se volvió a la mediocridad, manifestada en aquella aciaga temporada salvada in extremis en el citado encuentro ante el Murcia.

En ese mismo año había asumido la dirección técnica a Víctor Fernández, que apenas superaba la treintena, sustituyendo al sudamericano Ildo Maneiro a mediados de temporada cuando la sombra del descenso planeaba sobre La Romareda. Sin experiencia destacable como jugador, aunque apasionado del fútbol desde su infancia, había sido el segundo de Radomir Antic en la temporada 1989-90. Era un entrenador autodidacta, estudioso del futbol y sus detalles, gustoso del diálogo con los futbolistas y de incidir en el apartado táctico más que al aspecto emocional. Sus métodos pronto empezaron a dar frutos en un equipo bastante alicaído, y que empezaba a coger gusto por el buen uso de la pelota.

Cedrún el portero aragonés de tantos años señaló que el haber jugado la promoción supuso un punto de inflexión en la trayectoria de los maños: más bajo no se podía caer, a partir de entonces todo tendría que ser mejor. De hecho, la temporada siguiente se saldó con un meritorio sexto puesto, cuando el objetivo no era otro que el no pasar apuros y los fantasmas del descenso se evaporaron definitivamente. El futuro dependía de una adecuada labor gerencial que adquiriese los mimbres necesarios, y la verdad es que las expectativas su superaron ampliamente.

La secretaría técnica del Zaragoza y su entrenador tenían claro que debían de apostar por un concepto ofensivo del juego, y dejar atrás complejos para poder aspirar a puestos europeos. Como no se trataba de uno de los equipos poderosos del campeonato desde el punto de vista económico la fórmula a utilizar era recurrir a jugadores jóvenes con ganas de triunfar, y cierto gusto por el juego elaborado y técnico. Encontraron en la factoría madridista la solución a buena parte de sus problemas. El Real Madrid ha contado casi siempre con una gran cantera de jugadores de nivel, que no podían hacerse un hueco en la exigente primera plantilla blanca, ya que solían tener que competir con la contratación de extranjeros de relumbrón, amén de la presión a la que se tenían que enfrentar de forma inmediata . El Zaragoza les ofrecía jugar en primera división en un club clásico del fútbol español, para consolidarse como jugadores de élite, sin el agobio de verse sometido a juicio sumario desde el primer partido. De esta manera, el defensa Jesús Solana, el centrocampista Santiago Aragón, el delantero argentino Juan Eduardo Esnáider y el portero Juanmi ingresaron en la entidad maña. Incluso el gran referente del equipo; su capitán Miguel Pardeza, había sido integrante de la legendaria "Quinta del Buitre" aunque tuvo que emigrar a Zaragoza para poder ser titular indiscutible. Para Víctor Fernández el haber pasado por la entidad madrileña les dotaba de un carácter competitivo y una tendencia ganadora que se transmitía al resto de su compañeros; *«En el Madrid les enseñan a ganar»*, solía decir. En realidad, la política de pescar en la casa blanca ya se había aplicado en los 80 pero con un matiz diferente: a Zaragoza llegaron entonces veteranos como García Cortés, Pineda o Fraile, que terminaban su carrera en Aragón; ahora se apostaba por la juventud con ganas de prosperar.

A estos refuerzos se unieron distintos jugadores que dieron la puntilla definitiva para hacer una escuadra competitiva. Precedentes de tierras americanas aterrizaron el uruguayo Gustavo Poyet, al que Fernández retrasó al medio del campo, en donde se reveló como un jugador de gran coraje y llegada a gol y el internacional argentino Fernando Cáceres, central expeditivo, magnífico en el juego aéreo y que terminó de dar al combinado maño la seguridad defensiva que en los primeros años de reconversión le había faltado. Una vieja gloria de la casa, el internacional Víctor Muñoz, buceó en tierras catalanas para traerse al centrocampista españolista Gay. Pero el fichaje más sorprendente sería el de un jugador español de origen marroquí Mohammed Alí Amar, conocido como "Nayim", un futbolista que conocía una curiosa historia: formado en las divisiones inferiores del Barcelona, fue reclamado por Terry Venables, ex entrenador culé, para jugar en el Tottenham a finales de los 80, frente al asombro general, puesto que apenas había jugado con el primer equipo azulgrana. Por aquel entonces, que un jugador español jugase en Inglaterra era algo bastante inédito y más si no era muy conocido. Nayim se fogueó futbolísticamente en la primera división inglesa y en 1993 firmaba por el Zaragoza cuando se había convertido en un centrocampista de elaborada técnica, destinado a protagonizar un episodio inolvidable de la entidad.

De tal forma que el Zaragoza 1993-94 ya plantaba en el terreno de juego un conjunto ambicioso, gustoso de toque y con vocación ofensiva: Cedrún, Belsúe, Aragón, Esnaider Pardeza, Higuera y compañía se empezaron a revelar como un equipo dispuesto a plantar cara en toda ocasión y circunstancia. Ya un año antes habían avisado plantándose contra pronóstico en la final de la Copa del Rey, tras eliminar al Valencia en semifinales. Fueron derrotados por el Madrid 2-0, precisamente en la ciudad del Turia, con un muy discutido arbitraje del guipuzcoano Urío Velázquez, que apenas comenzar el partido dejó sin señalar un claro penalti en el área madridista. El Real Madrid había perdido una nueva Liga una semana antes en Tenerife, en donde sufrió decisiones arbitrales muy contrarias a sus intereses, y contó en esta ocasión con viento arbitral a favor. Pero aquella final ya demostraba que la irrupción aragonesa en las grandes citas tenía que ser tenida en cuenta.

Los buenos presagios se confirmaron en la campaña siguiente, cuando la incorporación de Esnáider, un agresivo delantero centro, dio la mordiente ofensiva definitiva para acceder a la élite. En la mente de todos quedó un inolvidable 6-3 al todopoderoso Barça de Johan Cruyff, en una tarde convertida en un festival de juego aragonés, que contaba con la calidad de Aragón, Gay y Nayim, en la media para conseguir una juego alegre, nada amigo del patadón, de innegociable vocación ofensiva y que llegaba a deleitar a los espectadores de La Romadera.

Fueron las competiciones a doble partido donde se forjó la gloria de aquel combinado. En la Copa del Rey del 94, tras eliminar al Sevilla en cuartos, se esperaba un complicado duelo con el Barcelona en las semifinales. Pero, contra todo pronóstico, el Betis, que por aquel entonces militaba en segunda división, sorprendió a los campeones de Liga en su estadio (0-1) y los de Víctor Muñoz sortearon las semifinales de forma más simplificada. El rival en la final era otra sorpresa, el Celta entrenado por Txetxu Rojo, un equipo de bastante menor calidad que los aragoneses, pero que iba a jugar sus bazas de forma que sus posibilidades de estiraran al máximo. Era una final y en estas todo puede pasar.

El escenario en aquella noche de abril de 1994 era el Vicente Calderón de Madrid, el mismo que el del triunfo del 86 y el Zaragoza jugó con Cedrún, Belsúe, Cáceres, Aguado, Solana, Nayim, Gay, Aragón, Poyet, Higuera y Pardeza. Por su parte el Celta puso en danza a Cañizares, Dadie, Alejo, Patxi Salinas, Otero, Salva, Engonga, Vicente, Ratkovic, Gudelj y Andrijavesic. Tal y como se esperaba, el Celta salió con el armazón defensivo bien situado, con intención de impedir el juego aragonés y jugar la baza de un balón largo que fuese aprovechado por su gran estrella, el balcánico Gudelj. La tác-

MIGUEL PARDEZA

EL EMIGRANTE DE LA QUINTA

Cuando Julio César Iglesias bautizó a esos jugadores del Castilla, Pardeza parecía uno de los valores más seguros de esos cinco peloteros destinados a marcar un antes y un después en la historia del fútbol español. Contaba con un gran regate, notable desparpajo ante los rivales, una búsqueda incesante de la portería contraria y las ganas de triunfar suficientes, que le convirtieron en uno de los delanteros futuribles de la casa blanca y más teniendo en cuenta que el retiro de Santillana se presumía cercano. Pero a la explosión de Butragueño se le unió el fichaje del goleador Hugo Sánchez en el verano de 1985, lo que dificultaba su acceso a la titularidad. Pardeza fue cedido al Zaragoza esa misma temporada y dejó un recuerdo grandioso con el primer título (la Copa del 86) en muchos años de por medio. Al volver a Chamartin pudo comprobar que hacerse con un hueco en el once inicial era misión imposible y entendió que su futuro profesional debía de estar ligado a la capital del Ebro, en donde se convertiría en uno de los jugadores más destacados de su historia. A título de curiosidad cabe destacar que el Barça se planteó ficharlo en aquellos años, todo un síntoma de la calidad que atesoraba.

Durante más de diez años ocupo un puesto fijo en la delantera zaragocista. Vivió momentos muy amargos luego compensados con el bienio mágico 93-95 y, sobre todo, dejó en la retina del espectador un buen puñado de goles y jugadas destacadas. Las maneras apuntadas en aquel glorioso Castilla ochentero se confirmaron plenamente en Zaragoza, donde fue la referencia ofensiva del equipo, acompañado siempre por buenos delanteros: el "paquete" Higuera y Juan Eduardo Esnáider, principalmente. Pero al margen de sus méritos en el campo, que no fueron pocos, destacó por el liderazgo a nivel interno, el punto de apoyo y sensatez en el que sus compañeros se apoyaban para relacionarse con entrenador y directiva. No en vano, fuera de los terrenos de juego siempre se manifestó como alguien cultivado, muy lejos del estereotipo del futbolista, hasta el punto de publicar con regularidad elaborados artículos en la prensa en los que analizaba el juego desde una perspectiva casi intelectual, un poco en la línea de Jorge Valdano. Retirado de los terrenos de juego, ocupó durante años la secretaría técnica del Zaragoza y, con posterioridad, fue reclamado por Florentino Pérez para ocupar un puesto de relevancia del Real Madrid en donde coincidiría con su compañero y amigo que le cerró la puertas de la titularidad del Madrid y la selección española: Emilio Butragueño.

tica le salió bien al que fuese gran extremo del Bilbao en los años 60-70 y que, con el tiempo, también ocuparía el banquillo del Zaragoza. Nerviosos y atascados los de Fernández no encontraban la vía para romper el cerco gallego, aunque tampoco pasaban apuros en su portería. Fue una final de escaso juego, compensada por la pasión e intensidad en las gradas que veían como el discurrir de minutos se dirigía de forma inexorable a los temidos penaltis, en los que todo es posible, uno de los planes que habían manejado los gallegos.

Como cualquier tanda de ese tipo en una final, fue dramática y angustiosa. Los cuatro primeros lanzadores de ambos finalistas marcaron sus lanzamientos. El quinto lo tiraría Alejo por el Celta e Higuera por el Zaragoza. El vigués no superó los nervios y lo lanzó flojo por el centro, adivinándole Cedrún la intención. Todo estaba en manos del delantero zaragocista, que cumplió con su cometido con un disparo inapelable que señalaba el 5-4 definitivo y la cuarta Copa del Rey de la historia del equipo. Una explosión de júbilo se apoderó del equipo que apenas unos años antes había sufrido para mantener la categoría. No deja de ser irónico que el fútbol gallego perdiera los títulos de ese año por dos penaltis malditos

Pero si este triunfo fue inolvidable, el que vino en la temporada siguiente pasaría por méritos propios a la historia del fútbol español. El comienzo de temporada ya fue excelente, situándose líder durante varias jornadas aunque a mediados de campeonato, ya se ocupaban las plazas europeas que realmente le correspondían. La competición continental, la Recopa de Europa, era en realidad el gran objetivo del año. Después de dos cómodas eliminatorias iniciales ante el Bistrita rumano y el Tatran Presov de Eslovaquia, los cuartos de final depararon un choque ante el Feyenoord holandés, un clásico del continente europeo, siempre recordado por ser el primer equipo de los Países Bajos que ganó una Copa de Europa en 1970. El 1-0 en contra en tierras holandesas obligaba a un esfuerzo considerable en la vuelta, pero dos goles de Pardeza y Esnáider en la segunda parte dieron el pasaporte a las semifinales, en donde esperaba el Chelsea inglés, lejos de su potencial de años venideros, pero siempre un rival a tener en cuenta.

Pero las esperanzas londinenses se evaporaron en el partido de ida disputado en España. En una noche inolvidable, el delantero Esnáider, se convirtió en una pesadilla para la defensa inglesa, que no pudo sujetarle en ningún momento. El juego vertical local, bajo la batuta del Nayim, se antepuso al planteamiento defensivo visitante y dos goles del argentino, unidos al inicial de Miguel Pardeza pusieron un 3-0 definitivo que daba medio billete para la final. La vuelta en Londres no fue, sin embargo, cómoda como era de esperar, con un Chelsea volcado sobre el área del Zaragoza tratando de imponer un juego muy físico arropado por su público. Pero a comienzos de la segunda parte, una genial jugada del centrocampista Aragón daba lugar a un precioso tanto, que sentenciaba la eliminatoria pese al empuje final británico que supuso un 3-1 insuficiente. La final de la Recopa esperaba

El miércoles 10 de mayo de 1995, una de las páginas más emotivas del fútbol de los años 90 tuvo lugar en un escenario, el Parque de los Príncipes de París, que no daba muy buenos recuerdos al balompié hispano. El Real Madrid había perdido en 1981 la final de la Copa de Europa ante el Liverpool y tres años después, la selección española de Miguel Muñoz caía en la final de la Eurocopa ante Francia, con aquel recordado fallo de Luis Arconada en la falta sacada por Michel Platiní. Fantasmas aparte, el rival era duro de roer: el Arsenal, otro equipo de la capital británica, había ganado la edición anterior del torneo y contaba con una plantilla no especialmente brillante, pero sí muy aguerrida y que a un partido resultaba harto complicada de sorprender.

Cedrún, Belsúe, Solana, Cáceres, Nayim, Aguado, Pardeza, Aragón, Esnáider, Higuera y Poyet saltaron al terreno de juego, y se encontraron con grandes dificultades para bajar la pelota a ras de suelo y buscar la elaboración y la apertura a los costados, como gustaban de hacer. Los británicos consiguen imponer un juego trabado, con muchos balones aéreos y adelantan las líneas dificultando las combinaciones aragonesas. Se trata de otra final táctica, sin apenas juego y que apunta a un marcador ajustado cuando no a otras penas máximas. De hecho, la primera parte, dentro de su igualdad, muestra un cierto dominio inglés.

Las cosas cambian tras el descanso, en la que los de Víctor salen decididos a jugar como saben y gozan de un par de buenas ocasiones de mano de Pardeza, Higuera y Esnáider. Esta tendencia se manifiesta en el minuto 67 cuando el delantero argentino empalma una bolea que sorprende al guardameta inglés Seaman (ocupante en aquellos años de la portería de la selección inglesa). Es el 1-0 y la cosa se pone de cara para los españoles; pero poco le dura la alegría al combinado aragonés. Ocho minutos más tarde, una jugada por banda derecha del Arsenal concluye con un gol de Hartson, que se adelanta a la defensa para rematar el empate. Todo está por decidir, y más cuando se llega a la prórroga. En la misma, la superioridad técnica del Zaragoza se impone, el Arsenal se encuentra cansado y apenas opone seguridad defensiva con el objetivo de llegar a la lotería de las penas máximas. La mejor ocasión es del Zaragoza, pero Seaman se hace con la pelota en el último instante. Llega el minuto 119; un balón sin aparente peligro llega a Nayim apenas superado el medio del campo, el balón cae y pega un bote. El marroquí mira a su horizonte y vislumbra a Esnáider, pero le cree en posible fuera de juego; también ve a Seaman adelantado y decide lanzar a puerta. El balón sale bombeado, y va cogiendo una trayectoria descendiente que lo dirige a la portería inglesa. El portero internacional se da cuenta e intenta reaccionar, pero ya es demasiado tarde, cuando cae la pelota el guardameta apenas puede tocarla para introducirla definitivamente en su portería. Es el 2-1 definitivo y la explosión de júbilo ante el gol más increíble jamás visto en una final europea, casi un milagro inexplicable pero que pone el punto definitivo al magnífico juego desplegado en las últimas dos temporadas. Un apoteósico recibimiento en la Plaza del Pilar pone el colofón a los días más inolvidables de club.

EL FIN DE UN CICLO Y LA VUELTA A EMPEZAR

Los buenos resultados se truncaron en la temporada siguiente en la que no se pudo ocupar puestos europeos. Sin lugar a dudas, la salida de Juan Eduardo Esnáider, recuperado por el Real Madrid, fue un duro golpe para las aspiraciones de continuar en la élite. A ello hubo que unirle un cierto enturbiamiento de las relaciones en el vestuario, en el que la suplencia de pesos pesados como Miguel Pardeza provocaron ciertas fricciones con el técnico que tanta gloria había dado a los blancos. Estos indicios se manifestaron en la temporada siguiente, la 1996-97, cuando se ocupaban puestos cercanos al descenso, Fernández dejaba la dirección del equipo. Como suele pasar en entidades no acostumbradas a los éxitos deportivos, una vez conseguida la gloria llegaba un periodo de relajación posterior, que mostraba que os cimientos del triunfo no eran tan sólidos.

Lostítulos obtenidos por el prometedor técnico, así como su apuesta por el fútbol de ataque, tuvieron su continuación en el Celta de Vigo, al que llegó tras una experiencia frustrada en el Tenerife. En Vigo consiguió cuatro temporadas de buen fútbol no cuajados con resultados muy significativos y con la frustración de perder una final de la Copa del Rey en 2001, precisamente ante el propio Real Zaragoza, aunque en la retina de los espectadores quedarían grandes partidos como un 4-0 al Juventus en la Copa de la U.E.F.A. Después de entrenar al

Betis, el héroe de la Recopa de 1995, volvería a Zaragoza, ya entrado el siglo XXI, para protagonizar una segunda etapa, al frente del banquillo aragonés. Y es que Fernández ha sido, con probabilidad, el entrenador más carismático que jamás ha tenido la escuadra maña.

Por su parte el Zaragoza, tras una serie de años irregulares cerró la década de forma brillante con la contratación de Txetxu Rojo, que consiguió uno de los hitos en la historia de la entidad con un inolvidable 1-5 en el Santiago Bernabéu el 4 de diciembre de 1999; Milosevic (2), Juanele (2) y Garitano cerraron los 90 de la mejor forma posible, con una victoria en un estadio del que no era infrecuente que saliesen goleados y que enmudeció ante el despliegue de juego de los de Rojo; aunque en el recuerdo de todos los aficionados siempre estará aquél balón imposible que Nayim envió al fondo de las mallas y que aupó a un equipo que escamen te se asoma por los puestos punteros de la élite del fútbol europeo.

5

LA INTERMINABLE TRAVESÍA EN EL DESIERTO

LOS 90 EN LA SELECCIÓN ESPAÑOLA

Los esperanzadores resultados, no concretados en títulos de relieve, que la selección española había obtenido en la década de los 80 abrían el horizonte a la consecución, algún día, de algún entorchado internacional importante.

Sin embargo, la década de los 90 fue, de nuevo, un querer y no poder. No faltaron los buenos partidos ni los jugadores destacados, tampoco rachas de buenos resultados casi eternas. Pero a la hora de la verdad, una maldición parecía perseguir a la escuadra nacional. En los momentos decisivos siempre faltaba ese punto final, el empuje definitivo para dar el salto a la gloria. Aun así, la década resultó muy intensa en lo referente al equipo nacional.

De hecho, un acontecimiento feliz abría la puerta a la esperanza: en los Juegos Olímpicos de Barcelona 92 el combinado nacional conquistaba la medalla de Oro en una agónica final ante Polonia, resulta por un gol "in extremis" del entonces gaditano Kiko Narváez. En aquella selección olímpica destacaban realidades del fútbol hispano de entonces como Guardiola, López, Alfonso, Luis Enrique o Ferrer. Es cierto que las Olimpiadas nunca han sido un campeonato realmente grande del balompié, pero ese triunfo en un abarrotado Camp Nou parecía echar por tierra la idea que los españoles no respondían en los momentos decisivos y, además, se vislumbraba una generación de jugadores de un apreciable nivel técnico.

Desafortunadamente, la selección oficial todavía navegaba en la indefinición y el lastre de la ausencia de éxitos destacables actuaba como una losa insuperable. Una transición de jugadores estaba en puertas a comienzos de los 90: la Quinta del Buitre parecía quemar sus naves a nivel internacional y poco a poco iba desapareciendo de las alineaciones titulares. La llegada al banquillo nacional de Javier Clemente les dio la puntilla definitiva. El fútbol español vivía entonces la transición de la hegemonía del Real Madrid al Barça, y la tendencia histórica de la primacía merengue en las alineaciones nacionales empezaba a finiquitarse de forma casi definitiva. La búsqueda de señas identidad se hacía cada vez más difícil, y más en un contexto de invasión de extranjeros de la Liga española a raíz de la sentencia Bosman, acaecida en 1995, que hizo que los equipos punteros apenas tuvieran nacionales en sus onces titulares. Con todo, no faltaron buenas oportunidades para acabar con una racha que continuaría hasta el año 2008, ya entrado el siglo XXI.

LA ERA SUÁREZ Y LA DECEPCIÓN ITALIANA

Luis Suárez sustituyó a Miguel Muñoz tras el mal papel de la Eurocopa de Alemania en 1988. Uno de los mejores jugadores de la historia del fútbol español y, aún a fecha de hoy, el único balón de oro con nacionalidad hispana, integrante del gran Barça de finales de los 50, que le ganó dos Ligas al Real Madrid de Di Stéfano y, sobre todo, del Inter de Milán que de la mano de Helenio Herrera había dominado Europa hacia la mitad de los 60 con dos Copas de Europa consecutivas y otra final más, también formó parte de la selección española campeona de la Eurocopa de 1964; su palmarés como jugador era pues grandioso, tanto a nivel individual como colectivo. Su carrera de entrenador, iniciada en Italia en los 70, por el contrario, no había sido especialmente destacada, hasta que se integró en el staff de la Federación Española y se le encomendó la selección sub-21 con la que conquistó el campeonato de Europa de 1987. Ser el recambio de Muñoz parecía una decisión consecuente y prometedora.

Pero lo cierto es que al gallego se le notó muy nervioso desde sus inicios. Sus primeros amistosos contra Yugoslavia y Argentina se saldaron con una derrota y un empate y se temía su debut oficial ante Eire, en Sevilla, ya que los irlandeses habían sido la revelación de la última Eurocopa y el juego español no invitaba al optimismo. La victoria por 2-0 calmó los ánimos y puso las bases de una cómoda fase de clasificación ante rivales de poca entidad como Irlanda del Norte, Malta o Hungría. Poco a poco Suárez formó un esqueleto en el que seguía primando la Quinta del Buitre (Michel, Martín Vázquez, Sanchís o Butragueño) con Zubizarreta como eterno portero e incorporaciones como el barcelonista Roberto o el atlético Manolo. La cita era nada menos que en Italia, el país que había visto los mejores años como jugador de Suárez, lo que acrecentaba la ilusión del nuevo seleccionador.

El sorteo fue bastante benévolo con las aspiraciones hispanas en la fase previa: Uruguay, Bélgica y Corea del Norte no debían suponer un gran obstáculo para el pase a la siguiente ronda. La lista final de convocados ofreció algunas sorpresas como el realista Górriz, uno de los héroes de las Ligas de comienzo de los 80 resucitado en las últimas campañas, o los sevillistas Rafa Paz y Jiménez. Mucho se criticó la no inclusión de Rafael Gordillo, que había vivido una segunda juventud en el Real Madrid de ese año, pero Suárez decidió no convocarlo alegando que a un jugador de su experiencia sólo se le convocaba para ser titular indiscutible y había que tener en cuenta que Gordillo no había estado presente en la fase de clasificación. El centro del campo se fundamentaba en Míchel y Martín Vázquez, el primero seguía en su línea de precisión en la banda derecha, y el segundo había vivido su mejor temporada en el ejercicio 1989-90 convirtiéndose en uno de los medios más cotizados de Europa hasta el punto de abandonar las filas del Real Madrid para suscribir un jugoso contrato con el Torino italiano, en una época en la que el Calcio era de largo la mejor Liga europea. Se trataba ,pues, de uno de los seleccionados sobre los que más esperanzas se suscitaban y no pocos le señalaban como la futura estrella del campeonato del mundo. El ataque tenía buenas perspectivas: Butragueño y Manolo habían dado muestras de buen acoplamiento en la fase de clasificación, pero de forma un tanto misteriosa, el delantero rojiblanco desapareció de las alineaciones tras el primer partido y de nuevo Julio Salinas formo dúo atacante con el buitre, que no vivió su mejor campeonato precisamente.

La base de la selección seguía siendo el Real Madrid dominador absoluto de la Liga con cinco títulos consecutivos; pero los fracasos madridistas en las últimas dos ediciones de la Copa de Europa sembraban dudas sobre la auténtica capacidad de los mejores jugadores en las grandes citas y sobre España seguía pesando el san benito de no dar la talla en los acontecimientos de este tipo. Como casi siempre, a priori, no se contaba con malos elementos para un buen papel, pero el primer encuentro del Mundial sumió a toda la España futbolística en el bochorno, no tanto por el resultado (0-0 ante Uruguay) sino por la penosa imagen dada por la selección que debió perder con claridad y se vio beneficiada por el fallo de un penalti por parte de Rubén Sosa y de un disparo de Alzamendi al larguero. El propio Míchel reconocía el papelón «Lo hemos hecho rematadamente mal». Sin creatividad alguna en la parcela ancha y nula penetración por banda, se trató de casi el peor partido de un Mundial que no pasaría a la historia precisamente por su calidad. Con tan pobres perspectivas, Suárez afrontó con notable inquietud el segundo encuentro ante los débiles coreanos. No debía ser un rival a tener en cuenta, pero la pobre impresión española en el debut causaba inseguridad. En realidad no hubo para tanto y todo se saldó con un cómodo 3-1 a favor de España, con Míchel como auténtica estrella con tres tantos de bella factura. Precisamente, el centrocampista blanco había sido objeto de crueles críticas de la prensa italiana tras el desastre uruguayo, y respondió a todos con un significativo «me lo merezco», «me lo merezco» como signo de una jugosa revancha personal frente a los que cuestionaban su calidad y entrega.

El último encuentro de la fase se disputó ante el verdugo de México 86, Bélgica, que ya se había clasificado y se tomaba el partido con tranquilidad. El veterano realista Górriz, una de las sorpresas de la convocatoria, se había asentado en el centro de la defensa, e incluso marcó el decisivo 2-1 con el que concluyó el duelo, que no creó grandes dificultades. Se vio una selección más suelta, si no especialmente brillante, si con más confianza en sus posibilidades y que tenía ante sí todo el campeonato para mostrar, de una vez para siempre, que el fútbol español podía ser muy competitivo . Suárez había conformado un once más o menos estable, con una línea media formada por Míchel, Martín Vázquez, Roberto y Villarroya (que ficharía por el Madrid al acabar el campeonato) que se iba acoplando bien a medida que avanzaba el Mundial. Las dificultades se encontraban arriba, en donde ningún delantero había sido capaz de meter ni un solo gol en toda la fase.

Y esos negros presagios de falta de pólvora ante la portería contraria se manifestaron el día 26 de junio de 1990, en Verona, en el cruce de octavos de final frente a los viejos rivales yugoslavos, tantas veces en medio del camino español. Suárez puso a jugar a Zubizarreta, Chendo, Sanchis, Andrinúa (Jiménez m.50), Górriz, Michel, Roberto, Martín Vázquez, Villarroya, Julio Salinas y Butragueño (Rafa Paz m 78). Para no perder una costumbre que se asentó durante décadas, el mejor juego coincidió con la vuelta a casa. Desde el comienzo del encuentro un carrusel de oportunidades se suceden ante la portería balcánica sin que el balón se introduzca dentro: Julio Salinas, Butragueño, Roberto y Martín Vázquez pudieron sentenciar la contienda en el primer tiempo. Parecía increíble que dominando claramente el partido y cercando la portería yugoslava, no se consiguiera el objetivo del gol; Martín Vázquez se hace dueño del centro del campo, y con sus arrancadas de potencia física y técnica, saca varios disparos peligrosos que no concluyen en tanto por muy poco, Butragueño manda un cabezazo al poste en el minuto 17 del segundo tiempo. Al final se cumple la máxima futbolística de quien perdona lo acaba pagando; el talentoso delantero Stojkovic en una de las poquísimas estiradas yugoslavas caza un balón en el área, sortea con habilidad a su defensor y bate a Zubizarreta. Parece el fin, pero cuatro minutos más tarde Julio Salinas consigue empatar con uno de esos poco ortodoxos goles que le caracterizan, al aprovechar un tiro defectuoso de Martín Vázquez. Se llega, por lo tanto, a la prórroga con una España muy cansada, puesto que ha realizado todo el esfuerzo sin haber obtenido el justo premio a su mejor juego. Como suele suceder en estos tiempos extra, cuando las piernas empiezan a fallar sobre todo teniendo en cuenta el asfixiante calor con el que se juega, es un detalle de calidad individual el que decide la balanza.....en favor de Yugoslavia. De nuevo Stojkovic, en un magistral golpe franco, desnivela el empate, a los 2 minutos del tiempo añadido. A pesar que quedan casi treinta minutos por delante, los españoles están fundidos y desanimados, con lo que apenas muestran peligro en el tiempo suplementario. El duelo concluye con la eliminación española, totalmente injusta por lo visto en el terreno de juego. Unos días antes, en un Brasil-Argentina, se ha vivido la misma situación, cuando la selección albiceleste se ha clasificado en su única ocasión tras ser dominada por los cariocas durante casi todos los 90 minutos. No en vano, Italia 90 fue el Mundial del juego pobre y los resultados injustos.

El proyecto de Luis Suárez quedó tocado tras esta decepción. La imagen del seleccionador, expulsado en el partido de octavos y rodeado de policías en la puerta del vestuario, no salió muy favorecida. Al gallego a veces los nervios le jugaban una mala pasada, y no transmitía mucha tranquilidad en sus acciones. Por otro lado, no parecía muy decidido a afrontar la renovación generacional que buena parte de público y prensa reclamaba. Al margen de ello, el Mundial dejó bien claro que el fútbol español tenía una carencia muy evidente de hombres-gol. Era algo lógico si se tiene en cuenta que la mayor parte de los equipos tenían a jugadores extranjeros en esas posiciones y eso era un lastre muy importante en citas de ese calado. No había más que recordar la importancia de goleadores como Kempes en Argentina 78 o Paolo Rossi en España 82. No pocas voces clamaron por la escasa participación de delanteros como Baquero y Pardeza, que quizá podían haber aportado algo de variantes ofensivas.

Los malos presagios italianos se confirmaron en la fase de clasificación para la Eurocopa de 1992. Francia derrotaba a España por 3-1 en el Parque de los Príncipes de París, a pesar que los de Suárez se habían adelantado con gol de Baquero; pero la Francia dirigida por el mítico Platiní y comandada por jugadores como Amoros, Blanc o Papin remontó el partido y dejó a la selección casi sin opciones de clasificación. Luis Suárez había perdido la confianza de la Federación, de tal forma que su cese no tardaría en llegar. Su salida no tuvo un carácter amistoso precisamente, y terminó en los tribunales de justicia. Se planteaba el dilema de elegir sustituto, y la terna se compuso de cuatro nombres: Javier Irureta, Luis Aragonés, Javier Clemente y Vicente Miera. Por diversos motivos, se descartaron a los dos primeros y la elección quedó restringida a Miera y Clemente. Mediante una votación secreta de la Junta Directiva, que ya presidía Ángel María Villar, el elegido fue Miera, que había sido el ayudante de Miguel Muñoz durante sus primeros años al frente de la selección.

Miera fue un futbolista de nivel, titular en el Real Madrid durante varios años como lateral encargado de marcar a la estrella rival, un buen jugador de equipo que destacó en los años 60. Como entrenador tenía en su haber excelentes campañas en Sporting de Gijón y Real Oviedo, aunque otras experiencias como Atlético de Madrid o Tenerife no habían sido tan fructíferas; buena parte de su fama se debía, sin duda, a su periplo como segundo entrenador en los buenos campeonatos de Francia 84 y México 86. Hombre templado y sin gusto por las cámaras, tuvo mala suerte de llegar en un momento de transición, en el que los indiscutibles de los últimos años habían dejado atrás sus mejores tiempos, y la renovación resultaba costosa. Los resultados no le acompañaron y a ello había que añadirle un escaso carisma personal derivado de su sobriedad que parecía estar en contra de la moda del técnico "mediático" y con ganas de figurar en boga en aquellos años. Una humillante derrota en Finlandia por 2-0 selló su destino como seleccionador. España quedaba fuera, por primera vez desde 1974, de una gran cita internacional y Ángel María Villar tenía claro su candidato idóneo: Javier Clemente, aunque el entrenador cántabro canceló su breve periodo por la puerta grande: lideró a la selección Olímpica del Oro en los Juegos Olímpicos el único éxito del fútbol español en muchos años.

LA ERA CLEMENTE SE INICIA

Javier Clemente Lázaro había sido la figura indiscutible de los banquillos españoles en los años 80, pero su estrella se había

EL ORO MÁGICO

El 8 de agosto de 1992, en un abarrotado Camp Nou, el fútbol español vivió uno de los momentos más emotivos de su historia. Desde los lejanos juegos de Amberes de 1920, no se disputaba una final olímpica. No eran unos juegos cualquiera, eran los de Barcelona, el escaparate tantos años trabajado para mostrar al mundo que España se había modernizado, y que distaba de ser ese país de pandereta que había lastrado su imagen durante años. Para ello se necesitaban dos condiciones: buena organización y resultados deportivos destacados.

El fútbol cobró una importancia decisiva en aquellos juegos. El seleccionador nacional Vicente Miera había sido sustituido, de no muy buenas formas, y tenía ante sí un reto único para demostrar su valía. A su cargo, toda la nueva generación de futbolistas españoles: Guardiola, Abelardo, Kiko, Toni, López, Solozábal, Ferrer, Lasa, Luis Enrique, Manjarín, Alfonso o Amavisca. En definitiva, los peloteros destinados a tener protagonismo en la década que comenzaba. La selección española de baloncesto se pegó un batacazo sonado en esos juegos, y correspondía al fútbol salvar el honor de los deportes de equipo mayoritarios ya que, a nivel individual, los deportistas españoles cuajaron actuaciones memorables.

Colombia, Qatar, Egipto, Italia y Ghana fueron cayendo hasta llegar a la gran final frente a Polonia, que resultó difícil y muy emotiva. Al descanso los polacos ganaban 0-1. Al poco de comenzar la segunda parte un acontecimiento pareció cambiar el rumbo del partido: la familia real hizo acto de presencia en el palco del Camp Nou ante la ovación atronadora del público. Los jugadores parecen resurgir tras este hecho, y en el saque de una falta, un cabezazo de Abelardo, a pase de Guardiola, empata la contienda. El delirio se apodera del coliseo azulgrana cuando el habilidoso Kiko consigue el 2-1. Todo parece acabado, pero los correosos polacos no dan su brazo a torcer y empatan la contienda. Minuto 44, córner a favor de España. Ferrer lo saca y la pelota llega a la frontal, donde Luis Enrique empalma un remate hacia la portería polaca. El balón sale rechazado, de nuevo, a los pies de Kiko, el delantero gaditano que vuelve a perforar la meta polaca sin apenas tiempo para más. Es el delirio absoluto, y el mayor éxito del fútbol español en muchos años, con una generación de jóvenes que abrían la esperanza de tiempos mejores tras años y años de frustraciones futbolísticas a nivel internacional. Por su parte, Vicente Miera continuó su carrera de técnico en el Racing de Santander, Espanyol y Sevilla entre otros.

apagado en los últimos años; de 1988 a 1991 había vivido tres ceses consecutivos (Español, Atlético de Madrid y Athletic de Bilbao) aunque en el caso del Atlético madrileño había matices: el equipo era segundo cuando fue destituido. Su regreso a Bilbao había sido desastroso y encima había perdido el tren de la selección de forma polémica, puesto que uno de los motivos aducidos para no darle el puesto era su clara identificación con el nacionalismo vasco. En 1992 consiguió una pequeña redención, al salvar del descenso a un Español de Barcelona que parecía desahuciado, y le había llegado la nueva oportunidad de ser entrenador de la selección nacional.

La polémica relación con la prensa del entrenador de Baracaldo marcaría su periplo al frente de la misma. Defensor a ultranza de un fútbol de rompe y rasga, defensivo y más físico que estilista, su figura parecía entrar en contradicción con una época en la que la referencia absoluta era el Barça de Cruyff, caracterizado por la brillantez ofensiva y las lagunas defensivas. Desde su etapa incial triunfal en Bilbao, su personalidad había despertado adhesiones y rechazos a partes iguales. Su paso por Barcelona y Madrid como entrenador, había dividido a los grandes medios nacionales respecto a su figura: el "Marca" y el "Sport" eran benevolentes con él, mientras "As" y "El Mundo Deportivo" tenían serios encontronazos con su tácticas y maneras, de hecho con el centenario diario deportivo barcelonés, protagonizó serios enfrentamientos en su paso por la Ciudad Condal. De su pasado colchonero había dejado una tensa relación con los cada vez más pujantes deportes de la Cadena SER y su redactor estrella, José Ramón de la Morena. En definitiva, la polémica estaba servida.

El desafío de Clemente pasaba por clasificar a España para el Mundial de Estados Unidos de 1994, después de quedarse fuera de la Eurocopa del 92. El grupo era complicado: España tendría que luchar contra Dinamarca y Eire por uno de los dos puestos que daban el pasaporte a EE.UU, ya que el resto del

Grupo, Lituania, Letonia Irlanda del Norte y Albania no era nada inquietante. Los daneses eran los sorprendentes campeones de Europa aunque siempre topaban con su maleficio español y Eire era una selección rocosa y complicada. Lo cierto es que los comienzos no fueron muy esperanzadores; tres empates a cero consecutivos ante Letonia, Irlanda del Norte y Eire, el último en casa y a duras penas puesto que el árbitro anuló un gol legal a los irlandeses. En esos primeros tiempos, el seleccionador fue haciendo diversas probaturas hasta que el empate en casa ante los irlandeses le convenció que debía de apostar decididamente por un bloque ajustado a las características futbolísticas que el mismo pregonaba; consecuentemente la llamada "Quinta del Buitre" desapareció progresivamente de la selección española.

Zubizarreta, Hierro, Alkorta, Nadal, Ferrer, Luis Enrique, Abelardo o el rescatado Julio Salinas formaron la guardia pretoriana del nuevo seleccionador, que añadía puntas de calidad como Julen Guerrero o José Luis Caminero aunque dejaba de lado a director de orquesta azulgrana, Pep Guardiola o el nuevo talento emergente procedente de tierras gallegas, el deportivista Fran. En la devolución a visita a los irlandeses España acudió a Dublín con una alineación plagada de defensas, no pocas críticas se vertieron sobre los planteamientos de Clemente, pero el triunfo por 1-3 con goles de Salinas (2) y Caminero daba medio pasaporte para América, y reafirmaba las tesis del seleccionador que defendía vehementemente que no por sacar más delanteros se jugaba más ofensivamente. Quedaba sellar la clasificación en el último cruce ante los viejos rivales daneses, que también se la jugaban en el choque su presencia en tierras americanas. Sevilla, sede oficial de la selección también durante la primera etapa de Clemente como seleccionador, se disponía a vivir otra jornada intensa en emociones, tras las dificultades sufridas para llegar a ese punto decisivo

PARTIDOS MEMORABLES

SEVILLA VOLVIÓ A SER TALISMÁN

La rivalidad entre daneses y españoles marcó una década completa, y estuvo marcada por las incesantes victorias hispanas. Tal vez por la ausencia de España en la Eurocopa del 92, los Schmeichel, Brian Laudrup y compañía pudieron alzarse con el campeonato, aun cuando la selección de vestimenta roja distaba de ser una amenaza real en las fases finales de los campeonatos de Europa y del Mundo. Pero el gafe español marcó a toda una generación de jugadores, que no encontraban la receta para ganar a una selección cuyo historial en grandes citas no era precisamente brillante.

Y eso que aquel 17 de noviembre de 1993, las cosas se le pusieron de cara los daneses. A los diez minutos, Zubizarreta se veía obligado a trabar al borde del área a su compañero de equipo, Michael Laudrup, que se encaraba solo hacía la portería española. Falta fuera del área y, al ser el último jugador, tarjeta roja directa. España tendría, pues, quedaba en inferioridad numérica ante un rival peligroso.

El once dispuesto por Clemente aquel día respondía a sus parámetros consolidados, tras unos partidos iniciales de tanteo, en especial tras la victoria en tierras

COMO SIEMPRE, CASI

La selección convocada por Clemente para disputar el Mundial 94 mostraba un claro predominio del Barcelona, auténtica base del equipo nacional con nueve integrantes, incluso se mantenían como referentes indiscutibles a gente como Goikoechea y Julio Salinas, que prácticamente pasaban inéditos en las alineaciones de Cruyff.

Desde el comienzo, Clemente apeló a la falta de tradición ganadora del futbol español en las grandes citas para justificar que España debía de acudir con humildad. La ausencia más polémica de la lista fue la del madridista Michel, que continuaba siendo un consumado especialista en el juego de banda, pero nunca contó con el beneplácito del seleccionador, y el

irlandesas. Cinco defensas (Ferrer, Alkorta, Nadal, Camarasa y Giner) y un centro del campo bajo la batuta de Fernando Hierro, reemplazando pues la creatividad, por un bloque granítico en defensa.

Tras la expulsión de Zubizarrera un jovencísimo Santiago Cañizares salió al campo, y lo cierto es que cumplió con nota en el día en el que la selección más le necesitaba. De hecho, se consagró definitivamente como cancerbero de primer nivel, ya que por aquel entonces defendía la portería del Celta de Vigo y los grandes empezaron a fijarse en él.

En las condiciones en las que se había puesto el encuentro, no cabía más que el recurso a la épica y al derroche físico, aspectos que la selección tenía como sus principales virtudes. No existió apenas juego, ya que los daneses no pudieron superar el cerrojo español, y los del Clemente no se prodigaron en ataque demasiado. Y menos cuando en el minuto 63, una falta permitía el remate de cabeza de Hierro, poniendo el único tanto en el marcador.

El público del Sánchez Pijuán se convirtió en el pulmón necesario en los momentos difíciles, y la ciudad hispalense se volvió a revelar como el campo talismán de los intereses de una selección, que había conseguido su objetivo de clasificación, de forma agónica y poco virtuosa, pero que, a fin de cuentas, había superado un difícil grupo en pos de verse en tierras americanas. En aquella noche mágica la "era Clemente" se consagró definitivamente.

madrileño se tuvo que conformar con ser comentarista de la Televisión Española.

Una de las características de la selección clementista era que las alineaciones variaban mucho en función del rival contra el que se jugaba. Aunque el soporte táctico era un equipo aguerrido, con contundencia a la hora de ejecutar el contrataque, que utilizaba un 4-4-2 flexible con dos premisas claves: la seguridad defensiva y la velocidad de los hombres de banda en donde Sergi y Luis Enrique cumplían una misión esencial. El seleccionador argumentaba que un buen combinado debe de ser moldeable, y ajustarse al contrario que tiene en frente, algo que chocaba con la tendencia mayoritaria de los entrenadores de equipos punteros que gustan de dar unas señas de identidad a sus conjuntos en todas las ocasiones, con independencia del rival contra el que jueguen. Para jugar en su España, había que ser lo que él denominaba como "jugador de ida y vuelta" esto es, convertirse en un futbolista capaz de atacar y volver de forma rápida a las posiciones defensivas. Tampoco era muy gustoso del fútbol de elaboración, lo que explica en gran medida el escaso papel de Guardiola en la cita, sin lugar a duda el centrocampista español más talentoso del momento.

El grupo de clasificación era asequible, aunque el debut dio lugar a una nueva decepción: apenas se pasó del empate a dos con los coreanos, a los que se les había ganado con claridad en Italia 90, y después que España se adelantase por 2-0. Las altas temperaturas a las que se jugó, terminaron desfondado físicamente a los españoles, que vieron como en seis minutos fueron neutralizados los goles de Julio Salinas y Goikoechea. Hierro jugó en el centro del campo, y lo cierto es que se notó cierta espesura a la hora de la construcción. Julen Guerrero, la gran revelación de la Liga 93-94, y la indiscutible nueva estrella mediática del futbol español, así como una de las escasas apuestas decididas de Clemente por la calidad, no se sintió muy cómodo y le sustituyó un Caminero que, con el paso de los partidos, tomaría las riendas de la selección. Pero la polémica estuvo en la portería en donde Santiago Cañizares, que había salvado a la selección en el encuentro decisivo de la fase de clasificación por expulsión de Zubizarreta, volvió a cuajar una gran actuación durante la sanción que el cancerbero vasco debía de cumplir.

¿Qué ocurriría en el siguiente choque a diputar nada menos que contra los actuales campeones del mundo, la Alemania de Brehme, Effenberg o Sammer?. Parecía claro que el entonces portero del Celta de Vigo se había hecho acreedor del puesto, pero el de Baracaldo, fiel a sí mismo, se decantó por el eterno Zubizarreta, lo que provocó una nueva polémica a las que era tan aficionado el seleccionador. Con una alineación plagada, de nuevo, de teóricos defensas (Ferrer, Abelardo, Alkorta,

Hierro, Sergi y más tarde Camarasa) pero que, bajo la batuta de Guardiola, supo plantar cara de manera sorprendente. A los 14 minutos, un centro de Goikoechea se envenena, y se cuela por la portería del futuro portero madridista Bodo Illgner, España domina por anticipación y con internadas por bandas incisivas y llenas de peligro, como las protagonizadas por Sergi. Se nota un mejor dominio de la pelota y una Alemania contra las cuerdas. Las cosas se tuercen al comenzar la segunda parte en cuanto Klinsmann, a los dos minutos de la reanudación, se anticipa a Hierro y logra la igualada. Se teme el envite germano, pero los de Clemente aguantan bien el tipo y no de dejan intimidar. Incluso con un inspirado Caminero vuelven a poner en peligro la meta alemana. El empate a uno final demuestra que esta selección tiene carácter competitivo.

El tercer partido del grupo, que debía certificar la clasificación era ante la débil Bolivia, entrenada por el español Xavier Azcargorta. Atendiendo a la buena imagen dada ante Alemania, la alineación española incluía jugadores de toque y calidad técnica (Guardiola, Caminero, Guerrero o Felipe), y, de forma paradójica, resultó una de las peores actuaciones de la esa época en cuanto a juego. Sólo la candidez boliviana y el excelente juego de Caminero, con dos goles, permitieron sellar la clasificación, con un 3-1 final que mostraba a España como un conjunto sólido, no muy brillante es cierto, pero ante el que había que sufrir mucho para ganarle.

Por fortuna, el cruce no fue muy complicado en octavos de final. Suiza era bastante inferior a España, lo que no impidió que Clemente revolucionara el equipo y volviese a apostar decididamente por una selección más física, tras el fallido experimento boliviano. Nada menos que ¡siete defensas¡ estaban alineados aunque si bien es cierto que en muchas ocasiones las posiciones de los españoles llevaban a engaño, dado el gusto del entrenador español por los jugadores polivalentes. Hierro y Nadal, por ejemplo, actuaban más como centrocampistas y los laterales (Sergi y Ferrer) eran falsos extremos que se incorporaban con gran frecuencia al ataque. Incluso se jugaba sin delantero centro, con Baquero como enganche y Luis Enrique como hombre más adelantado. El plan era sencillo, una muralla de contención para aprovechar la rapidez de hombres dotados de gran zancada para sacar contragolpes, un plan que ya había utilizado con éxito en la fase de clasificación ante Eire en Dublín y que dejó a los suizos sin opciones: un contundente 3-0 con goles de Luis Enrique, Beriguistain (penalti) y Hierro y las tesis de Clemente parecían ratificarse: para marcar goles no se tiene que ser necesariamente ofensivo y controlar la pelota, como mandaba la ortodoxia futbolística española, sino garantizar la superioridad física y la contundencia atacante.

En cuartos de final, Italia se cruzaba en el camino español. Entonces los de Clemente tenían una fe ilimitada en sus posibilidades y, aunque el rival era potente, nada les asustaba. Por otro lado los azzurri, un valor siempre seguro en las citas mundialistas, no parecían pasar por su mejor momento. A duras penas se habían clasificado para octavos de final, con un empate, una derrota y una victoria en la fase inicial. En octavos de final, Nigeria casi les saca del Mundial, hasta que un milagroso gol de Roberto Baggio forzaba la prórroga, en donde un penalti daba la agónica clasificación a los trasalpinos. Arrigo Sacchi, el técnico que había revolucionado el fútbol europeo a finales de los 80 era, por el contrario, un seleccionador discutido. Con la columna vertebral de "su" Milán imperial (Costacurta, Maldini, Donadoni, Baresi o Albertini) sin embargo mantenía una complicada relación con la gran estrella italiana, Roberto Baggio, poco amigo de aceptar sus notables exigencias tácticas y defensivas, pero que le iba salvando los partidos por su inmensa calidad. El juego italiano era más bien malo, y la prensa cargaba contra una escuadra que había iniciado la Copa del Mundo como una de las claras favoritas. El 9 de julio de 1994, España saltó con Zubizarreta, Ferrer, Alkorta, Nadal, Abelardo, Otero, Goikoechea, Baquero (Hierro m.64), Caminero, Sergi (Salinas m.64) y Luis Enrique. Una vez más, una alineación creada en función del rival, con la sorprendente ausencia de Hierro, uno de los mejores ante Suiza, y manteniendo a Luis Enrique como hombre más adelantado. La primera parte española es mala, y Italia domina sin hacer nada del otro mundo; un disparo lejano de Dino Baggio adelanta a los de Sacchi, que apenas pasan apuros, porque es poco probable que a los italianos se les pueda sorprender con posicionamiento táctico y contragolpe, materias en las que son consumados expertos.

Todo cambia tras el descanso; la selección española se echa decididamente al ataque y en el minuto 58 una jugada en la que participan varios jugadores españoles (Luis Enrique, Sergi y Otero), llega a los pies de Caminero que lanza un preciso remate que se le cuela a Pagliuca y señala el 1-1. Desde ese instante, España juega los mejores minutos del campeonato, plena de fuerza, con un gran Caminero y anticipándose en todo momento a una Italia desconcertada, que aguanta el chaparrón como puede, agazapada atrás y esperando una contra milagrosa. Entonces, en la recta final del partido, acontecen los minutos más dramáticos de la historia del fútbol español en mucho tiempo. Julio Salinas, que ha salido en el segundo tiempo, se zafa de la defensa italiana, y se presenta completamente solo ante el cancerbero trasalpino. El imprevisible delantero vasco titubea y termina lanzando el balón a las manos de Pagliuca. Apenas unos minutos después, Italia termina alcanzando su inmerecido petróleo: con una España volcada en pos de la victoria, Alkorta impecable toda la tarde en el marcaje a Roberto Baggio, comete su único despiste del encuentro y permite que un pase en profundidad llegue al escurridizo delantero de la Juventus, Zubizarreta duda algo en la salida y Baggio resuelve en sentido bien distinto al de Salinas, regatea

JULIO SALINAS
EL IMPREVISIBLE DELANTERO

Cuando alguien se acercaba a la figura de Julio Salinas, la polémica estaba servida de inmediato. Pocos jugadores a lo largo de la historia del fútbol español han levantado tal cantidad de debates como el delantero vasco, portador, por otro lado, de una de las hojas de servicios más brillantes conocidas. No faltan goles y títulos en cantidades importantes en su historial, pero sus actuaciones en el terreno de juego llevaron a la desesperación en bastantes momentos. Pertenecía a esa estirpe de peloteros dotados de un don especial para salvar las situaciones más inverosímiles y, unos minutos después, cometer el fallo más clamoroso que uno pudiera imaginar. En realidad, se trataba de una característica inherente a su figura futbolística, lastrada desde el comienzo por un escepticismo en cuanto a sus auténticas cualidades.

Formado en la cantera de Lezama, Javier Clemente, el hombre clave de su carrera, le convirtió en titular casi indiscutible del Bilbao en el ejercicio 1984-85, después de grandes temporadas en el equipo filial. Su periplo en San Mames resultó corto pero le valió el pasaporte para ser el delantero titular de la selección española en el Mundial de México 86, en la que formó dupla de ataque con Butragueño. Ese mismo verano protagonizó un controvertido pase al Atlético de Madrid que le valió el reproche de los aficionados bilbaínos. A orillas del Manza-

al portero y hace el 2-1 en favor de Italia. Pero una nueva desgracia está por acontecer: en los minutos finales en un córner Tasotti, da un codazo a Luis Enrique con el que le parte la nariz. Penalti de libro, que el colegiado Puhl ignora ante la desesperación hispana. La imagen de Luis Enrique con la nariz rota da la vuelta al mundo, y supone que la FIFA sancione al defensa milanista con ocho partidos, utilizando por primera vez el video como medio de prueba.

De nuevo, la desazón se apodera del aficionado español: en el mejor partido del Mundial se ha caído derrotado. Cuando todo parecía a favor el castillo de naipes se ha hundido de forma estrepitosa. Italia estaba K.O, superada en todo

nares no mostró malos números: 34 goles en dos temporadas, pero la irrupción de Jesús Gil y Gil le hizo buscar nuevos horizontes y los encontró en un conjunto llamado a marcar un antes y un después en el fútbol español: el Barça de Johan Cruyff. De hecho fue uno de sus valores más seguros en las primeras temporadas, aquellas en las que muchos ponían en duda los métodos del que había sido gran estrella del fútbol europeo, ahora convertido en entrenador cuestionado. No fueron pocos los apuros salvados por el delantero vasco con su extraña habilidad para recuperar pelotas dadas por imposibles, y convertirlas en gol, así como su capacidad innata para proteger el cuero de espaldas a la portería.

A media que pasaban las temporadas su figura fue desapareciendo de las alineaciones titulares y en el verano de 1994 fichaba por el Deportivo de la Coruña y, con posterioridad, aún cuajó dos aceptables campañas en el Sporting de Gijón.

El seleccionador español de entonces, siempre se acordó de él, aun cuando chupaba más banquillo del deseado. Salinas era siempre uno de sus pretorianos, de aquellos con los que siempre contaba frente a viento y marea contra la opinión generalizada.

Hay datos significativos: 56 citas internacionales y 22 goles no están a la altura de cualquiera, aunque siempre quedó en su memoria y en la de los aficionados el mano a mano contra el portero italiano Pagliuca, una calurosa tarde en Boston y que dejó con el estupor a toda una nación futbolística.

El delantero es, en cualquier caso, un referente indiscutible de dos décadas del futbol hispano y en todos los clubes en los que militó, dio un rendimiento muy superior al que en muchas ocasiones se le quiso reconocer.

momento por España y sin capacidad de reacción. Su clasificación resultaba de una injusticia manifiesta. En realidad, la diferencia se encontró en las ocasiones de Salinas y Baggio, y al ser el primero una de los grandes defendidos de Clemente, no pocas voces culparon al entrenador de la derrota. Salinas apenas había contado en sus últimas campañas en Barcelona y no parecía muy coherente que fuese el delantero de la selección española, pero era un hombre de Clemente, el entrenador que le había hecho debutar en primera división y también es cierto que el fútbol español seguía huérfano de goleadores natos. Su fallo se identificó con el de Cardeñosa en el Mundial de Argentina de 1978 cuando, con toda la portería para él, falló un gol ante Brasil que hubiese clasificado a España para la siguiente ronda.

El error de Salinas echó más leña al fuego sobre la controversia que provocaba el entrenador vasco. Sus enemigos le acusaban de hipotecar a la selección manteniendo a sus fieles en vez de contar con los mejores jugadores del momento y de apostar por un juego rácano que no explotaba el potencial de la selección. Sus defensores alababan su capacidad estratégica, la indudable consolidación de un equipo competitivo y la piña que había creado a su alrededor. La polémica (insertada en las guerras mediáticas del momento) dividió al país durante aquel julio del 94 e incluso provocó opiniones de personas ajenas al mundo del fútbol como Javier Marías o Luis María Ansón. La tensión afloró en no pocas ocasiones entre la prensa y el seleccionador durante la concentración americana, y terminó provocando una atención casi equiparable a lo ocurrido en los terrenos de juego.

EN INGLATERRA NO VARIÓ LA HISTORIA

Polémicas aparte, lo que nadie le podía negar a Clemente era que había constituido un combinado muy difícil de ganar y al que sólo esa especie de maldición eterna parecía apartarle de alguna final de postín. La clasificación para la Eurocopa de 1996, a disputar en Inglaterra, fue un paseo militar para los españoles que pasaron por encima de Bélgica y Dinamarca, grandes rivales del grupo. El equipo español jugaba con una gran entereza, y su fortaleza defensiva era digna de destacar.

De cara a la cita de Inglaterra se mantenía la columna vertebral de los últimos años (Zubizarreta, Sergi, Abelardo, Hierro, Nadal, Caminero) aunque algunas novedades del campeonato español de esos años aportaban incorporaciones muy prometedoras; en la delantera, habitual talón de Aquiles de la selección, el gaditano Kiko Narváez había estallado definitivamente en el Atlético de Madrid, y se consagraba como una prodigio de imaginación en punta de ataque, capaz de jugadas inverosímiles; también el hispano-argentino Pizzi, un potente rematador máximo goleador de Liga con el Tenerife en el año 1995-96, se erigía como gran esperanza española en punta de ataque, a los que había que añadir al ex madridista Alfonso Pérez, con gran regate y buena puntería ante la meta contraria. Más problemas planteaba la construcción del juego, en donde Clemente volvió a marginar de los elegidos a mediocampistas creativos, dada su preferencia por un perfil muy físico en el centro del campo. De nuevo se planteó una polémica en la lista de convocados por la ausencia del jovencísimo Raúl González, el madridista que con 18 años había revolucionado el futbol español en apenas dos temporadas como profesional. Pero lo cierto es que la punta de ataque no parecía en esta ocasión mal provista de rematadores.

Un hándicap importante que tuvo que afrontar la selección española fue el hecho que el campeonato 1995-95, ganado por el Atlético de Madrid, se había extendido a 42 jornadas, al ser la única Liga de 22 equipos de la historia. El propio Clemente en la concentración previa señalaba que se iba a llegar muy cansado a la cita, algo muy a tener en cuenta en una selección en la que el aspecto físico era tan trascendente. Encima el grupo era complicado: la Bulgaria de Stoichkov, revelación de la última Copa del Mundo, la Rumania de Hagi y Popescu además de Francia con jugadores como Karembeu, Deschamps o Djorkaeff.

El debut distó de ser muy positivo. España y Bulgaria jugaron un pésimo partido en Leeds, saldado con un milagroso empate a uno, aunque puede decirse que merecieron perder los dos. Julen Guerrero `perdió una nueva oportunidad de reivindicarse como hombre de clase de la selección y tampoco Caminero anduvo muy brillante. Por aquellas fechas, el héroe del Mundial 94 andaba algo descentrado, ya que unos días antes, de forma sorprendente, y tras conseguir ganar Liga y Copa con el Atlético de Madrid, había declarado que quería dejar el club colchonero. Esto afectó a uno de los principales soportes ofensivos de la selección que, escorado en la banda, no perdió su natural tendencia a jugar por el centro. Las carencias en la elaboración de juego estuvieron presentes en la actuación de Hierro y Amor, futbolistas dotados para otros menesteres. Por fortuna, Bulgaria no era del Mundial 94 y ante un rival tan poco consistente apenas hizo méritos para llevarse el partido que acabó con un empate merecido.

El segundo examen, era contra Francia, durante no pocos años bestia negra de los españoles. Muy lejos quedaba esa Francia estilista de Platiní y compañía. Los galos eran un equipo muy potente físicamente con gente como Djorkaeff, Deschamps, Guerin o Karembeu, que plantean un evite árido en cada palmo del terreno de juego. Clemente era consciente de esto y tuvo la excusa perfecta para optar por un conjunto guerrillero. Su declaración de intenciones era bien clara: el rocoso defensa colchonero Juanma López pasaba al centro de la defensa y Rafael Alkorta adelantaba su posición. La conclusión no pudo ser otra que un duelo de corte y rasga, jugado en poco terreno de juego, con mucha desconfianza y eminentemente físico; futbol de estrategas y aburrimiento soberano de cara al público, sólo mantenido por la incertidumbre de los puntos esenciales para la clasificación. En el minuto 49 del segundo tiempo, un contragolpe francés permite a Djorkaeff, desnivelar la contienda, una vez más España juega a remolque, pero con el marcador en contra surge su habitual empuje y coraje ante situaciones adversas. No hay mucha lucidez, pero la salida de Kiko al terreno de juego da más variantes en ataque. Cuando todo parece perdido, aparece el tantas veces salvador Caminero, para anticiparse a la defensa francesa y poner el 1-1 final. Se han salvado los muebles y todo queda para el último envite ante los rumanos a los que hay que ganar sí o sí.

El pobre juego español (en realidad en la línea con un campeonato marcado por la vulgaridad) vuelve a despertar críticas, y la tensión retorna a la concentración española, la previa del partido ante Rumanía muestra a un Clemente crispado que se enzarza con algunos periodistas en una rueda de prensa demasiado tensa. El encuentro ante los rumanos es incierto y mal jugado; durante muchos minutos los mayores méritos corresponden a los de europeos del este. Hagi, el irregular aunque a veces genial director de orquesta rumano, vuelve loca a la defensa española con sus pases al hueco y los centrales, Alkorta y Abelardo, pasan un calvario. Y eso que España se había adelantado pronto gracias al gol de Manjarín delantero deportivista, convertido en el último experimento de Clemente en la delantera junto a Kiko, ya asentado en esa posición. Pero el empate de Raduciou, vuelve a poner nerviosa a España, que no da una a derechas y es un manojo de nervios. Los minutos pasan y la eliminación parece segura, pero más por casta que por otra cosa, los españoles consiguen sacar fuerzas de flaquezas y terminan cercando la portería rumana. A falta de diez minutos, se da la enésima pelota larga, Sergi ofrece una de sus inconmensurables carreras y logra centrar a Alfonso, que deja pasar la pelota y consigue la irrupción de Guillermo Amor, eterno gran llegador desde el centro del campo que, con toda el alma, consigue perforar la meta rumana. Es el 2-1 definitivo, que mete a España en los cuartos de final, tras un nuevo ejercicio de mediocridad futbolística. Además, todo concluye con un incidente lamentable: en el túnel de vestuarios Clemente se enzarza con el periodista de la cadena SER, Jesús Gallego, cuando éste intentaba entrevistar a Guillermo Amor, autor del gol salvador. La tensión entre el técnico y buena parte de la prensa ha llegado a límites intolerables y el ambiente se ha enrarecido definitivamente.

El cruce en cuartos de final era contra los anfitriones ingleses. Históricamente los *pross* han tenido más fama que resultados, ya que sus desastres en Mundiales y Euro copas son una constante de cada cita internacional. Pero juegan en casa, con público a favor, arbitraje presumiblemente casero y cuentan con algunos jugadores de relieve como Paul Gascoigne, Steve Mcmanaman o Alan Shearer; en el banquillo un viejo conocido de la afición española como Terry Venables. El mítico Wembley es el escenario del choque en el que los locales son claros favoritos, tras golear a Holanda por 4-1 en el último partido de la fase de clasificación. La prensa sensacionalista inglesa calienta el ambiente con frases hirientes respecto a los españoles, algo que enardece los ánimos de la selección española, que vive unos días complicados por el altercado del seleccionador

El 22 de junio de 1996 Zubizarreta, Belsué, Alkorta (López, m. 72), Abelardo, Hierro, Sergi, Kiko, Manjarín (Alfonso m. 46), Amor, Julio Salinas (Caminero m 46) y Nadal se plantaron en la mítica arena con el objeto de demostrar a todo el mundo que España sí podía jugar al fútbol. Los prolegómenos del choque parecieron dar un sentido distinto al combinado hispano, que dejó atrás su eterno complejo de jugar en función del rival, y se lanzó al ataque desde el primer minuto, con un matiz muy importante: el toque de balón, tan reacio al ideario clementista fue en esta ocasión una de las bazas más importantes de la selección, que mareó a Inglaterra con un juego pulcro y elaborado, con Nadal imponente en el centro de la defensa y Amor moviendo la pelota con gran criterio. En la media punta Kiko, se consagró como uno de los jugadores del momento, con sus paredes y sombreros que dejaban anonadados a los defensas británicos. Julio Salinas, el gran damnificado de su fallo en Boston dos años antes, tuvo que tener su peculiar resarcimiento: a mediados de la primera parte consigue romper la defensa en línea inglesa y, en esta ocasión, bate la puerta del portero del Arsenal Seaman. Pero un funesto linier, Pier Ufrasi, entra en la historia negra de la selección española al señalar un fuera de juego a todas luces inexistente. Nada altera los planes españoles que, a pesar de que Shearer obliga a lucirse a Zubizarreta en un par de intervenciones de notable mérito, siguen teniendo el control del partido y cercan la portería inglesa gracias a las brillantes intervenciones del bético Alfonso, objeto de una pena máxima que, por supuesto, un árbitro cobarde no se atreve a pitar. España toca y toca la pelota con criterio y sentido, aunque no encuentra ese empujón final de fortuna que les permita pasar las deseadas semifinales. La prórroga no decide nada y se llegan a los temidos penaltis. Ya en 1986 las penas máximas han supuesto la eliminación hispana. La cosa empieza mal cuando dos de las figuras españolas, Kiko y Caminero, no se atreven a lanzar . Para colmo de males, Fernando Hierro, un buen especialista, lanza el primer lanzamiento al larguero, Todo el mundo es consciente que el final ha llegado. En esta ocasión poco se pude reprochar a Zubizarreta, ya que los cuatro penaltis ingleses son lanzados de forma impecable, sin que ningún portero tenga la más mínima opción. Llega el cuarto lanzamiento y Nadal, de largo el mejor de la tarde en el césped de Wembley, lo lanza a las manos del cancerbero inglés. Sigue por lo tanto la maldición, la imposibilidad de pasar la barrera psicológica de los cuartos, el mal fario que lleva a la eliminación en el mejor partido jugado en el campeonato. Las lágrimas afloran en buena parte de la expedición española, cuyo esfuerzo nadie puede negar y Javier Clemente vive una gran contradicción: un resultadista nato ve como lo único que le ha faltado a su equipo es precisamente eso: el resultado.

La Eurocopa 96 concluye de la misma forma que las anteriores citas; con el deseo no consumado de haber pasado a la gran final, sin la sensación de fracaso absoluto, ya que los objetivos mínimos se han cumplido, pero con la indiscutible frustración de haberse quedado a las puertas de algo importante. La Eurocopa inglesa se consideró como una muy buena oportunidad perdida, ya que el nivel de juego fue más bien pobre, y a poco que se hubiese contado con ciertas dosis de suerte, se hubiera podido ganar. La campeona Alemania, no demostró nada del otro mundo, y España hubiera tenido opciones serias de ganar el ansiado campeonato.

Clemente renovó después de la Eurocopa. Tras un ligero titubeo por su parte, harto de la tensión generada en torno a su figura, contaba con el pleno apoyo de la Junta Directiva de Ángel María Villar, que contrastaba con la escasa paciencia mostrada con algunos de sus predecesores. Lo cierto es que España disponía cada vez con mejores jugadores desde el punto de vista técnico (Raúl, De la Peña, Alfonso, Kiko.....) que unidos a otros más físicos podían dar muy buenas perspectivas en cuanto a resultados, en especial en la cita mundialista a disputar en tierras francesas en 1998

LA TUMBA FRANCESA

En los años posteriores a Eurocopa, España había vivido el "boom" de la llamada "Liga de las Estrellas", en la que el dinero de las televisiones afluyó en cantidades nunca vistas en los clubes . Ello unido a la famosa "sentencia Bosman", que había abierto la veda de la contratación de comunitarios, supuso la definitiva invasión del campeonato hispano de jugadores extranjeros. No era infrecuente el ver a las escuadras punteras con apenas tres o cuatro españoles en la alineación titular y, en algunos casos, ni siquiera eso. No eran muy buenas noticias para la cantera española, pero lo cierto es que el recorrido de la selección española no se vio alterado por esa circunstancia. A pesar de toparse en la fase de clasificación con la potente selección Yugoslava de Mijatovic, Jokanovic o

Pantic, los de Clemente la superaron con comodidad en Valencia por 2-0, en uno de los mejores partidos de ese periodo y empataron en tierras yugoslavas asegurándose el primer puesto del grupo y el pasaporte a tierras francesas.

Al conjunto de futbolistas intocables del seleccionador, se le unió de forma definitiva Raúl González, el delantero español más incisivo en muchos años, y nuevos valores como el también madridista Fernando Morientes, Joseba Etxeberria extremo del Athletic de Bilbao, Iván Campo, defensa del Mallorca, que luego pasaría al Real Madrid o futbolistas como Celades y Aguilera. Se trataba, en definitiva, de un grupo esperanzador, en el que el habitual empuje y capacidad defensiva de los últimos años se veía aumentado con dosis notables de calidad técnica. No en vano, continúo la asombrosa racha de imbatibilidad de la selección hasta la derrota en un amistoso, precisamente ante Francia, en París, por 1-0, que dejaba atrás la friolera de tres años y medio sin perder nada menos. El fútbol español pujaba fuerte en Europa a nivel de clubes, como demostraría la disputa por parte de Real Madrid y Valencia de la final de la Liga de Campeones dos años después.

En función de estos antecedentes, por primera vez en muchos Mundiales, en España se proclamó a la selección como una de las "favoritas" para el entorchado final, por detrás, por supuesto, del Brasil de Roberto Carlos, Romario o Rivaldo. Entrenador y jugadores hicieron poco por quitarse ese cartel, ya que el innegable carácter aguerrido de los chicos de Clemente, les había hecho granjearse un respeto en el concierto internacional. Además, el ambiente de la concentración era más tranquilo y sosegado, con los periodistas aceptando mansamente la voluntad de la Federación de alojarse en hoteles distintos, y respetando escrupulosamente el horario de las conferencias de prensa. Clemente se encontraba más sosegado en sus declaraciones, aunque en el horizonte apareció un nuevo nubarrón que, con el tiempo, marcaría el destino de la selección: un complicado grupo inicial, el más difícil que jamás había afrontado España en los últimos años: Nigeria, Paraguay y Bulgaria. Aunque los españoles salían como favoritos, se trataban de selecciones incómodas, Nigeria era la reciente campeona olímpica y sus mejores hombres mostraban la reciente explosión del fútbol africano, con gran potencia física y notables recursos técnicos, Paraguay era un equipo defensivo y duro, de esos que pueden amargar la tarde a cualquiera y Bulgaria en realidad tenía más nombre que potencial, aunque quizá era la más temida.

El 13 de junio de 1998 España debutó con Zubizarreta, Ferrer, (Amor m 46), Alkorta, Iván Campo, Sergi, Hierro, Nadal (Celades m 75), Luis Enrique, Raúl, Kiko y Alfonso (Etxeberría m.56). Enfrente los Rufai, Uche, Finidi o Lawal eran lo suficientemente talentosos como para poner en apuros a España. Como se ha consignado en párrafos anteriores, era costumbre en el técnico hispano alternar las posiciones habituales de los jugadores. En esta ocasión, su empeño en situar al tándem Hierro- Nadal en la medular fue una de las claves del partido, puesto que se trataban de dos futbolistas totalmente asentados en la posición de defensas en Madrid y Barça. A pesar de jugar con tres puntas, (Raúl. Kiko y Alfonso) no existía una buena conexión con una media incapaz de distribuir juego, y algo descolocada por la velocidad nigeriana. Y eso que España se adelantó en el marcador con un gol de Hierro, de lanzamiento de falta; pero apenas minutos después un córner daba el empate a los africanos gracias al remate de Mutiu. El resto de la primera parte siguió en el páramo futbolístico.

Al comenzar el segundo tiempo, Clemente rectificó y retrasó a Nadal a la defensa, pero eso supuso el traslado al lateral derecho del central Iván Campo, en una posición para la que no se encontraba especialmente dotado. En definitiva, la tendencia a la polivalencia del seleccionador terminaba por trastocar al equipo. Aun así, todo se ponía de cara gracias a un espectacular gol de volea de Raúl. España era una selección granítica que apenas concedía goles en contra. Pues bien, de los minutos 73 a 77 recibió dos de los tantos más traumáticos de su historia. El primero de ellos aún se recuerda. Andoni Zubizarreta, el viejo lobo curtido en mil batallas, introducía en su portería un centro sin apenas peligro. Era un gol muy doloroso. Zubizarreta era la mano derecha de Clemente, su prolongación en el campo. Era muy discutible que disputase su cuarto Mundial consecutivo como titular, aunque en la recta final de su carrera, había vivido una segunda juventud en el Valencia, cuando no pocos le daban por finiquitado, ya que en la temporada 1996-97 se había hecho con el Trofeo Zamora al portero menos goleado de primera división. Pero era evidente que sus mejores años habían pasado, y que Cañizares o Molina podían dar más garantías en la portería . El fallo del capitán deja noqueada a España y tres minutos más tarde, Oliseh finiquita el 2-3 definitivo con un gran remate. La sorpresa se consuma y la clasificación se pone cuesta arriba.

La derrota tuvo un efecto devastador en la concentración: cuando uno se pone el cartel de favorito le es más difícil asimilar un jarro de agua fría. Contra Paraguay no cabía más opción que ganar, si no se quería depender de terceros la última jornada. La tregua entre Clemente y sus críticos se canceló, ya que los planteamientos del seleccionador ante Nigeria fueron muy cuestionados por la prensa. No pocos esperaban un batacazo para lanzarse contra el controvertido técnico.

Ante Paraguay, Clemente revolucionó de nuevo al equipo: Aguilera, Amor , Abelardo, Etxebarría y Pizzi entraron en el once inicial. Enfrente, los sudamericanos apenas presentaban solidez defensiva, pero eran muy difíciles de batir. Como la elaboración de juego no es el fuerte de España y los defensas Ayala y Gamarra son rocas infranqueables, el partido resulta un bombardeo incesante de balones a la olla, sin consecuencia alguna para la portería del polémico Chilavert. El atasco llegó a tal extremo que las mejores jugadas son protagonizadas por el paraguayo Benítez, que puso en jaque a la defensa española en más de una ocasión.

Durante no pocos campeonatos el problema español había residido en la falta de gol, en la ausencia de rematadores que desequilibraran. En la cita francesa no faltaban buenos delanteros, casi los había en exceso, pero sí se apreciaba una pobreza creativa en el centro del campo, que sería la tumba de la selección. Lesionado Guardiola, y rechazados otros jugadores con cierto sentido creativo en favor de lo físico, España contaba con hombres gol como Raúl, Alfonso o Pizzi, pero que no recibían pelotas en condiciones. El duelo ante los paraguayos mostró un ejemplo palmario de lo descrito y el empate a cero final casi dejaba sin opciones a los españoles; Nigeria había ganado sus dos partidos y era la primera de grupo en cualquier caso. Si Paraguay la ganaba, España quedaría fuera, y cuando no hay motivación de por medio, las prestaciones suelen bajar.

De esta guisa, españoles y búlgaros se dispusieron a jugar el último cartucho de la primera fase. Fiel a su costumbre, España jugó de forma espléndida, y cayó eliminada. Paraguay ganó a Nigeria y el 6-1 final en favor de España no hizo sino aumentar la sensación de ocasión malograda, de contar con un conjunto de jugadores con mucho talento que habían disputado dos penosos encuentros previos que supusieron su tumba. Los goles españoles caían en un saco roto a medida que se tenían noticias de la victoria paraguaya y, por primera vez desde el Mundial de Argentina 1978, no se pasaba a la segunda fase de un torneo que terminaría ganando la anfitriona Francia, que barrió en la final a los favoritos brasileños.

Ni que decir tiene que la imagen de Clemente no salió muy bien parada de este desastre, ni que el vizcaíno distó de asumir sus errores. Muy al contrario, se volvió a ofuscar con un sector de periodistas a los que consideraba como enemigos y no perdieron la ocasión de lanzarse contra él.

Que España acudió al Mundial de Francia con un buen grupo es un hecho innegable; probablemente mejor que el que hizo presencia en Italia o Estados Unidos. Clemente se vio obligado a ceder ante la aparición de futbolistas de talento técnico, y el equipo que configuró no respondía a sus patrones de juego. Si en Estados Unidos la mala fortuna impidió el pase a semifinales, en Francia fue el mal juego y el desaprovechamiento de las condiciones de la selección. Quizá se debería haber tenido más voluntad de protagonismo y no jugar tanto en función del contrario en especial en el calamitoso debut ante Nigeria, algo que no cuadraba con los planteamientos de Clemente, defensor de la flexibilidad en el modelo de juego en función del contrario, planteamiento más adecuado cuando los jugadores con los que cuentas no son muy brillantes, y no pueden imponerse con claridad. A fin de cuentas, su carrera había conocido grandes éxitos (y algunos fracasos) con clubes modestos no caracterizados por la presencia de grandes figuras, con algunas excepciones, y si con predominio de bregadores incansables capaces de sacar lo mejor de sí mismos.

Tampoco cabe cargar todas las culpas sobre el banquillo, ya que el naufragio de futbolistas de reconocido talento como Luis Enrique, Kiko o Raúl fue evidente. Acostumbrados a la presencia de grandes figuras internacionales en sus equipos, una vez más se demostraba que a la hora de la verdad, el jugador español no era fiable en los grandes eventos.

EL FINAL DE UNA ERA

Pese al clamor generalizado, Clemente continúo al frente del combinado nacional, con el objetivo de la clasificación para la Eurocopa del año 2000. Pero era evidente que una época había pasado, y que el seleccionador se mantenía con respiración asistida.

El 5 de septiembre de 1998, España sufrió una de las derrotas más humillantes de su historia, al caer en el primer partido de la fase de clasificación por 3-2 ante una selección de Chipre, compuesta por jugadores aficionados. Cañizares; Michel Salgado, Alkorta, Nadal, Sergi; Hierro, Etxeberria (Ezquerro, m. 60), Luis Enrique, Raúl; Alfonso (Kiko m. 40) y Morientes, dieron una penosa impresión que no hacía sino ratificar las carencias apreciadas en la Copa del Mundo; un equipo mal posicionado, con futbolistas muy lejos de sus mejores tiempos, sin referente en el centro del campo y sólo salvado, paradójicamente, por la calidad de alguno de sus puntas. Era un desastre sin paliativos que hacía insostenible la situación del de Baracaldo, que aún así se aferraba al cargo tras la decepción: *«No he pensado marcharme por haber perdido»*.

Quedaba claro que Ángel María Villar no podía seguir defendiendo a su seleccionador por mucho tiempo, y más cuando el propio Gobierno de la nación, a través de la entonces Ministra de Educación y Deportes, Esperanza Aguirre, instó a la Federación Española a resolver la crisis de la selección nacional, un mensaje claramente dirigido a la labor del discutido entrenador, al que no pocos acusaban de todos los males del equipo. Incluso la oposición parlamentaria llegó a sugerir que el Ministerio debía de pedir el cese del entrenador. El 11 de septiembre de 1998, tras seis años y un día al frente del cargo, Javier Clemente Lázaro dejaba de ser seleccionador nacional tras llegar a un acuerdo para la rescisión de su contrato. Detrás de sí, dejaba mucha polémica y unos resultados contradictorios: impecables en cuanto a estadísticas (apenas seis derrotas) pero con el hecho innegable de la falta de grandes triunfos en las citas más importantes. Su periplo puede considerase superior al de Kubala, Santamaría o Suárez e inferior al de Miguel Muñoz, que llevó a España a la final de la

Eurocopa de 1984, el paso de Miera fue demasiado breve para establecer comparaciones. Su carrera posterior le convirtió en un trotamundos de los banquillos (Betis, Tenerife, Real Sociedad, Espanyol, Athletic de Bilbao, Marsella, Murcia, Valladolid, Sporting de Gijón....) acudiendo como apagafuegos de situaciones comprometidas y también se animó a la aventura más allá de las fronteras siendo seleccionador de Serbia, Camerún o Libia, a la que recientemente hizo campeona de África.

Con carácter inmediato, se empezó a buscar un sustituto: Luis Aragonés se situó en primera línea de favoritismo, seguido de lejos por José Antonio Camacho y Lorenzo Serra Ferrer. Parecía el momento idóneo para el llamado "sabio de hortaleza" que acababa de dirigir al Betis y acumulaba tras de sí una dilatadísima experiencia en los banquillos españoles, además de contar con una personalidad marcada, pero sin la tendencia al conflicto de Clemente. En la oferta realizada por la Federación, se encontraba la condición esencial que Aragonés tenía que asumir a los colaboradores de la era anterior–Iñaki Sáez y Delgado Meco– y no podía elegir a su equipo de trabajo. El entrenador madrileño rechazó la propuesta por esta circunstancia, y el siguiente de la lista era el ex internacional José Antonio Camacho, que para más inri, había salido del Real Madrid en el verano por un problema en los contratos de sus asistentes. En esta ocasión, no pudo dejar pasar el tren que se le ofrecía. Con Camacho, España retomó el rumbo y llegó a la Eurocopa del 2000, donde no se hizo un mal papel, pero se cayó ante Francia en cuartos de final (cómo no) tras un penalti lanzado a las nubes por Raúl, cuando el partido tocaba a si fin. En definitiva, lo de siempre, ya con seleccionador distinto.

El fútbol español no pudo pues, culminar las esperanzas iniciadas con la consecución del oro olímpico de Barcelona 92. Se advirtió un ligero aumento de la competitividad, pero no lo suficiente como para alcanzar grandes logros. Selecciones como Dinamarca ganaban la Eurocopa del 92, y hasta Francia, país con menos tradición futbolera, se hacía con su Mundial en 1998. La gloria estaba lejos de alcanzarse todavía.

6
UNA FINAL INOLVIDABLE

Desde su creación en 1955, la Copa de Europa había vivido momentos llenos de intensidad y emoción. Un torneo del que, en sus comienzos, se tenían numerosas dudas que pudiera subsistir, se había convertido en el sueño dorado de cualquier escuadra con aspiraciones de hacer historia. Muchos habían sido los aspirantes frustrados y algunos equipos ganadores habían dejado un sello inimitable con su racha de victorias: el Real Madrid de Di Stéfano, el Inter de Helenio Herrera, el Ajax de Cruyff o el Liverpool de Bob Paisley, por ejemplo.

A finales de la década de los 80, los grandes clubes europeos empezaron a hacer movimientos para deslindarse de la U.E.F.A y constituir una competición continental más cerrada, que garantizase una fuente permanente de ingresos, dado que el sistema de eliminatoria a doble partido desde el inicio, resultaba un peligro evidente para las arcas de los equipos más punteros del momento, puesto que una temprana eliminación suponía una catástrofe económica para aquellos que mantenían las plantillas más caras. Hombres de negocios como Berlusconi llegaban al mundo del fútbol y suponían una amenaza muy evidente para las rancias estructuras futbolísticas que habían regido durante años en el viejo continente. El mismo presidente milanista, declararía sin cortapisa alguna, que era ilógico que un club de la categoría del Milán fuese eliminado en primera ronda.

Por aquellos años se empezó a configurar el llamado G-14, un grupo de presión que reunía a los mejores equipos de Europa, para defender sus intereses. La llegada de la televisión por cable les otorgó un arma muy importante. La nueva oferta televisiva destinada a captar clientela, tenía en los equipos más potentes una presa que no podían dejar escapar: les suponían audiencias y publicidad, condiciones indispensables para la supervivencia del producto. Por lo tanto, si los clubes negociaban directamente con las cadenas de pago la retrasmisión de sus partidos, sus ingresos económicos se multiplicarían. La idea de una Liga cerrada entre los grandes de Europa fue tomando cuerpo.

Pero el proyecto tenía un inconveniente casi insalvable. Las Federaciones nacionales eran aliadas de la U.E.F.A, y para competir en una Liga nacional era indispensable estar federado. Como las Federaciones no estaban dispuestas a admitir competiciones al margen de los cauces oficiales, una expulsión de las mismas podía echar al traste el futuro de las entidades rebeldes, por lo que nadie se atrevía a dar el paso de la independencia..

El organismo regulador reaccionó y se dio cuenta que una competición estructurada en forma de pequeña liguilla garantizaba choques entre los grandes de forma más regular y, sobre todo, se convertiría en un preciado botín para las televisiones que estarían dispuestas a aumentar sus ofertas de cara a conseguir la exclusiva de la retrasmisión de un evento de esa magnitud. Se llegó, al fin, a una fórmula intermedia: los clubes cederían sus derechos de retrasmisión , a cambio de una cuantía fija por participar en la Copa de Europa, con cantidades generosas con tendencia a incrementarse y que garantizaban unos beneficios estables, alejando el fantasma de tempranas eliminaciones y su consiguiente perjuicio económico.

De esta forma, nacía 1992 la llamada Champions League, que conocería diversas modificaciones en su formatos y que, con el paso de los años, permitiría la entrada de hasta cuatro equipos de los países más punteros futbolísticamente hablando, y que supondría la desaparición de la Recopa de Europa (para los campeones de Copa) así como la renovación completa de la Copa de U.E.F.A, que con el tiempo, se convertiría en la Europa League. De esta forma se favoreció a los grandes clubes, que casi todos los años se aseguraban la participación en la Champions.

Esa competición reformada que se implantó a comienzos de los 90, vivió uno de los momentos culminantes de la historia del fútbol europeo en 1999, cuando su partido decisivo enfrentó a dos clásicos de los campos de juego europeos, con dos escuadras muy potentes y que se veían, por primera vez, las caras en un duelo por el máximo entorchado . El viejo litigio futbolístico anglo-alemán, se manifestó en el enfrentamiento entre sus dos mejores equipos: el Manchester United frente al Bayern Múnich. Todos estaban expectantes por ver el resultado de la misma; lo que nadie podía imaginar es cómo se resolvería. Posiblemente, no habido mejor muestra del dramatismo que se pude vivir en un estadio de fútbol que lo que aconteció en el Camp Nou de Barcelona aquel 26 de mayo de 1999 en el que, en apenas tres minutos, se pudo vivir la gloria y la tragedia del fútbol, de forma tan intensa. Pero en realidad, para llegar a ese punto la historia había comenzado muchos años antes.

EL LEGADO DE MATT BUBSY Y LA LLEGADA DE FERGUSON

No deja de ser una ironía del destino que el Manchester United viviera el momento más importante de su historia ante un equipo de Múnich. El 6 de febrero de 1958, en esa misma ciudad alemana, un accidente aéreo destrozaba a un combinado jovencísimo destinado a hacer historia. Los llamados "Bubsy Babes", los chicos del legendario manager Matt Bubsy, que estaría más de veinte años al frente de los destinos deportivos de la entidad, causaban sensación en Inglaterra y Europa por la calidad de su juego y su gran juventud. Campeones de la Liga inglesa, intentaban el asalto de la recién creada Copa de Europa, y tras eliminar al Estrella Roja de Belgrado, volvían a las islas haciendo escala en la referida ciudad. El avión no pudo despegar en condiciones y se estrelló, perdiendo la vida más de veinte personas, entre ellas siete jugadores de aquel combinado. Pero días más tarde, la tragedia se incrementó cuando su jugador referencia, Duncan Edwards, destinado a convertirse en la gran estrella del fútbol inglés, perdía su batalla contra la muerte convirtiéndose en la octava víctima. Fue la segunda gran hecatombe que vivió en fútbol europeo en pocos años, ya que antes en 1949, el gran Torino de la post-guerra había perecido también en un accidente aéreo, truncando a una generación de jugadores inolvidable.

A Bubsy, superviviente del accidente, le costó una década reconstruir las cenizas de aquella tragedia, pero lo consiguió cuando su equipo se plantó en el mismísimo Wembley para disputar la final de la Copa de Europa de 1968 ante el Benfica de Eusebio. Al frente de los ingleses en el terreno de juego se encontraba el más legendario jugador de aquellos lares, Bobby Charlton, que sobrevivió también al accidente de Múnich para convertirse en aquello que el destino le había negado a Duncan Edwards; acompañado, en esta ocasión, por otro genio precoz de carrera trágica, George Best. Tras prórroga, el United ganó 4-1 en la final más emotiva jamás vivida y Charlton levantó la Copa de campeones de Europa con la mente puesta en los compañeros fallecidos diez años antes. El Manchester se convirtió en el club más mítico de las islas, aun cuando su palmarés era inferior al de muchos de sus rivales, en especial al del Liverpool, dominador incontestable de Inglaterra y Europa de 1977 a 1985, hasta que otra tragedia, la de Heysel, selló el fin de su reinado. Pero sobre el club siempre existió un aura de grandeza y un aire legendario, que se imponía sobre sus peores momentos deportivos (descensos a segunda división incluidos). De hecho, Old Trafford se convirtió en el estadio más mítico de las islas tras Wembley, tal vez porque sobre él siempre planeó la sombra de aquella tarde infausta en Alemania.

En 1986, el Manchester distaba de ser el referente de la Liga. Dos FA Cups (denominación de la Copa Inglesa) de la mano de Ron Atkinson en 1983 y 1985 era todo su bagaje en varios años. De Escocia llegó un técnico que había protagonizado un exitoso periplo en el Aberdeen, hasta el punto de arrebatarle la supremacía a los dos poderes eternos del fútbol escocés –el Celtic y el Rangers– y que había ganado la Recopa de 1983 nada menos que al Real Madrid. Alexander Chapman Ferguson, conocido futbolísticamente como Alex Ferguson, que tenía la misión de devolver la gloria a los "*diablos rojos*", que por aquel entonces se encontraban más cerca de la segunda división que del título.

No fue una tarea fácil. Con la perspectiva del tiempo transcurrido, sólo desde la mentalidad del fútbol británico, en la que la estabilidad de los entrenadores ha sido durante décadas una regla de oro de las entidades, puede entenderse que el que iba a ocupar el banquillo de Old Trafford durante más de 25 años, aguantase sus tres primeras temporadas, concluidas con pobres clasificaciones y sin trofeos que llevar a las vitrinas. Una pancarta en el estadio inglés reflejaba el sentimiento de frustración generalizado «tres años de excusas y esto es todavía una basura». En las navidades de 1989, nadie apostaba un céntimo por la continuidad del entrenador, ya famoso por su férrea disciplina en el vestuario y sus broncas memorables, y más cuando una racha de ocho encuentros sin ganar puso a Ferguson con pie y medio en la calle, él mismo definiría ese periodo como su "diciembre negro". Pero la victoria en la FA Cup de esa temporada, que cerraba una sequía de títulos y permitía volver a las competiciones europeas, salvó los muebles en el último instante. Como al año siguiente, se dio la gran sorpresa al derrotar al poderoso Barça en la final de la Recopa de Europa (2-1), el escocés se vio definitivamente consolidado aun cuando la Liga Inglesa parecía todavía lejana. A fin de cuentas, era el primer triunfo británico en Europa, tras la sanción de seis años de exclusión, provocada por los hechos de Heysel, que habían sumido a los inventores del deporte rey en una profunda depresión.

El camino empezado en el 86 se acabó de allanar cuando en 1993, aterrizó en Manchester un controvertido jugador francés, Eric Cantona, que, no en vano, venía de hacer campeón al Leeds United el año anterior. Cantona, era un delantero genial, con olfato de gol, potencia y mentalidad ganadora, que había salido tarifando de casi todos los equipos, selección francesa incluida, por su carácter irascible y conflictivo. Con el veteranísimo Mark Hugues conformó una delantera temible y Ferguson supo enderezarle para aprovechar sus grandes condiciones. Junto con veteranos como Steve Bruce y nuevas adquisiciones como Paul Ince y Roy Keane, el equipo ganó las dos primeras Premier Leagues (competición heredera de la vieja Liga Inglesa y auténtico punto de inflexión de la vuelta del prestigio futbolístico a las islas) de los años 1993 y 1994 y se confirmó como el valor más pujante del nuevo fútbol británico, con clubes convertidos en sociedades anónimas, financiados por las televisiones y la publicidad, y con una gestión gerencial muy alejada de las viejas sociedades. El United se convertiría, con el tiempo, en el primer club del mundo en cotizar en Bolsa y comenzó a establecer las bases de un entramado económico y deportivo, que le llevó a ser una sociedad envidiada, y que lideraba los ingresos de los clubes de fútbol, gracias a una expansión de su imagen, primero en el mercado anglosajón, y luego en el mundo entero.

La seriedad imprimía cada actuación del club. Cuando en 1995 el incontenible Cantona reaccionó ante los insultos de un aficionado del Crystal Palace saltando las vallas y dándole una patada, ante el asombro general, el propio United le sancionó duramente y recriminó la actuación de su jugador sin ningún titubeo; mostrándole claramente que, a pesar de su calidad, no estaba dispuesto a permitir que manchara el nombre del equipo, aun cuando esa ausencia marcó la pérdida del campeonato de 1995. Cantona entendió el mensaje y siguió rindiendo al máximo nivel siendo el referente del United en los títulos de Liga y Copa de 1996.

Entonces, Ferguson dio una vuelta de tuerca que el tiempo demostraría como decisiva. Prescindió de veteranos como Buce, Ince o Hughes y dio la alternativa a jóvenes promesas de la cantera como Gary Neville, Ryan Giggs, David Beckam o Paul Scholes. El acudir a las categorías inferiores había sido una seña de identidad del legendario Manchester de Matt Bubsy. Gran parte del equipo que sufrió la tragedia del accidente aéreo y del que luego ganaría la Copa de Europa procedía de las entrañas de la institución. El escocés supo advertir que muchos de los jugadores con los que había conquistado las primeras Premiers, ya estaban exprimidos, y, además, no resultaban competitivos en la Champions, donde se pasó sin pena ni gloria en sus primeras participaciones. La conquista de Europa era el horizonte que se había propuesto el Manchester, ya convertido en el club más rico del mundo. El jugador de la casa muestra, por lo general, una mayor implicación y ansias de triunfo por identificarse plenamente con unos colores que ha defendido desde edades casi infantiles. Con base de cantera, y fichajes escogidos y acertados, se suelen formar equipos campeones con permanencia en el tiempo, lejos de los vaivenes provocados por el baile de altas y bajas cada temporada. Aunque la decisión técnica fue cuestionada al principio, el cuarto campeonato en cinco años (1996-97) confirmó lo acertado de la apuesta, y más cuando esa misma temporada se alcanzaron las semifinales de la Champions perdidas ante el Borussia Dortmund. El asalto del cetro europeo estaba a la vuelta de la esquina.

EL VIEJO CARÁCTER GERMANO

Si ha habido una institución que haya representado durante décadas el espíritu competitivo del fútbol alemán, esa ha sido el Bayern Múnich, entidad secundaria del balompié germano, hasta que en ocaso de los años 60 configuró un equipo de ensueño cimentado en tres nombres legendarios; el portero Sepp Maier, el líbero Franz Beckenbauer y el delantero Gerd Muller. Varias Bundesligas empezaron a caer en el zurrón de los bávaros, que en 1974 iniciaron uno de los periplos más exitosos que cualquier club ha conocido en la vieja Copa de Europa; nada menos que tres triunfos consecutivos.

Hace unos años una encuesta señaló a ese equipo como uno de los más antipáticos de la historia del fútbol. ¿El motivo?. Al contrario que su ilustre predecesor, el Ajax del fútbol total, los alemanes no dejaron una estela de gran juego, sino de competitividad extrema y suerte, mucha suerte. En 1974 empataron en el último minuto de la prórroga en la final ante el Atlético de Madrid de Adelardo, Ufarte y Luis Aragonés; en 1975 se vieron beneficiados en una tenso encuentro ante el Leeds United inglés, por decisiones arbitrales que perjudicaron claramente al equipo británico y en 1976, el sorprendente Saint-Etienne francés puso todo el juego, tiros al poste incluidos, pero la victoria volvió a sonreír a Beckenbauer y compañía. Como aquel equipo era la base de la selección alemana que derrotó a la gran Holanda de la naranja mecánica (para muchos, la mejor selección jamás vista en una fase final del Campeonato del Mundo) en el Mundial del 74, toda Alemania se reflejó en el estilo Bayern para crear un paradigma de juego, que mostraba más insistencia que brillantez, más arrogancia que destreza, y un destino irritantemente victorioso aún en los momentos más difíciles y de superioridad del contrario. Su rivalidad con el Borussia Mönchengladbach en la mágica década de los 70 selló el destino futbolístico de Alemania: el juego vistoso y alegre de Nezter, Heynkess o Simonsen (estrellas del Borussia) se anteponía los recursos más toscos de los bávaros, y de hecho, las Bundesligas del 74 al 77 fueron a caer a manos del Mönchengladbach, pero éste fracasó en sus repetidos asaltos a la Copa de Europa, y su escuela más elaborada no tuvo continuidad. En definitiva, si se quería triunfar en Alemania se tenía que jugar en el Bayern y seguir sus reglas. La propia selección, terminó contagiándose de ese *modus operandi*, y conoció de varios años de presencia frecuente en las finales de campeonatos en los que no había destacado, precisamente, por su buen juego; casi nunca se contaba con Alemania, pero casi siempre jugaba la el último partido (aunque en ocasiones la perdía).

Esta imagen antipática ha perseguido a la institución desde entonces. Odiado y admirado a partes iguales, toda figura en ciernes que la cantera alemana produce tiene su futuro claro: el Bayern o un equipo italiano o español. La animadversión que en su propio país `produce es equiparable al número de seguidores que ostenta. Esta circunstancia también se ha trasladado fuera de sus fronteras. Asiduo participante de la Copa de Europa, no pocos aficionados vieron con agrado sus sorprendentes derrotas en las finales de 1982 y 1987 ante Aston Villa y Oporto, que en ambos casos partían como víctimas de la máquina teutona, y sus duelos con otro gran clásico de la competición, el Real Madrid, han formado parte de las rivalidades deportivas quizás más insanas que Europa haya conocido, con numerosos episodios de encontronazos ásperos, llenos de tensión. Todo aquel que se mide al Bayern tiene que echarse a temblar, porque ante él ninguna victoria está asegurada, por clara de parezca durante el desarrollo del partido. Tal vez por preservar ese espíritu, ha sido norma de la casa que las viejas glorias ocupen puestos de relevancia en el entramado de la entidad: Beckenbauer, Hoeness o Rummenigge han sido la imagen pública del Bayern en los últimos años, y los encargados de transmitir a las nuevas generaciones de jugadores la mentalidad que siempre debe presidir su actuación.

En 1998, asumió la dirección del equipo Ottmar Hitzfeld, un técnico que había empezado a despuntar con éxitos en la desconocida Liga suiza, y que se había revelado definitivamente al aupar al Borussia Dortmund a lo más alto del fútbol europeo. De la mano de jugadores como Sammer, Kohler o Andreas Moller se alzó con dos Bundesligas en 1995 y 1996, pero su momento culminante llegó en 1997, cuando se plantó en la final de la Champions ante la poderosa Juventus de Marcelo Lippi, con Zidane, Del Piero o Vieri en sus filas, que partía como defensora del título y clarísimo favorito en todas las apuestas. Incluso los precedentes de eliminatorias entre ambos combinados (final de la U.E.F.A del 93 y eliminatoria de Champions del 96) habían sido saldados con triunfo italiano. Pero el equipo alemán rompió todos los pronósticos triunfando por 3-1, y alzándose con el máximo entorchado europeo, ante el asombro de casi todos los aficionados y especialistas que nunca habían señalado al Dortmund como uno de los aspirantes al título.

Fiel a su costumbre de pescar de sus enemigos sus mejores activos, el Bayern echó sus redes sobre el técnico revelación y le montó un equipo de plenas garantías `para dominar Alemania y Europa: Oliver Kahn, Stefan Effenberg, Thomas Linke o un renacido Lottar Matthaus no tuvieron gran dificultad en volver a ganar el título liguero de su país con quince puntos de distancia sobre el segundo clasificado. Pero su gran desafío se encontraba, sin lugar a dudas, en la competición europea, cuyo cetro aspiraba a volver a conquistar. Ningún equipo alemán desde el Hamburgo en 1983 lo había conseguido.

LA LIGA DE CAMPEONES 1998-99

Tras la victoria del Real Madrid en la temporada anterior la nueva edición no contaba con un favorito claro, y si muchos aspirantes. Aunque la Juventus de Turín había disputado las tres últimas finales, sólo había sido capaz de ganar la primera así que desde la implantación del nuevo sistema de competición los campeones se turnaban sin que ninguno ejerciera una hegemonía clara. Los dos últimos triunfadores (Dortmund y Madrid) habían significado ciertas sorpresas ya que habían ganado a un equipo teóricamente superior, una buena muestra de la competitividad existente. La edición anterior había permitido, por primera vez, que los segundos clasificados en las principales Ligas disputaran la máxima competición europea, hecho que despertó numerosas críticas desde sectores futbolísticos más tradicionales. El más preciado título no debía de acoger a presuntos "segundones" decían, y señalaban que tal decisión respondía a claros intereses comerciales. Estaba claro que la U.E.F.A había visto el cielo abierto con su invento, ya que los ingresos televisivos aumentaban cada año y el reparto del pastel era más jugoso cuantos más equipos de postín participaban. Ni Bayern ni Manchester habían ganado sus Ligas el año anterior, honor que había recaído en Kaiserslautern y Arsenal respectivamente, pero su presencia en condición de segundos permitía darle más interés al torneo.

Era el año 1999, el mismo que conmemoraba los cien años de existencia del F.C Barcelona. La Junta Directiva culé consi -

guió que la final en el Camp Nou, con el sueño en el horizonte de ganar el título en el año del centenario, pero el sorteo de la fase previa deparó una sorpresa desagradable: nada menos que un grupo de clasificación compuesto por el Barça, el Bayern Múnich, el Manchester y el Brondby, el campeón de Dinamarca. Como los daneses eran la cenicienta del grupo quedaba claro que españoles, alemanes e ingleses tendrían que disputarse las dos primeras plazas en sus duelos directos. Uno de ellos quedaría fuera de la siguiente ronda de forma prematura.

De este "grupo de la muerte" el que peor parado salió fue el Barça, que vio truncado su deseo de proclamarse campeón en su propio estadio, al no poder ganar ninguno de sus duelos directos con sus grandes rivales de grupo, pese a la presencia en su equipo de estrellas como Figo o Rivaldo. Manchester y Bayern empataron en ambos casos, circunstancia que se dio en los duelos del Barça con los ingleses. Pero el Bayern batió al equipo de Van Gaal en los dos choques (1-0 y 1-2) y certificó su paso a la siguiente ronda como primero de grupo, seguido por el United. Las eliminatorias a doble partido estaban servidas. Los cuartos iban a deparar duelos de mucha intensidad.

El camino de los Ferguson a la final estuvo jalonado por sus duelos contra combinados italianos: el Inter de Milán y la Juventus de Turín. Los milaneses buscaban reeditar sus glorias de los años 60 con un equipo formado en torno al astro brasileño Ronaldo, acompañado de otros viejos conocidos del fútbol español como el chileno Iván Zamorano o el argentino Diego Simeone, y sus recetas eran las señas de identidad de la escuadra de muchos años: defensa numantina y contragolpe . Pero los "diablos rojos" ya eran por aquel entonces una máquina perfectamente engrasada; y que mostraba claramente la transición del fútbol inglés en las últimas temporadas desde la instauración de la "Premier League"; del estilo directo y frontal se había pasado a un buen uso de la pelota, sin perder un ápice de la intensidad en el juego que siempre ha caracterizado a los mejores equipos británicos. De esa elaboración nacía la apertura a los costados donde David Beckham o Ryan Giggs tenían auténticos guantes para surtir centros precisos al área rival en la que los delanteros Yorke y Cole hacían estragos con su movilidad constante y su poder aéreo. Una victoria en Old Trafford por 2-0 y el posterior empate en San Siro pusieron las semifinales a tiro,

En las mismas esperaba la Juventus de Turín, ya sin Lippi en el banquillo y con un joven Carlo Ancelotti en el mismo. El que fuera gran centrocampista del Milán de Arrigo Sacchi y la selección italiana mantenía el bloque triunfador de las últimas temporadas con estrellas como Zidane, Deschamps, Conte o un joven Inzaghi en la delantera. Tal vez la época dorada del equipo había pasado y los años de algunos jugadores empezaban a pesar; pero se trataba de un rival temible, muy experimentado y especialista en el torneo. En el partido de ida, en tierras inglesas, el empate a uno definitivo parecía dar una importante ventaja a los turineses de cara a la vuelta a disputar en Delle Alpi.

El 21 de abril de 1999, la Champions vivió uno de los mejores duelos de toda su corta historia. El United salió al campo con Schmeichel, Neville, Johnsen , Stam, Irwin Beckham, Keane, Butt, Blomqvist, Yorke y Andy Cole. La Juventus alineó a Peruzzi, Birindelli, Ferrara, Pessotto, Conte, Deschamps, Davis, Di Livio, Zidane e Inzaghi. A los seis minutos, un centro de Zidane es aprovechado por Inzaghi para inaugurar el marcador.

Todo se pone favorable para Juve, sensación que se acrecienta cuando el mismo delantero italiano aumenta la distancia apenas cinco minutos más tarde, con un tiro que se envenena tras pegar en un defensa inglés. En un cuarto de hora la Juventus ganaba 2-0, jugaba en su campo y tenía todo el bagaje de mil y una batallas en la Champions. Sus jugadores eran internacionales consagrados y experimentados, que tenían todas las

DAVID BECKHAM
HOLLYWOOD CON BOTAS

La consideración del deportista de élite como estrella mediática, casi equiparable a los ídolos de la pantalla o la música alcanzó su máximo esplendor con este inglés que se convirtió en un icono social impensable en otras épocas. La película "Quiero ser como Beckham", centrada en unas adolescentes fanáticas del fútbol que pueblan sus cuartos con posters del jugador, demostraba hasta qué punto su imagen había trascendido de lo meramente deportivo para llegar a unos niveles de celebridad en los que sus méritos futbolísticos pasaban casi a un segundo plano. Era insoportable te guapo, se había casado con una estrella de la música, su imagen publicitaria era las más cotizada del Reino Unido y, encima, jugaba en el mejor equipo del país y quizá de Europa. En definitiva, se trataba de la fantasía de cualquier adolescente y la representación más acabada del triunfo personal.

Esta circunstancia, ha llegado en ocasiones a omitir que se trató de uno de los mejores jugadores europeos de su tiempo. No una gran estrella desequilibrante quizá, pero, desde luego, una de los mejores especialistas en el balón parado de aquellos años, así como una magnífico surtidor de centros para ser aprovechados por los delanteros de su equipo. Con apenas veinte años, debutaba en el United, que de la mano de Cantona se había convertido en la primera potencia futbolística del país y durante las siguientes nueve temporadas se hizo indiscutible en un equipo que marcaría toda una época con cinco Premiers, dos FA Cup y una Liga de Campeones.

Era el estandarte de una renovación generacional que aupó al primer equipo a un conjunto de jóvenes jugadores, llenos de talento y ambición, que además se compenetraban de maravilla. El fútbol inglés sólo había conocido dos iconos equiparables en cuanto a carisma y los dos habían jugado en el United, Bobby Charlton el "gentleman" del balón y George Best, el artista atormentando que el tiempo hundió en el alcoholismo.

Desafortunadamente, muchos de los mejores jugadores ingleses prefirieron seguir la línea del Best, y los litros de cerveza destrozaron la carrera y vida posterior de genios como Paul Gascoigne. Beckham finiquitó esa tradición tosca de los jugadores isleños, y consiguió transmitir una nueva imagen de jugador de élite tan pulcro y elegante, que hasta abrió nuevas vías para la moda en el hombre, ante el escándalo de aquellos que identificaban el fútbol con la rudeza y que veían al futbolista como un peligro a los iconos clásicos de la masculinidad. Esta dimensión social le llevó a tener enfrentamientos con el amo del vestuario de su equipo. Sir Alex Ferguson recelaba del impacto social que su estrella había alcanzado y, quizá movido por los celos, empezó a tener roces con la misma. En el descanso de un partido ante el Arsenal ambos casi llegan a las manos después que una bota impactara en la ceja del futbolista, tras un ataque de ira del entrenador que le acusaba de haber fallado en sus tareas defensivas.

Florentino Pérez, presidente del Real Madrid, aprovechó esa circunstancia para ficharlo en 2003 y culminar así su peculiar concepción de un equipo de fútbol convertido en acumulación de grandes estrellas capaces de captar los mejores contratos publicitarios, apartado en el que Beckham era el mejor activo sin duda.

Pero las cosas, deportivamente, no le van bien en Madrid; se inicia el declive del Madrid galáctico, una acumulación de grandes jugadores sin sentido colectivo y el equipo enlaza tres temporadas sin título alguno. Por otra parte, la necesidad que jueguen todas las estrellas desplaza al inglés al puesto de medio-centro, labor en la que es menos efectivo que jugando en banda. Se cuestiona su auténtica calidad como jugador, aunque sigue siendo el rey de la publicidad. En 2006, Fabio Capello llega a apartarle del equipo, pero se ve obligado a recurrir a él en la recta final de la Liga y el inglés resurge de sus cenizas, dando un excelente resultado y ayudando decisivamente a su equipo a conquistar el título de Liga, el único trofeo que ganaría en España.

Abandona el Madrid dejando tras de sí una imagen impoluta en cuanto a su profesionalidad y recala en Estados Unidos, concretamente en Los Ángeles Galaxy, en un intento por relanzar al fútbol en América del Norte a través de su figura, mundialmente conocida, y que le sitúa en el entorno más apropiado: la glamurosa costa californiana, rodeado de astros de la pantalla. No obstante, el intento de hacer del fútbol un deporte atractivo en tierras norteamericanas vuelve a fracasar, pero el internacional británico no ha dicho su última palabra y quiere seguir jugando.

Consigue una cesión al Milán en donde sorprende a propios y extraños con su buen rendimiento e incluso regresa a la selección inglesa, con la que nunca consiguió ganar nada. Tras sucesivos regresos a Los Ángeles, su última aventura futbolística es en Francia, concretamente en el Paris Saint Germain donde juega nueve partidos en 2013. Cuelga las botas con treinta y ocho años tras hacerse multimillonario, sólo con sus ingresos publicitarios, y dejando tras de sí casi veinte temporadas plagadas de títulos y reconocimientos individuales de diverso calibre, amén de 58 participaciones con su selección Con independencia de la controversia que despierte su figura, su historial es incontestable

facilidades del mundo para jugar a la contra, ya que el United no tenía más remedio que atacar sin freno.

Pero aquel equipo distaba de darse por vencido y, ante todo, era fiel a sus señas de identidad, un ataque incesante de la portería contraria que se convirtió frenético en busca de la remontada. Al contrario de lo previsto el partido no se durmió, tal y como le hubiese convenido a los intereses juventinos, sino que adquirió un ritmo endiablado, de ida y vuelta resultando un auténtico deleite para los espectadores. La figura del joven David Beckham, adquirió una relevancia capital entonces. A los 24 minutos, uno de sus precisos saques de esquina desde el costado izquierdo permitía a Keane, anticiparse al primer palo y acortar distancias. Toda una premonición del poderío del United a balón parado, que tanta importancia tendría después y, por otro lado, una seña de identidad muy clásica del fútbol inglés, siempre muy pendiente del buen uso de la estrategia. El propio Beckham participó activamente en el empate antes del descanso; recibió un pase en profundidad de Gary Neville, tuvo la sangre fría de cabecear la pelota hacía Andy Cole que buscó un centro sobre la portería italiana, encontrando el inapelable cabezazo de Yorke que ponía la eliminatoria a favor de los visitantes. La hazaña se certificó casi cuando la contienda expiraba, con una Juventus volcada sobre la portería de Schmeichel, una contra inglesa permitía a Cole certificar el 2-3 definitivo. Más de treinta años después de aquella noche en Wembley, el United ponía los pies en una final de la máxima competición europea.

En la otra semifinal Bayern Múnich y Dinamo de Kiev también disputaron dos encuentros llenos de emoción e intensidad. La presencia germana en estos lances era esperable, no tanto la de los ucranianos que había dado la gran sorpresa de los cuartos, al eliminar al campeón vigente, el Real Madrid, y es que los de Kiev contaban en sus filas con una de las nuevas sensaciones del fútbol europeo, el delantero Andrei Shevchenko, que luego desarrollaría una gran carrera en Italia . En el partido de ida los alemanes estuvieron contra las cuerdas al ir perdiendo por 2-0 y 3-1, en una nueva noche mágica del ariete del este, que hizo dos goles y se convirtió en la pesadilla del Bayern. Ante un rival desatado, que desaprovechó numerosas ocasiones de gol, el equipo tres veces campeón de Europa parecía noqueado; pero el Bayern nunca se rinde, va en la genética de la entidad y en los en los últimos doce minutos lograba el milagro de empatar en encuentro con goles de Effenberg y Jancker

Aun así, el Dinamo vendió cara su derrota; en la vuelta en el Olímpico de Munich, en los primeros veinte minutos llegó a disponer de hasta cuatro buenas ocasiones abortadas por el nuevo icono del club muniqués, el guardameta Oliver Kahn, exponente de la fiereza alemana en el campo de juego, y que ocuparía la portería de la selección durante no pocos años, pero el gol del extremo Mario Basler, antes del descanso, finiquitó las esperanzas de los ucranianos. En la segunda parte los de Hitzfeld, sólo tuvieron que dejar transcurrir los minutos plácidamente para alcanzar una gran final en la que no estaban presentes desde 1987. La suerte estaba echada.

UNA FINAL MEMORABLE

Desde que en 1966 Inglaterra batiera a Alemania en una polémica final del Mundial, todo duelo futbolístico entre ingleses y alemanes han tenido un matiz importante, un aire de gran rivalidad. A nivel de clubes, cualquier cruce entre equipos de ambos países solía echar chispas. Los dos participantes del encuentro más destacado de 1999 eran, de largo, los mejores equipos de ambas naciones. De hecho, Manchester y Bayern habían ganado sus campeonatos con autoridad, y, en el caso de los ingleses el torneo copero, también había poblado las vitrinas de la entidad, harta de trofeos desde 1993, tras no pocos años de penurias, pero a la que le faltaba la pieza definitiva del puzzle, "la copa de las orejas grandes" como la bautizó Alfredo Di Stefano. Para el Bayern, el triunfo suponía la reedición de glorias pasadas y la posibilidad de devolver el prestigio al fútbol alemán, que tanto a nivel de clubes como de selecciones llevaba unos años de cierta decadencia, pese a su triunfo en la Eurocopa de 1996.

De entre los veintidós jugadores que iban a saltar al césped, para uno de ellos el encuentro era aún si cabe más especial. Lothar Matthäus había sido el símbolo del fútbol alemán durante una década plagada de éxitos personales y profesionales, pero en su brillante currículo faltaba la Copa de Europa. Incansable bregador, pendenciero, impulsivo e incapaz de bajar los brazos, no resultó nunca un virtuoso de la pelota, pero hacía tiempo que Alemania había desechado ese camino por el de la lucha y el tesón, apartados en los que Lothar no tenía rival, incluso con treinta y ocho años a cuesta y una vez reconvertido en líbero, tras una carrera ligada al centro del campo. Matthaus se trató de un todo-terreno en toda su extensión, cuyas portentosas condiciones físicas le hicieron un hueco entre los grandes del fútbol alemán en los comienzos de los 80. Traspasado al Inter de Milán en 1988, en Italia adquirió la condición de gran estrella y se pulió definitivamente como futbolista. Entrenado por el legendario Trappatoni, éste decidió darle los galones del mando en la media interista y llevar el simbólico número 10, aquel que en aquellos tiempos sólo estaba reservado a los más grandes. El propio Maradona le señaló en más de una ocasión como su rival más complicado.

Cuando volvió al Bayern en el 92, pocos pensaban que le quedara gasolina para muchos años, pero siete temporadas después, el incansable Lothar seguía al pie del cañón, capitaneando a su equipo en búsqueda del único trofeo importante que le faltaba, ya que su palmarés incluía un Mundial y una

Eurocopa, amén de ostentar el record de participación en fases mundiales de campeonatos del mundo (cinco nada más y nada menos).

La cautela presidía las horas previas al encuentro. Ferguson y Hitzfeld, alabaron a sus rivales y reconocieron las dificultades del choque. Aun así el inglés reconocía sin pudor que su equipo aspiraba a reinar en Europa de la misma forma que los clubes italianos lo habían hecho en los últimos quince años. Desde 1989 de diez finales nueve habían tenido presencia trasalpina (cinco el Milán, tres la Juventus y una la Sampdoria) Reconoció asimismo, la importancia que tuvo para sus jugadores el empate a uno en San Siro ante el Inter, que allanó el paso a las memorables semifinales ante otro grande de aquellos lares, la Juve. Desde ese preciso instante los jugadores británicos rompieron la barrera psicológica que suponía competir en Europa a gran nivel y que los imbatibles italianos estaban a su alcance. Si ganaban, su Manchester haría nada menos que un triplete, algo sólo al alcance de tres equipos en la historia hasta ese momento. Por parte alemana, su máximo estandarte Franz Beckenbauer, ese líbero que había capitaneado los grandes momentos del club, declaraba que aquellos que iban a disputar el duelo de Barcelona eran incluso mejores que el Bayern de las tres copas seguidas. Un comentario algo exagerado, sin duda, que buscaba el reforzar la moral de su tropa antes de la batalla.

El encuentro se presumía fascinante. El United había roto los esquemas clásicos del fútbol británico y buscaba la portería contraria desde el juego elaborado y la apertura a los costados. El Bayern mostraba un perfil más acorde con las características del juego teutón; solía imponerse apelando a su superioridad física sobre los rivales y no mostraba el menor complejo a recurrir al pase largo buscando a los gigantones Jancker y Zickler. Ferguson tenía un hándicap importante por la ausencia en la media de dos de sus jugadores más destacados

Keane y Scholes, aunque el entrenador trató de quitar hierro a su falta de participación. Si el Manchester no podía imponer su juego más técnico, podía pasarlo muy mal. Hitzfeld era consciente de ello y por eso era presumible que buscara el agobio del contrario con una férrea defensa y una vigilancia estrecha de sus mejores oponentes, con la contra como mejor arma.

Schmeichel, Gary Neville, Stam, Johnsen, Irwin, Giggs, Beckham, Blomqvist (Sheringham, m 66), Yorke y Cole (Solskjaer, m 80) se midieron a Kahn, Linke, Matthaus (Fink, m 79), Kuffour, Babbel, Basler (Salihamidzic m 88), Jeremies, Effemberg, Tarnat, Jancker y Zickler (Scholl, m. 70). Pero todos los entramados tácticos parecieron romperse a los 5 minutos cuando el árbitro, el italiano Collina, señala una falta al borde del área favorable a los alemanes. Mario Basler lanzó raso, ajustado al palo derecho, y la pelota se introdujo dentro de la portería de Schmeichel; el Bayern tomaba ventaja y tenía en encuentro donde más le apetecía, de la forma más rápida posible. Agazapados atrás, los alemanes asistieron a un ejercicio de impotencia inglesa en la primera mitad. Tal y como se pensaba, las ausencia hicieron mella en los campeones ingleses; Ferguson optó por situar a Beckham más centrado, desplazar a Giggs a la banda derecha y poner por la izquierda a Bolmqvist, el experimento no dio resultado y la espesura presidió muchas de las acciones del United.

Tal vez con un planteamiento más agresivo los germanos hubieran podido sentenciar el partido, pero el entrenador Hitzfeld, no quería que su entramado defensivo perdiera ni un ápice de seguridad. No sólo taponó las peligrosas bandas inglesas sino que situó en el centro de la defensa a dos centrales Linke y Kuffour a vigilar de cerca los movimientos de Cole y Yorke y el quinto hombre de la retaguardia, Matthaus, era el encargado de subir a la media para buscar la contra que rematase el partido. El protagonismo del veterano futbolista alemán se situó varios cuerpos por encima de la nueva estrella del fútbol de esas tierras, Effenberg, muy gris durante el encuentro, tal vez por la disposición del medio campo alemán a preocuparse más de tareas defensivas que de la elaboración

Tras el descanso, se hicieron palpables las dificultades del United para imponer su juego, Beckam se rebelaba contra el destino y lo intentaba todo, pero el muro muniqués parecía infranqueable. Se entró en los últimos veinte minutos con la heroica como único argumento de los amos de la Premier. Entonces, el Bayern vio el cielo abierto y pudo matar en encuentro en su espacio natural: los contragolpes que aprovechaban los huecos de un rival desesperado. A siete minutos del final, un córner en el área inglesa casi deja el asunto finiquitado. Tras un rechace el balón le llegó a Jancker que, en difícil posición, hizo una chilena asombrosa que se estrelló en el larguero de Schmeichel, y no fue recogido por ningún jugador del Bayern en el rechace. El saque de esquina tenía otras sorpresas preparadas.

Es un tópico futbolístico muy manido que la suerte de los campeones requiere que éstos la busquen, cuando todo el mundo considera que las cosas están perdidas. Los alemanes saben mucho de eso y especialmente el Bayern, el máximo poder del fútbol de esas tierras. En las semifinales con el Dinamo, remontaron dos goles de desventaja en los últimos minutos del encuentro. Por eso nadie estaba preparado para lo que iba a pasar en los minutos 90 a 93, simplemente por el hecho que los papeles se cambiaron de forma estruendosa. En la enésima intentona roja, el balón fue a saque de esquina, tras rechazar un centro Effenberg. Beckham lo botó con todo su equipo, portero incluido, metido en el área alemana. Por la mente de todos pasó la idea que el último cartucho que le quedaba al Manchester. Dada la envergadura de los jugadores muniqueses, el rematar de cabeza era misión imposible, con lo que el balón salió rechazado al borde del área donde Giggs lo golpeó a la desesperada. Su tiro raso y flojo llegó de forma milagrosa a Sheringham, que fusiló a Kahn a placer. El empate no sólo desató el delirio inglés; también dejó perplejos a los jugadores del Bayern: ni en su peor pesadilla podía esperar recibir el gol a la salida de un córner y en el último minuto. En medio del desconcierto, se sacó del centro del campo y el United, todavía ebrio por el milagro, tomó en mando del partido en los últimos tres minutos de tiempo añadido. En el 93, nuevo córner a favor del Manchester y de nuevo Beckam lo saca con su habitual maestría. El goleador Sheringham, se adelanta a la todavía incrédula defensa alemana, sin duda noqueada por lo que había acontecido un minuto antes, cabecea al segundo palo, donde otro actor secundario, Solskjaer, mete la pierna que machaca el 2-1 definitivo. Los dos jugadores salidos tras el descanso han dado el triunfo.

Lothar Matthäus, contemplaba atónito el espectáculo desde el banquillo, había sido sustituido después de su titánico esfuerzo y pudo comprobar cómo el tren del único trofeo que le faltaba se escaba de forma cruel. Kuffour rompió a llorar antes de acabar el encuentro y Oliver Kahn se derrumbó en el césped del Camp Nou al pitar el árbitro el final. Al mismo tiempo, Peter Schmeichel daba volteretas de alegría, Alex Ferguson no cabía en su gozo y en el palco, Sir Bobby Charlton aplaudía rabiar sin creerse todavía lo que acababa de presenciar. Nunca antes la Copa de Europa produjo un desenlace tan intenso, una muestra de cómo la gloria y la tragedia del deporte se podían concentrar en apenas unos minutos. El Bayern había ganado su primera copa empatando en último minuto al Atlético de Madrid y sobre él se ceñía una leyenda de equipo acompañado de una suerte impensable para sus rivales. En esta ocasión el destino dio un giro inesperado.

En la rueda de prensa Ferguson no pudo dejar de declarar «Alguien en el cielo nos ha dado un empujoncito». Quizá no había que indagar mucho para encontrar el origen de la ayuda. Ese mismo día, 26 de mayo, hubiese cumplido 90 años Sir

Matt Busby, el hombre que empezó a cimentar la leyenda roja en la década de los 50, el inolvidable manager que dirigía los designios del equipo cuando alzó su primera Copa de Europa en 1968. Como cualquier triunfo importante de la institución, el recuerdo se volvió hacía el y, por supuesto, a esos ocho futbolistas que en un lejano 1958 perdieron la vida en Múnich. Tras el partido, Bobby Charlton, se dirigió al gol norte del estadio del Camp Nou y recorrió el banderín de córner hasta el primer palo, el tránsito del milagro acontecido. Ferguson declararía «Estoy seguro que Bobby Charlton ha pensado lo mismo que yo: ha sido Sir Matt, quien desde arriba estaba empujando la pelota para festejar su aniversario».

UNA NUEVA ERA EN LAS COMPETICIONES EUROPEAS

Es una curiosidad resaltable que la final más recordada de la competición surgida a comienzos de los 90 la jugaran dos equipos que habían accedido a ella sin ser campeones de sus respectivas Ligas el año anterior. A medida que pasaban los años se iba incrementando el número de participantes y ya bien entrado el siglo XXI, la competición, en el fondo, se había convertido en una antigua Copa de la U.E.F.A, aunque con todo el prestigio que le otorgaba concentrar a los mejores equipos del continente. A fecha de hoy, se trata del evento deportivo de clubes que genera más ingresos y despierta más expectación, y meterse en ella es el sueño de cualquier equipo que aspira a ser puntero, sobre todo por las consecuencias económicas que trae consigo.

Este nuevo formato ha afectado al desarrollo de la misma: se ha reducido la posibilidad de victorias sorprendentes por parte de equipos sin mucha tradición como pudo ser el caso en su día del Feyenoord holandés, los ingleses Nottingam Forest o

Aston Villa, el rumano Steaua de Bucarest o el Estrella Roja de Belgrado; campeones contra todo pronóstico, gracias a las sorpresas que suele producir el sistema de eliminatorias a doble encuentro desde el inicio. Por otra parte, la competición ha ayudado a abrir las brechas existentes entre los clubes europeos: como los grandes de toda la vida la juegan casi siempre, sus ingresos se ven incrementados de forma considerable frente a potenciales competidores más modestos que sólo acceden a ella de vez en cuando. Ello ha provocado un desequilibrio en Ligas tan importantes como la española, reducida en los últimos años (con la excepción de la última edición, ganada por el Atlético de Madrid) a la eterna lucha Madrid-Barça con distancias siderales sobre el resto de equipos, esquema que también se manifiesta en Inglaterra, donde la hegemonía del United es considerable, o Alemania, aunque el Bayern ha encontrado alguna oposición puntual, especialmente con el Borussia Dortmund.

Los dos protagonistas de ese memorable día, siguieron siendo referentes indiscutibles de la competición en los años venideros. Cualquier equipo se hubiese hundido en la desesperación, si lo hubiese pasado lo del Bayern esa noche de mayo en Barcelona. Pero apenas dos años después, los bávaros se sacaron la espina al ganar la Champions del 2001, en la tanda de penaltis al Valencia. Es la forma de ser de un país y una institución. Perseverar, no rendirse, tener el orgullo de ser grande y que a toda derrota le sucederá la posibilidad de una victoria; y estos son aspectos que los muniqueses tienen muy interiorizados, a lo que hay que unir el hecho importante de ser el club más rico de Alemania.

Los campeones siguieron su estela de triunfos, con el inagotable *Ferguie,* en el banquillo. En el 2002, el ya legendario entrenador barruntaba su retirada. La final de la Liga de Campeones iba a ser en Glasgow, su Escocia natal, y nada más soñado que decir adiós con un título en la tierra que le vio nacer, triunfó como jugador, e hizo sus primeros pinitos como entrenador. Pero fue sorprendentemente eliminado por el Bayern Leverkusen en semifinales y el técnico decidió continuar, desde la posición de manager. La estructura económica y deportiva del United era ya tan poderosa, que el equipo seguía siendo una máquina de ganar pese a la retirada de puntales y el traspaso de algunas de sus figuras. En 2008 una nueva Liga de Campeones pobló las vitrinas y el impresionante palmarés de Ferguson. Incluso llegaría a disputar dos finales más en los siguientes tres años; pero toparía en ambas con el imbatible y espectacular Barça de Guardiola. Al concluir la temporada 2012-13, decía al fin decir adiós, a la edad de 72 años, y con una hoja de servicios demasiado abrumadora como para ser resumida. Podía decir lo que en su día sentenció Pedro Ferrándiz, el mítico entrenador del Real Madrid de Baloncesto de los años 60-70: «Me salen títulos por las orejas».

7
VIEJOS CONOCIDOS, NUEVOS CAMPEONES

Los campeonatos de selecciones de los años 90 depararon alguna sorpresa destacada y la aparición de viejos conocidos en el podio. La selección brasileña vio rota su sequía de más de dos décadas con su triunfo en el torneo de Estados Unidos, la vieja Alemania llenó su brillante palmarés con un Mundial y una Eurocopa más. Nada nuevo bajo el sol. Ya que, a fin de cuentas, son dos combinados que siempre suelen aparecer como futuribles campeones.

Más sorprendente fue el hecho de que Dinamarca y Francia ocuparan ese lugar de privilegio a lo largo de la década. En el caso danés, la generación mágica de Olsen, Lerby o Laudrup había vivido la frustración de realizar el mejor juego sin obtener premio alguno en los campeonatos de Francia 84 y México 86. En el 92, y de una forma un tanto rocambolesca, se proclamaron campeones de Europa, contra todo pronóstico y cuando menos se esperaba. Tal vez se trató de la mayor sorpresa de las últimas décadas. El caso francés es distinto, ya que en los 80 su fútbol de selección había vivido un periodo esplendoroso; que se había truncado en los años 90, hasta que llegó la organización de su propio campeonato del mundo a finales del decenio. Entonces, con un combinado que alternaba potencia y técnica a partes iguales y de la mano de uno de los magos del balón contemporáneos, Zinedine Zidane, consiguieron batir a la gran favorita, Brasil, y aupar al fútbol a la condición de orgullo nacional galo. No fue un bloque con la brillantez estilística de los Platini, Giresse y compañía; pero sí mostraron una fortaleza extrema en las condiciones más dificultosas.

Para Brasil, la vuelta a los triunfos vino precedida de una polémica nacional respecto a la forma de obtenerlos. Desde sus mejores tiempos se había identificado a los cariocas con la fantasía y la imaginación. Cuando los fracasos en campeonatos del mundo empezaron a acumularse (ninguna final disputada desde 1970), muchos técnicos brasileños miraron a Europa, y trataron de importar un modelo de juego que atendiese más a aspectos alejados de la tradición brasileña como la presión en el medio del campo, la condición física y la seguridad defensiva. Tal tendencia fue considerada como sacrílega por muchos sectores, pero tenía un argumento poderoso en la búsqueda de resultados efectivos. Brasil seguía siendo una cantera inagotable de peloteros con talento, pero a esa calidad había que unirle ciertos elementos imprescindibles para la obtención de resultados. En definitiva, el viejo debate entre la necesidad del triunfo y la forma de conseguirlo.

Alemania vivió un periodo algo contradictorio. No faltaron éxitos importantes como los ya referidos, pero al mismo tiempo, su fútbol fue perdiendo progresivamente fuelle a lo largo de los años. El número de jugadores alemanes destacados disminuía progresivamente, a pesar que su selección mantenía triunfos, por otro lado, en fases finales caracterizadas por la pobreza general del campeonato, que hacía bueno el viejo dicho que en tierra de ciegos, el tuerto es el rey. A medida que pasaban los años la afición alemana contemplaba como sus equipos más punteros estaban llenos de extranjerosn y que su cantera apenas exportaba jugadores a las ligas más competitivas de Europa.

Esta característica referida de pobreza en el juego, presidió en líneas generales la mayor parte de los eventos de selecciones de aquellos años. Cada vez se hizo más palpable que las temporadas cargadas pasaban una importante factura a los jugadores más destacados de los combinados nacionales, en citas a jugar durante los meses de junio y julio. Las fuerzas flaqueaban a esas alturas de temporada aunque, por descontado, que los mejores aún guardaban conejos en la chistera y eran capaces de decidir con jugadas brillantes partidos atascados en el tedio. Pero el número de duelos memorables a lo largo del periodo es notablemente escaso. Se mantuvo, por supuesto, la emoción por la lucha por el triunfo y la incertidumbre que presidió gran parte de los choques decisivos. Por otro lado, el impacto televisivo mantuvo a los Mundiales como espectáculo deportivo de primer nivel, y más teniendo en cuenta la política de la FIFA de ampliar el número de contendientes, instaurada desde el Mundial de España. La U.E.F.A copió este esquema y constituyó la Eurocopa de Inglaterra del 96 con dieciséis equipos, lo que significaba más posibilidades explotación aunque con ello no mejoró precisamente el nivel de la competición.

Algunas selecciones volvieron a defraudar las expectativas creadas: España, Inglaterra y Holanda fueron los casos más evidentes, quedándose a las puertas de éxitos de relumbrón. La suerte no les acompañó en los lances decisivos, en especial cuando se tuvo que acudir al fatídico punto de penalti para decidir el ganador. Las tandas de penas máximas que resolvían empates fueron una constante demasiado repetida; a fin de cuentas parecía lógico: entre el cansancio, las precauciones defensivas y la mejora de muchos equipos de nivel medio, no era fácil solventar los encuentros.

ITALIA 90: EL FÚTBOL COMO GRAN AUSENTE

La última vez que el país trasalpino había organizado un Campeonato del Mundo, el régimen fascista regía los destinos de Italia. Era el año 1934 y, desde entonces, muchas cosas habían acontecido, entre ellas que el fútbol italiano se había aupado en la recta final de los años 80, al primer escalón del fútbol europeo y mundial. En Italia jugaban los mejores jugadores del momento y sus equipos dominaban las competiciones europeas. Las encuestas previas entre analistas y apostantes tenía claro su trio de favoritos: Italia, la anfitriona, Brasil, por la calidad de sus jugadores y Holanda, que venía de ganar la Eurocopa dos años antes y contaba con una generación de jugadores inolvidable.

El poderío italiano era incontestable. Su portería tenía un seguro de vida en el interista Walter Zenga y la defensa mostraba una calidad inusual: Bergomi, Ferri, Baresi y Maldini nada menos. Quizá las mayores dudas se concentraban en el ataque, ya que los equipos punteros del Calcio acumulaban estrellas extranjeras en esos menesteres, pero al seguro Gian Lucca Vialli le acompañó la gran revelación del campeonato, Salvatore,"Toto"· Schillaci, delantero de la Juventus de Turín, sin gran trayectoria previa, que relevó al interista Aldo Serena, en principio destinado a ocupar la segunda punta, y consiguió nada menos, que ser el máximo realizador del campeonato. Con el público a favor pocos pensaban que el combinado entrenado por Azeglio Vicini, no alcanzaría, al menos, la final.

Brasil era una candidata segura en cualquier ocasión. En los Mundiales del 78, 82 y 86 la suerte le había abandonado aun cuando mostró los mejores momentos de juego de esos torneos .El seleccionador de turno, Lazaroni, parecía optar por una visión menos vistosa del juego, buscando la eficacia en los resultados finales que había faltado en las últimas citas, y su bloque quizá no tenía la calidad de otras campeonatos, pero en modo alguno era susceptible de ser considerado como falto de capacidad con nombres como Ze Carlos, Ricardo Rocha, Alemao, Careca o Valdo.

En cuanto a Holanda, su base era la llamada "naranja electrónica" que había conquistado la Eurocopa de Alemania de 1988, con Gullit, Van Basten y Rijkaard como puntales. Entrenados por Leo Beenhakker, entrenador que había vivido éxitos recientes en el Real Madrid y el Ajax; los tulipanes fueron la gran decepción del torneo, disminuidos por las lesiones que perseguían a algunos de algunos de sus mejores jugadores, y por luchas intestinas, que afectaron al buen rendimiento de la selección.

Luego se encontraban los dos finalistas de la última edición: Argentina y Alemania. Con los mismos seleccionadores que en la anterior cita (Bilardo y Beckenbauer) en el caso de los campeones mexicanos la figura de Maradona seguía siendo omnipresente. Todos tenían claro que de su rendimiento dependía el desarrollo del Mundial, tras su asombrosa exhibición cuatro años antes. A su lado, Bilardo recuperó al ex bético Gabriel Humberto Calderón y montó una guardia pretoriana comandada por los centrales Ruggeri y Fabbri. El resultadismo, al que tanto era tendente el técnico albiceleste, alcanzó en esta competición su máxima expresión. En cuanto a Alemania, su condición de finalista de las dos últimas ediciones, le otorgaba el rango de equipo a tener en cuenta, aunque pocos pensaban que tenía mimbres suficientes para superar a los grandes favoritos y su derrota en la Eurocopa celebrada en su propio país dos años antes sembraba dudas de su potencial.

La XIV Copa del Mundo empezó a rodar con sorpresa, como venía siendo tónica habitual en las últimas aperturas. Argentina era derrotada (0-1) por Camerún, que, a la postre, sería la gran revelación del torneo y el primer país africano en alcanzar unos cuartos de final. De entre todos los jugadores cameruneses causó sensación la figura de Roger Milla, un espigado y habilidoso delantero con nada menos que 38 años, que había pasado buena parte de su carrera en Francia. Milla, con cuatro goles, lideró a una briosa selección que ya había estado a punto de ser la gran sorpresa en el Mundial de España en el que puso contra las cuerdas a los mismísimos campeones italianos. Fue, de hecho, una de las pocas cosas resaltables del campeonato.

Argentina consiguió su clasificación con una victoria sobre la U,R.S.S por 2-0, con polémica incluida al dejar de señalar unas manos de Maradona en el área argentina. La sombra de su fraude en México 86 planeó sobre el suelo italiano y el argentino seguía con su inconfundible protagonismo, para lo bueno y lo malo. De todas formas, el juego de los de Bilardo no parecía tenía tener muchos argumentos más allá de su estrella y del rapidísimo extremo Caniggia.

La mayor parte de encuentros de la primera fase se significaron por un fútbol más bien pobre. Probablemente, la mayor decepción la constituyó en grupo formado por Inglaterra, Eire, Holanda y Egipto. De los seis partidos, cinco concluyeron en empate y sólo una pírrica victoria de Inglaterra sobre Egipto (1-0) dio el primer puesto del grupo a los entrenados por Bobby Robson. Holanda decepcionó completamente y Eire siguió con su línea de aburrir a las ovejas, con un juego físico y machacón, aunque efectivo. Como según las reglas del torneo, los cuatro mejores terceros de los seis grupos pasaban a la siguiente fase, británicos, irlandeses y holandeses accedieron a octavos-

Pero a Holanda le esperaba nada menos que Alemania en el primer la siguiente fase. Los de Beckenbauer fueron el mejor equipo de la insulsa primera fase con dos goleadas (4-1 a Yugoslavia y 5-1 a Emiratos Árabes) y contaban con un Lothar Matthaus en plenitud de condiciones, tras sus exitosas campañas en el Inter de Milán, en el que le había acompañado el otro gran puntal de la selección alemana, el habilidoso y veloz delantero Jurgen Klinsmann, que formaba una punta de ataque temida como Rudi Voller. En defensa, el veterano Augenthaler y el joven Andreas Brehme, aseguraban una salida adecuada de la pelota, y la tosca versión alemana de los últimos tiempos, se vio sustituida por un fútbol más pulcro, que le hizo cotizar pronto como aspirante el título.

Italia contó con un grupo asequible, como todo buen anfitrión en los Mundiales (Austria, Estados unidos y Checoslovaquia) y sus partidos fueron ganados sin mucho lustre, con la revelación goleadora que supuso Schillaci. En cuanto a Brasil, cumplió sin especial brillantez con victorias por la mínima ante Suecia, Costa Rica y Escocia, en espera de dar su mejor versión a partir de octavos.

La pobreza futbolística denunciada por todos en los primeros encuentros, esperaba ser superada en las eliminatorias directas, en las que la Copa del Mundo reservaba sus mejores momentos. Y, de inicio, había dos platos fuertes: nada menos que Brasil-Argentina y Alemania- Holanda. El clásico sudamericano por excelencia y la revancha de las semifinales de la Eurocopa de 1988. Dos de los equipos punteros quedarían eliminados.

El Brasil-Argentina dio como resultado un baño de juego de los cariocas saldado con victoria albiceleste. Concluidos los 90 minutos, los espectadores de todo el mundo aún se preguntaban cómo había sido posible que tras un carrusel sin freno de oportunidades brasileñas, el triunfo cayera de manos de los de Bilardo, agazapados atrás todo el encuentro. En definitiva, la vieja máxima que el que perdona lo acaba pagando, y más aún cuando enfrente se tiene al mejor jugador del mundo. A diez minutos de la conclusión, Maradona recoge la pelota en la media, sortea a varios rivales y deja una asistencia de lujo a Caniggia que fusila al cancerbero brasileño Taffarel. Con la eliminación de Brasil, se perdía la posibilidad de mejorar el nivel futbolístico del campeonato.

EL "ENVENENAMIENTO" DE TURÍN

Entre las historias más jugosas de los Mundiales, se encuentra las presuntas trampas utilizadas por los argentinos en su duelo de octavos de final en Italia 90, ante sus viejos rivales brasileños. Carlos Salvador Bilardo, siempre se había caracterizado por buscar la victoria mediante cualquier medios; civiles.....o penales. Integrante del terrorífico Estudiantes de la Plata de los años 60, que consiguió atemorizar de tal forma a los grandes equipos europeos, hasta el punto de poner en peligro la supervivencia de la Copa Intercontinental, como técnico siempre destacó por su rigor táctico y su falta de vacilación ante la utilización de las artimañas más rocambolescas.

En los octavos de la Copa del Mundo, en Turín, Brasil estaba dando un baño de juego a Argentina, cuando, tras una entrada de Rocha, el asistente de la selección albiceleste salió al campo a atender a Caniggia. El brasileño Branco, se acercó a interesarse por el delantero argentino, y bebió agua que le ofreció el masajista argentino. Después, el carioca siempre declaró que se sintió mareado hasta el final del encuentro, lo que llevó a incitar la sospecha que el agua que había bebido, llevaba algún narcótico. Recientes declaraciones del siempre polémico Maradona, parecen reafirmar esa tesis e incluso el propio Bilardo lo admitió, en un encuentro casual con Branco al que le manifestó su máxima: : «Branco, en el fútbol todo vale».

Lo curioso es que el propio Branco, no le dio demasiada importancia. A fin de cuentas el partido lo había perdido Brasil, por fallar innumerables ocasiones de gol ante el meta argentino.

El duelo entre holandeses y alemanes, volvía a poner frente a frente a dos potencias futbolísticas con una fascinante rivalidad insertada desde los años 70. Fue un choque trepidante, de esos que no conocen respiro; totalmente alejado de la tónica del campeonato. Apenas a los diez minutos los dos equipos se quedaban con 10, con la doble expulsión de Rijkaard y Voller por agresión mutua (escupitajo del holandés incluido). Tal vez esa circunstancia desequilibró aún más el juego, que se convirtió en un toma y daca saldado en favor de Alemania, en gran medida por el desacertado papel del gran Marco Van Basten, que falló varias ocasiones de gol, lastrado por su mal momento físico, sin duda. Dos excelentes tantos de Klinsmann y Breheme, consiguieron la revancha deseada de las semifinales de la Eurocopa del 88 y mandaron a los holandeses a casa sin una sola victoria en el Mundial.

El resto de cruces de octavos tuvieron mucha menor significación. Yugoslavia eliminaría a España siguiendo las pautas del Brasil-Argentina: los españoles pusieron el juego y los yugoslavos los goles. Italia despachó a Uruguay sin contemplaciones (2-0) y Checoslovaquia goleó a la débil y sorprendente Costa Rica (4-1). Irlanda y Rumania ofrecieron lo que de ellos se esperaba: un soporífero encuentro saldado con empate a cero y que tuvo que decidirse por penaltis en favor de los irlandeses. En el cruce entre las dos revelaciones de la primea fase Camerún y Colombia, el veterano Milla desniveló el marcador en favor de los africanos (2-1), y en el último partido de la fase ingleses y belgas compitieron en cautela ante la portería contraria. Cuando la prórroga tocaba a su fin, el fútbol inglés se sacó de la manga uno de sus viejos recursos: la estrategia a balón parado, y David Platt perforó la portería belga, tras una jugada de pizarra bien ejecutada.

Si los octavos habían ofrecido algún encuentro destacado, los cuartos se caracterizaron por el denominador común del aburrimiento con una sola excepción. El Inglaterra- Camerún, estuvo a punto de dar lugar a una hazaña de dimensiones resaltables, cuando a mediados la segunda parte los africanos ganaban 1-2. Pero dos penaltis terminaron metiendo a los *pross* en su primera semifinal desde 1966. La decepción se apoderó de buena parte de los aficionados imparciales que soñaban con que el milagro camerunés se extendiese lo máximo posible, pero en cualquier caso, un continente ya había hecho acto de presencia en el planeta futbolístico. El encuentro no tuvo calidad, salvo ráfagas de los cameruneses, pero sí al menos emoción y goles.

En el resto de cruces, poco hubo que contar. Italia parecía seguir su inevitable camino hacia la final dando cuenta por la mínima de Eire (1-0), el inevitable Schillaci, aprovechó un rechace para noquear a los de Jacky Charlton, que no disponían de argumentos ofensivos como para poner en peligro el pase a la siguiente eliminatoria de los anfitriones. Alemania dio su versión más pobre con un triunfo por 1-0 de penalti ante los checos, acusando quizá el cansancio de su duelo contra Holanda y del partido de argentinos y yugoslavos no se esperaba gran cosa. A fin de cuentas, los dos habían pasado con juego paupérrimo y mucha suerte. El resultado no podía ser otro, que empate a cero y la suerte de las penas máximas favoreció a los argentinos, un apartado en el que empezó a destacar una de las sorpresas agradables del Mundial: el jovencísimo portero argentino Goycochea.

Los días 3 y 4 de julio se disputaron las semifinales: Italia-Argentina y Alemania-Inglaterra. Todos esperaban una repetición de España 82; con italianos y alemanes de protagonistas. Los argentinos habían mostrado un juego pobrísimo, y sólo la suerte y Maradona habían sido capaces de auparles tan lejos, y tener como rivales a los anfitriones parecía una montaña demasiado elevada de escalar. En cuanto a los ingleses, pocos les daban opciones ante Alemania, quizá el mejor equipo del torneo. Para el fútbol inglés, sin duda, jugar el campeonato del mundo en Italia y llegar tan lejos era motivo de notable orgullo. Sus terribles hooligans habían estado, al fin, más controlados y ya se preparaba la vuelta de sus equipos a los trofeos europeos, tras la exclusión de seis años debido a la noche infausta de Heysel, que aconteció precisamente ante un equipo italiano, la Juventus. Triunfar en el país trasalpino era la mejor medicina de revitalización para los isleños.

Pero un hecho cambió decisivamente la primera semifinal, y no fue otro que se disputara en Nápoles, el reino de Maradona. Jugar en San Paolo, era un arma de doble filo, ya que era el templo donde el astro argentino había capitaneado a una escuadra secundaria a dos Scudettos, una U.E.F.A y una Copa en sus cinco años de jugador napolitano. La selección italiana estaba llena de milanistas, interistas y juventinos. La Italia del norte, que con tanto desdén mira al sur que comandaba Maradona desde su capitanía del Nápoles. Tal vez este matiz condicionó el desarrollo del juego que se había puesto de cara a los intereses italianos, a los 17 minutos, el omnipresente Schillaci, marcaba su quinto gol y ponía en ventaja a la azzurra. Pero Argentina no es el equipo defensivo y timorato de los partidos previos; por primera vez en el Mundial, se hace con el control de la situación y empieza a jugar con orgullo de campeón. Italia recula buscando la contra, y ve como su centro del campo es superado por el sudamericano, con unos excelentes Burruchaga y Olarticoechea que, en esta ocasión, sí acompañan a Maradona. Los argentinos ven satisfecho su dominio territorial en el minuto 67, cuando un centro al área de Zenga, lo remata Caniggia al fondo de las mayas, anticipándose de cabeza a la zaga trasalpina. Los locales se encuentran atenazados, faltos de recursos ofensivos hasta la salida del jovencísimo Roberto Baggio, uno de los jugadores con más proyección de Italia, que da más mordiente al ataque europeo y crea alguna ocasión abortada por Goycochea, espléndido toda la noche.

Se tiene que llegar a las penas máximas, algo que muy pocos esperaban. Los dos combinados marcan los tres primeros lanzamientos, pero Donadoni, centrocampista del Milán, falla el cuarto, detenido por el portero-revelación. Argentina transforma el suyo por medio de Maradona y después, Goycochea da el definitivo pase a la final al parar el lanzamiento de Serena. Delirio americano y desazón italiana. El Estadio Olímpico de Roma no tendrá el domingo a Italia como protagonista. Jugadores y técnicos italianos insinúan, abrumados, que han percibido poco apoyo del público napolitano, al preferir este a su ídolo a su selección. Pero lo cierto es que Italia lo tuvo todo de cara para ganar, y se dejó comer terreno por un equipo que aún guardaba el orgullo de ser el vigente campeón del mundo.

Un día después, en Turín, Alemania e Inglaterra disputaron un encuentro mucho más igualado de lo esperado. En Inglaterra juega un centrocampista potente, no exento de técnica, y que actúa como motor del equipo; su nombre es Paul Gascoigne y junto a Gary Lineker, el fino ariete que jugó tres campañas en el Barça, es el mayor activo inglés, que sufre en estas semifinales una ausencia muy a tener en cuenta; el extremo del Liverpool John Barnes. Los de Robson, como Argentina, no han destacado mucho en cuanto a fútbol mostrado, pero desde el pitido inicial juntan bien sus líneas y ejercer una efectiva presión sobre los jugadores alemanes más destacados. La disputa se vuelve intensa e incierta , de esos partidos por los que hay que luchar en cada palmo del terreno de juego. Sólo al final del primer tiempo y en el comienzo del segundo los de Beckenbauer imponen su presunta mayor calidad, y cercan la portería del veteranísimo Shilton; en el minuto 60, el lanzamiento de una falta permite a Andreas Breheme inaugura el marcador, al tocar su fuerte tiro en el defensa Parker y hacer inútil la estirada del portero inglés. Pero a los 86 minutos, Lineker empata la contienda en una de esas jugadas que revelan su pillería en el área y su talento natural para sacar petróleo de balones difíciles, y con un tiro cruzado bate a Illgner.

En la prórroga, la semifinal cobra una emoción extraordinaria, ambos conjuntos estrellan sendos balones en los postes y el cansancio da lugar a diversas alternativas en una y otra portería. Son los penaltis los que van a decidir; y los fallos de Pearce y Waddle, sellan el 4-3 definitivo de la tanda que ponen a Alemania por tercera vez consecutiva en la final del Mundial. Algo que no consiguió ni el Brasil de Pelé.

Por primera vez en la historia, se repetía una final en dos ediciones seguidas. Era algo sorprendente e inesperado. Y quizá se trataba de una de las finales más desequilibradas jamás vistas. Por lesión o sanción Argentina no iba a contar con cuatro titulares: Caniggia, Giusti, Olarticoechea y Batista, de tal forma que su único argumento se circunscribía a Maradona, a que una genialidad del mejor jugador del mundo rematase el milagro de hacer campeón a una selección bastante mediocre. Además, tenía que enfrentarse a un público hostil, que no olvidaba la eliminación italiana y el haber truncado el partido esperado. Ya en los himnos iniciales los albicelestes tuvieron que soportar los abucheos de la grada, y una imagen quedaría para la posteridad, la de Maradona llamando «hijos de...». a los que pitaban al himno argentino.

Este poco edificante espectáculo, fue una premonición de lo que vendría después: Illgner, Augenthaler, Berthold (Reuter m 73), Kohler, Buchwald, Brehme, Hassler, Matthaus, Littbarski, Klinsmann y Voller se midieron a Goycoechea, Lorenzo, Sensini, Serrizuela, Ruggeri (Pedro Monzón m 46), Simón, Basualdo, Burruchaga (Gabriel Calderón m 53), Maradona, Troglio y Dezotti de parando la peor final nunca vista en un Mundial. Sin argumentos ofensivos que ofrecer, bien marcado Maradona por Buchwald, los de Bilardo se limitaron a encerrarse atrás, sin el menor atisbo de plantear algún amago de ataque sobre la portería alemana, quizá buscando otra tanda de penaltis que volviera a permitir lucirse a Goycochea. El partido transcurrió entre el sopor absoluto, ante la impotencia alemana para superar la defensa rival y se entró en sus últimos minutos con el temor generalizado de todo buen aficionado al fútbol, que una selección como la argentina pudiera hacerse con el título, y más cuando los sudamericanos empezaron a repartir leña a diestro y siniestro como principal argumento defensivo, lo que provocó la expulsión de Monzón en el minuto 65, por una escalofriante entrada a Klinsmann. Entonces, dos jugadas marcaron el desenlace final; en una de las escasas aproximaciones albicelestes, Calderón fue trabado en el área germana y el árbitro, el mexicano Eduardo Codesal, ignoró la caída. Apenas un minuto después, Voller recibió en el costado del área, Sensini se acercó a él y en el choque, el alemán se fue al suelo. Pareció haber un ligero contacto, pero la señalización de la pena máxima sonó a algo excesiva. La transformación del penalti por parte de Brehme finiquitó el justo triunfo alemán, en un campeonato de juego decepcionante, cuyo final fue más bien lamentable, con los de Bilardo arrinconando al árbitro y sufriendo otra expulsión (Denzotti), lo que les hizo acreedores del dudoso título de equipo más antipático de la historia de los mundiales. Ni las lágrimas de un desconsolado Maradona, al recoger la medalla de subcampeón, permitieron cierta clemencia en la valoración de los argentinos.

LA BOMBA DANESA

En mayo de 1992, la Federación de fútbol danesa tenía que localizar apresuradamente a veinte jugadores que ya empezaban las vacaciones. Un año antes, el este de Europa se veía asolado por el terrible conflicto étnico de los Balcanes que desembocaba en una guerra civil, desmembrando la nación yugoslava, surgida después de las guerras de la primera mitad del siglo. La selección de Yugoslavia se había clasificado para disputar la Eurocopa de 1992, a jugar en Suecia, pero al no existir ya como tal dicho Estado, la U.E.F.A recurrió al segundo clasificado de su grupo, Dinamarca que, sin preparación alguna, se disponía a disputar el exigente torneo europeo; cuando el entrenador danés, Nielsen, comunicaba a los jugadores convocados a última hora que iban a Suecia a pelear por el campeonato, casi les da la risa.

Sobre todo, teniendo en cuenta que Dinamarca iba a encuadrarse en un grupo con los anfitriones suecos acompañada, nada menos, que de Francia e Inglaterra y que la gran estrella danesa del momento, Michael Laudrup, había renunciado a jugar el torneo. No parecían existir muchos argumentos en favor de los daneses: el portero Schmeichel, inquilino durante muchos años de la portería del Manchester United, el hermano menor del gran Michael, Brian, y el delantero Povlsen, rechazado añas antes por el Real Madrid eran sus grandes bazas. Como casi siempre, existían muchas dudas de la seguridad defensiva del equipo y, aunque no se dudaba del talento de sus jugadores, Dinamarca tenía tras de sí, un buen puñado de fracasos en los momentos decisivos de las fases finales. No pocos jugadores declararían, años después, que pensaron que, en realidad iban a Suecia a hacer turismo.

El empate a cero ante los ingleses en el debut, no fue un mal presagio; pero la derrota ante Suecia en el siguiente envite, parecía reservar el billete para Copenhague al final de la primera fase. Pero, contra pronóstico, todos los equipos del grupo llegaron al último partido con opciones de clasificación y dos choques fratricidas: Suecia- Inglaterra y Francia- Dinamarca. Ante *les bleus*, entenados por el incomparable Michel Plantiní, la selección de Nielsen, dio su primera campanada al ganar 2-1 y meter la cabeza en semifinales. Un gol de Lars Elstrup, a doce minutos de concluir, neutralizaba el tanto del empate de Papin y penalizaba el pobre juego de un combinado, el galo, que contaba en sus filas con futbolistas de relieve, que dieron una imagen más bien anodina durante todo el campeonato.

Si el pase a la siguiente ronda se podía considerara una hazaña, el medirse con la potentísima Holanda, campeona en la edición de 1988, parecía una misión imposible. La selección holandesa acumulaba talento a espuertas y querría resarcirse de su mal Mundial de 1990. Gullitt, Van Basten, Rijkaard, Van Breukelen o Bergkamp eran jugadores de primerísimo nivel, y nada parecía obstaculizar su pase a la gran final. Los planes daneses eran otros, por descontado, a los 5 minutos un cabezazo de Larsen adelanta a los delfines del torneo, aunque no pasa mucho tiempo, apenas quince minutos para que Bergkamp ponga las tablas en el marcador. La sorpresa vuelve a presidir el estadio de la ciudad de Gotemburgo, cuando un segundo gol de Larsen pone el 1-2 con el que nadie contaba, aprovechando una indecisión de la zaga holandesa. Ya entonces, los daneses jugaban con las ideas muy claras, con un fuerte *pressing* en la media y unas rápidas contras, manejadas con soltura por Brian Laudrup, que se licenció en el torneo sueco como algo más que el hermano menor del gran Michael.

Aun así, los holandeses no han dicho su última palabra. La segunda parte es un cerco de la portería de Schmeichel, que se resuelve a falta de tres minutos a la salida de un saque de esquina que permite a Rijkaard empatar el partido. Supone una prórroga, a la que los naranjas llegan en mejor estado moral, dado que han salvado los muebles en el último suspiro del tiempo reglamentario. Pero el marcador no se mueve y las semifinales se tienen que saldar desde el punto de penalti, tradicionalmente esquivo para los intereses holandeses. La tradición continúa y los daneses pasan a la final, pero lo que sorprende es el nombre del único jugador que marra la pena máxima, que no es otro que Marco Van Basten.........

La final se disputa en día 26 de junio de 1992, y enfrente un clásico de este tipo de lances, la Alemania dirigida desde el banquillo en esta ocasión por Berti Vogts, jugador que alcanzó fama por anular a Johan Cruyff en el Mundial de 1974, y que se había deshecho de los anfitriones suecos en la otra semifinal, con relativa facilidad (3-1). No es en modo alguno alejado de la realidad, el asegurar que la presencia danesa en la gran final ha chafado el duelo que todos esperaban en la misma, Alemania-Holanda. Los germanos se frotan las manos, pensando que enfrente se van a encontrar con un rival relativamente asequible. Es una Alemania renovada, sin algunos de sus viejos héroes como Littbarski, Voller o Matthaus; pero con nuevos valores pujantes como Sammer o Effenberg, amén de capeones del mundo de la guisa de Klinsmann, Buchwald o Brehme.

El partido empieza con empuje teutón, pero es Dinamarca, que forma con Schmeichel, Sivebaek, K. Nielsen, L. Olsen, Piechnik, Christofte, J. Jensen, Vilfort, H. Larsen, Povlsen y B. Laudrup, quien da la campanada a los 18 minutos, cuando un robo de balón en las inmediaciones del área de Illgner, permite a Povlsen asistir a Jensen, para que el centrocampista danés se saque de la manga un trallazo por toda la escuadra, inaugurando el marcador. Con la tranquilidad de tener la final donde quería, el combinado sorpresa de la Eurocopa acometió bien las envestidas alemanas, que tuvieron su punto culminante a mediados de la segunda parte, en la que contaron con al menos tres buenas ocasiones de igualar la contienda. El recurso a los balones aéreos, aprovechando la envergadura de sus jugadores, fue el último cartucho de los de Vogts, pero en ese apartado Schmeichel, estuvo impecable y cuando un equipo recurre a tales variantes, suele ser porque las ideas se le están agotando. Para culminar la sorpresa, y en pleno acoso alemán, Kim Vilfort, jugador danés que pasaba por unos momentos dramáticos debido a una grave enfermedad de su hija y que, a pesar de todo, se había incorporado a su selección, agarró una pelota en el borde del área, sorteó hábilmente a dos rivales y de tiro cruzado, batía a Bodo Illgner por segunda vez. Era el 2-0 definitivo, y quizá la mayor sorpresa del torneo en toda su historia. Dinamarca había jugado sin presión, prescindiendo de toda la parafernalia de concentración `previa que suele acompañar a las selecciones en estos envites, aprovechando al máximo sus recursos y venciendo a todos los que le había salido al paso. Una de las historias más bonitas y sorprendentes del fútbol europeo se escribió pues, ese junio de 1992 en tierras suecas.

GOD BLESS AMERICA

El *soccer* (denominación que el fútbol recibe en Estados Unidos) nunca ha llegado a cuajar definitivamente en el país de las barras y las estrellas, en donde es jugado por los niños a edad temprana, y abandonado con el paso de los años. No era en principio un lugar muy propicio para disputar un Mundial, pero la FIFA vio en el otorgamiento del campeonato, una oportunidad para promocionarlo y , de paso, aprovechar el inmenso potencial logístico, mediático y económico de la nación más poderosa del mundo.

Unos días antes de iniciarse el Mundial, pocos estadunidenses conocían que se iba a disputar un campeonato de tanta trascendencia en su país. No obstante, a medida que la copa del mundo avanzaba, el interés fue creciendo y concluida la misma, las audiencias habían obtenido un considerable aumento, favorecido además por el buen papel de los anfitriones, que lograron pasar a octavos de final, en donde sólo les detuvo nada menos que Brasil, que a la postre resultaría vencedor del torneo.

Precisamente, la selección entrenada por Carlos Alberto Parreira, protagonizaba su enésimo asalto a la reconquista del máximo entorchado con un plantel de auténtico lujo, en especial a lo referente a su punta de ataque: nada menos de Romario y Bebeto, ambos estrellas de la Liga española, y, de largo, los mejores delanteros del momento, A ellos había que añadirle un centro del campo de no menos garantías: Mauro Silva, Mazinho, Dunga y Zinho, con el matiz que se trata de una media con más presencia física que en otras ocasiones, siguiendo la estela de "europeización" iniciada en el Mundial anterior; incluso el propio Mauro Silva retrasó su posición convirtiéndose en el líbero, de facto, del equipo y dotarlo así de más armazón defensivo. Por calidad, eran los grandes favoritos.

En Italia, Arrigo Sacchi dirigía los destinos de los azzurri, y no era de extrañar la fuerte presencia de elementos milanistas en la selección (Baresi, Maldini, Donadini, Albertini o Massaro eran titulares habituales). La revolución táctica iniciada por Sacchi varios años antes en Milán, tenía más dificultades en la selección, y era un secreto a voces que sus obsesivos planteamientos distaban de agradar a todos los miembros del combinado nacional. Sacchi ya había pasado por problemas parecidos en su etapa milanista, pero los buenos resultados lo suelen acallar todo, hasta las críticas. Además, como todo triunfador contaba con enemigos, especialmente en su propio país, donde era mucho más cuestionado que fuera de sus fronteras.

Uno de los mayores alicientes de la competición era la sorprendente vuelta de Maradona con las filas argentinas. Era nada menos que su cuarto Mundial, y tras de sí tenía un tormentoso pasado reciente, con su detención en 1991 por posesión de cocaína, y su imagen pública tirada por los suelos. Ello no era óbice para que en su propio país fuese considerado como un Dios, y no dejaba de ser un reclamo publicitario para un campeonato a disputar en un país ajeno al fútbol, y del que se tenían dudas en cuanto al interés que podía despertar en los aficionados locales. A fin de cuentas, seguía siendo el jugador más conocido del planeta.

El resto de candidatos eran más o menos clásicos, con una aparición a tener en cuenta; la Bulgaria comandada por Histro Stoichkov, el letal extremo del Barcelona, que se había presentado en la fase final tras apear a Francia, tras una inolvidable victoria en el Parque de los Príncipes de París, que, por otro lado, supuso el inicio de un relevo generacional en la selección francesa, tan importante en próximas fechas.

La fase previa, fue razonablemente lógica; no hubo grandes sorpresas aparte del pobre papel realizado por la selección de Colombia, uno de los países cuyo fútbol había despertado más interés, sobre todo tras una memorable victoria en Argentina

(0-5), durante la fase de clasificación. Pero los entrenados por Maturana no pasaron de ronda tras caer derrotados ante Rumanía (1-3), y los anfitriones yanquis (1-2). Precisamente, esta victoria del combinado norteamericano, con muchos hispanos en sus filas, inició el aumento de interés a nivel nacional por el campeonato. Para los colombianos, las malas noticias no quedaron ahí; a su vuelta, el defensa de las selección Andrés Escobar, que con un autogol ante Estados Unidos había finiquitado el futuro de los de Maturana, era asesinado tras una discusión con aficionados que había acabado con un disparo que birlaba la vida del jugador, aunque con posterioridad se manejó la tesis de que, en realidad, el crimen venía más motivado por cuestiones de apuestas ilegales.

En el resto de grupos sorprendió el pobre fútbol desarrollado por Italia, sorprendida por Eire en el primer partido (0-1) y que apenas pudo pasar como cuarto mejor tercero, con un mísero triunfo ante Noruega por la mínima. Sacchi se había dado cuenta que, con los jugadores que contaba, no podía realizar el fútbol de presión asfixiante y ataque sin freno, que había caracterizado su periplo milanista. La consecuencia fue que la escuadra italiana fue derivando a su viejo esquema de *catenaccio,* con más preocupación por la destrucción que por la construcción, lo que le hizo merecedora de críticas bastante ácidas.

Argentina empezó a toda pastilla con un triunfo ante Grecia (4-0), con gol de Maradona incluido, que acompañado por los Redondo, Simeone o Batistuta, parecía tener base suficiente para soñar con volver a reinar en un Mundial. Pero días más tarde saltaba la bomba; tras la victoria albiceleste sobre Nigeria (2-1) en el control antidoping posterior, el astro daba positivo en el mismo. Según el informe de la FIFA, se detectaron en su orina restos de hasta cinco productos con efectos estimulantes, cantidad que llevó a la conclusión a los médicos que se trataba de un "cóctel casero" que trascendía de un mero medicamento; lo cual señaló al jugador como único causante de su dopaje.

Ante el escándalo planteado, la AFA (Federación Argentina) decidió retirar de la competición al gran rehabilitado, con el objetivo de evitar sanciones a la selección. Un abatido Maradona declaraba entre lágrimas que «No sé por qué apareció la sustancia, no sé. Seguramente por un descuido nuestro. Pero repito: no me drogué para jugar. Los juro y lo recontrajuro por mis hijas. Con todo lo que estaba entrenando y con el nivel que estaba demostrando ¿qué necesidad tenía de drogarme?». Este oscuro incidente marcaría el fin de la carrera de uno de los mejores jugadores de la historia y el destino en el Mundial de una de las selecciones favoritas.

CRUCES CON SUSPENSE

Brasil sorteó sin dificultades la primera fase y se veía las caras con los sorprendentes norteamericanos en octavos. Por la diferencia de calidad entre ambas selecciones era evidente que los parámetros del partido estaban fijados de antemano: agobio carioca y defensa numantina local. Los de Parreira fallaron numerosas ocasiones y sobre los tricampeones planeaba la sombra de lo acontecido en Italia 90, más aún cuando se quedaron con un hombre menos, por expulsión de Leonardo. Pero entonces Romario, a pocos minutos del final, encaró la portería contraria, regateó a un par de defensas y dejó en bandeja la pelota a Bebeto para marcar el 1-0 definitivo. Con agobios los favoritos pasaban, y los anfitriones se iban con el deber más que cumplido.

Las dificultades italianas en la fase previa se confirmaron en su choque con los pujantes nigerianos. No en vano, los africanos marcaron primero y montaron un angustioso autobús enfrente de su portería. Los minutos pasaban y la impotencia azul para lograr las tablas parecía señalar el camino de un desastre absoluto. Pero en el minuto 89, un hasta entonces desaparecido y cuestionado Roberto Baggio, enganchó un remate cruzado desde el borde del área, devolviendo el aire a su alicaído equipo. Tácticas aparte, las estrellas son los que marcan el destinos de los grandes acontecimientos y Baggio era el valor con más talento de Italia, aparte de su habitual solidez defensiva. La prórroga vivió un nuevo gol trasalpino que le permitía pasar a cuartos con el agua al cuello y sin muchas perspectivas de éxito, por el nivel de juego demostrado.

El mejor duelo de esta fase se vivió en el Rumanía- Argentina, saldado con sorprendente victoria europea. Los entrenados por Alfio Basile, no se habían repuesto del shock del asunto Maradona, y se vieron desbordados por el genial partido de la estrella rumana, Gica Hagi, asistente de uno de los dos goles de Dimitrescu y autor del tercero, que neutralizaron los conseguidos por Batistuta, de penalti, y Balbo. Fueron unos octavos vibrantes, con oportunidades en ambas porterías y que dejó en la cuneta al dos veces campeón del mundo, señalando a Rumanía como la cenicienta del Mundial y aspirante serio a llegar muy lejos. Es incluso probable que su gran actuación le permitiera al Hagi fichar por el Barça ese verano. Fue incluso aplaudido por los aficionados argentinos al ser sustituido.

Alemania, la vigente campeona, pasó no pocos apuros ante Bélgica. A los once minutos ya se habían marcado tres goles, dos alemanes y uno belga. Fue un choque que se acabó de decidir al borde del descanso, cuando el incombustible Voller marcaba el 3-1 que daba a los de Vogts la tranquilidad para especular en el segundo tiempo. El tanto belga casi en descuento, apenas dio algo de emoción a los últimos instantes del encuentro y para los germanos, el campeonato auténtico empezaba ahora.

Suecia, España y Bulgaria completaron las selecciones clasificadas en unos octavos que quizá vieron los mejores momentos del evento. A fin de cuentas, se enfrentaron a, quizá, rivales más débiles (Arabia Saudita, Suiza y México), aunque los búlgaros tuvieron que recurrir a los penaltis para pasar a cuartos. Menos oposición tuvieron los pujantes Suecos, ya semifinalistas en la Eurocopa del 92, y la sólida selección española que despachó a Suiza sin contemplaciones. Los cuartos estaban servidos y algunos cruces eran de pronóstico muy incierto.

Las dos selecciones sorpresa, Suecia y Rumania depararon un duelo incierto, jugado con muchas precauciones durante más de 75 minutos, pero desatado a partir de que los Suecos se adelantaran por medio de Tomas Brolin, en el 78. Todo parecía perdido para Rumanía, pero llegó el empate cuando el final se acercaba, por medio de Raducioiu. La prórroga deparó dos goles más, uno para cada bando, y fueron las penas máximas las que encumbraron a uno de los héroes del Mundial, el portero sueco Thomas Ravelli, que detuvo dos , que ponían a los nórdicos por primera vez en semifinales desde 1958, todo un éxito sin duda, y ante la desesperación rumana, que habían dejado pasar una oportunidad de oro para logran un hito en su historia futbolística.

Brasil tenía un duro envite ante los siempre peligrosos holandeses. Dos clásicos con sobrada calidad en sus filas para deparar un gran espectáculo. No se movió el marcador en el primer tiempo, ya que la presión neerlandesa consiguió taponar las vías de acceso de los centrocampistas para asistir a los peligrosos puntas brasileños. Pero el corcho se abrió a poco de comenzar el segundo tiempo; Aldair lanzó un pase en profundidad a Bebeto, que se escapa por banda y su centro lo empalma Romario consiguiendo el 1-0; la historia de la vida de dos delanteros llenos de talento. La cosa parece finiquitada cuando Bebeto hace el segundo, pero Holanda comandada en ataque por el talentoso delantero Dennis Bergkamp, no ha dicho su última palabra todavía. El futuro jugador de Inter de Milán y Arsenal, surgió con su gran clase para acortar distancias. Seis minutos más tarde, a la salida de un córner, el defensa Winters cabecea un balón al fondo de las mallas de Taffarel. ¿Cómo reaccionaría Brasil a esta contrariedad?. Los sudamericanos no alteraron su apuesta ofensiva y el talento de sus futbolistas hizo el resto. En concreto, Branco, el gran especialista en las jugadas a balón parado puso a su equipo en semifinales con un trallazo tremendo en un libre directo bastante alejado de la portería europea. Gran espectáculo futbolístico y los favoritos al penúltimo escalón para la final.

La Bulgaria del incombustible Stoichkov, parecía presa fácil del oficio alemán y más cuando otro clásico de estas citas, Matthaus, adelantaba los campeones del 90 con un penalti. Especulando atrás, y buscando la contra que matara el partido, los alemanes vieron asombrados como su castillo se derrumbaba en apenas tres minutos (del 75 al 78), con dos fulminantes destellos del propio Stoichkov (de lanzamiento de falta), y Letchkov, que se adelantó al rematar un centro al área de Ilgner, dejando boquiabiertos a los eternos aspirantes al podio. Tras dos subcampeonatos y un mundial, la selección Alemania decía adiós de forma precipitada, y muy merecida; puesto que el único juego lo habían puesto los búlgaros.

Más fortuna tuvo el otro finalista de España 82, Italia, que se deshizo de España gracias a la genialidad de Roberto Baggio, que destrozó las ilusiones hispanas, tras haber fallado el equipo de Clemente, un gol cantado minutos antes y haber dominado de cabo a rabo toda la segunda parte. Esta suerte no fue necesaria en las semifinales italianas ante Bulgaria, aunque sí lo fue el gran delantero de la Juventus de Turín, que en cinco minutos dejó sellado el destino del partido, con dos goles llenos de talento y habilidad, en el primero cogió la pelota amagó, y sacó un disparo cruzado al palo izquierdo. Instantes después, un pase de Albertini y el error del defensa Houbtchev, le dejaron en bandeja el gol que finiquitaba la semifinal. El resto de la misma no fue muy estimulante, centro campismo insulso, orden defensivo italiano y el gol del honor búlgaro que apenas dio unos instantes de emoción. Por la vía menos prosaica, Italia había repetido el papel de Argentina en el Mundial anterior: conseguir lo máximo, dando lo mínimo.

El otro choque tampoco deparó sorpresas. Brasil se impuso a Suecia, pero no fue un camino de rosas. El brillante guardameta sueco Ravelli, abortó numerosas oportunidades de gol, y los suecos esperaban el contragolpe oportuno que les permitiera el chance de verse en la finalísima. Pero cuando se tiene en frente a Romario, son varias las cosas que tienes que cuidar y muchas las opciones de no poder con todas. A falta de diez minutos y, cuando la sombra de la prórroga se cernía, un centro de Jorginho era rematado de cabeza por el astro entonces en las filas de Barça y el 1-0 dejaba el partido visto para sentencia. La clasificación carioca era justa; había ganado los tres cruces de las eliminatorias por la mínima, pero en todos ellos tuvo la iniciativa y las mejores ocasiones. La fórmula de Parreira había situado a Brasil en una final 24 años después.

El estadio de Pasadena en Los Ángeles iba a dilucidar la supremacía del podio de los Mundiales, Tanto Brasil como Italia contaban con tres cada uno, y la final iba a dilucidar qué selección contaría con más entorchados. En 1970 se habían enfrentado en la lucha definitiva por el trofeo y Brasil, comandada por Pelé, había ganado 4-1 en lo que se consideró la apoteosis del juego espectacular brasileño. Los aficionados, en general, estaban con Romario, Bebeto y compañía. La Italia de Sacchi se había plantado en la final con un juego pobre, sostenido en las individualidades de Baggio y con mucha suerte en los lances ante Nigeria y España. Su triunfo se consideraría una mala noticia para el fútbol. Por tradición nacional era claro que Brasil saldría a por el encuentro e Italia le esperaría atrás.

Taffarel, Jorginho, Marcio Santos, Aldair Branco, Mauro Silva, Dunga, Mazinho, Zinho, Romario y Bebeto se midieron el 17 de julio de 1994 a Pagliuca, Mussi, Baresi, Maldini, Benarrivo, Donadoni, Dino Baggio, Berti, Roberto Baggio y Massaro. Como estaba escrito los de Parreira dominaron todo el encuentro, pero chocaron con un enemigo infranqueable; el gran Franco Baresi, que había pasado casi inédito el Mundial por una lesión de menisco, volvía al once italiano para mandar, con su indiscutible maestría, la zaga trasalpina. La iniciativa brasileña no iba, además acompañada por la velocidad necesaria en la circulación de balón y la final se convirtió en emocionante, pero algo tediosa. Pagliuca salvó, in extremis, un cabezazo de Romario y dos trallazos de Branco. No había noticias del ataque azzurri. Agazapado atrás, el once italiano mostraba una carencia total de ideas ofensivas, ya que, encima, su único baluarte atacante de solvencia, Baggio, tuvo una tarde más bien oscura. Era evidente que sus opciones pasaban por el transcurrir de los minutos y la llegada a los penaltis; un argumento pobre para un finalista, pero la realidad es que los resultados italianos habían estado por encima de las prestaciones de su juego, y sus futbolistas estaban muy exprimidos.

La prórroga llegó, y en ella Brasil se hizo merecedor del título. Incluso Parreira se jugó la baza de un atacante más, Viola, temeroso de que la lotería de las penas máximas suele premiar al que menos lo merece. Italia apeló a la heroica para defender sus opciones de títulos. Un Baresi cojo seguía mandando en defensa y el resto del equipo se defendía del dominio brasileño como podía. Con todo, logró su objetivo de dejar su portería a cero. Por primera vez en la historia de los Mundiales, una final acababa sin goles, toda una decepción para el aficionado, sin duda, y no precisamente la mejor publicidad para el evento futbolístico más importante del mundo. Pero al menos, esta vez los penaltis hicieron justicia; nada menos que Baggio (el mejor jugador italiano) y Baresi (gran capitán y héroe de la final) fallaron sus lanzamientos, lo que unido al desacierto de Massaro supuso que Italia sólo convirtió dos de sus cinco penaltis por tres brasileños (Romario, Branco y Dunga). La cuarta copa viajaba a Rio de Janeiro. No fue la más lustrosa, pero sí una de las más sufridas y el premio a unos futbolistas talentosos, que nunca perdieron la fe en sus posibilidades y supieron derivar su estilo a lo que los nuevos tiempos exigían.

EL FÚTBOL VUELVE A CASA

La designación de Inglaterra como sede de la fase final de la Eurocopa de 1996 tuvo bastante de simbólica: con esa adjudicación la nación creadora del deporte rey confirmó su perdón definitivo, después que sus equipos fueran excluidos por la U.E.F.A durante seis años de las competiciones europeas por la barbarie de sus aficionados.

Toda la nación se dispuso a celebrar un acontecimiento futbolístico de primer nivel, con la ilusión que la selección local igualara su hazaña de 1966, cuando los Charlton, Moore y compañía ganaron el Mundial disputado en tierras inglesas, el único trofeo relevante en la historia de los *pross*. El entrenador inglés, Terry Venables, contaba con un equipo renovado y con aspiraciones que incluía a Pearce, Ince, Sheringham, Gascoigne o Shearer y el ambiente a favor que creaba un público entregado, alejado de las oscuras tentaciones violentas del pasado.

Fue, sin embargo, una competición decepcionante lastrada por la inclusión, por primera vez en la historia, de dieciséis equipos en la fase final. Mucho partido y poco que ver. Se impuso un fútbol defensivo, de espacios reducidos, tácticas extenuantes y escaso protagonismo de los jugadores. El entorno y colorido de los estadios era lo mejor, porque lo que luego se veía en el terreno de juego, rara vez satisfacía las expectativas previas. Puede decirse que fue una de las Eurocopas más aburridas de la historia. En España se catalogó en algún medio de comunicación como la Euro-plasta.

Aparte del número de equipos la otra gran novedad fue la inclusión del llamado "gol de oro"; regla mediante la cual el equipo que marcara primero en la prórroga se hacía con la victoria, en las eliminatorias directas. Con ello se trataba de evitar el recurso a las tandas de penaltis, con el amargo sabor que había dejado que la final del Mundial 94 se decidiese de esa forma. Era un impulso al fútbol de ataque, que no logró los objetivos que se propuso.

Alemania, la eterna candidata, no parecía acudir con un equipo de grandes garantías. Sus delanteros de calidad escaseaban y el ya veterano Klinsmann, que arrastraba además dolencias físicas. Contaba eso sí, con una retaguardia de garantías liderada por Matías Sammer, jugador procedente de la República Democrática que ,con el tiempo, había hecho el tránsito clásico de los grandes del fútbol germano: retrasar su posición del centro del campo a la defensa, convirtiéndose en un líbero de clase con salida limpia de la pelota y hasta brillantes incorporaciones al ataque, el recorrido que ya antes habían hecho Beckenbauer o Stilike. En la media, otra figura del incipiente Borussia Dortmund, era el eje central del ataque alemán; Andreas Moller era el encargado de dirigir las maniobras de ataque en las que apoyaba, en bastantes ocasiones, el rápido lateral izquierdo Cristian Ziege. Vogts ensamblaba un combinado sólido en defensa, pero poco imaginativo y sin un referente arriba al que buscar; a pesar que decidió incluir en la convocatoria a un delantero tanque y gigantón, que triunfaba en el fútbol italiano, Oliver Bierhoff, decisión que marcaría el destino de la competición.

No es habitual que el primer partido de una fase de grupos, sea un anticipo de la futura final (aunque el Holanda- U.R.S.S de 1988 así había sido), y menos teniendo en cuenta que el Alemania- Chequia enfrentaba a un favorito, frente a una selección de la que no se esperaba gran cosa. En los checos despuntaban dos jugadores destacados, ambos centrocampistas: Pavel Nedved, un jugador técnico, de gran sentido del juego y capacidad goleadora, que el tiempo revelaría como estrella del fútbol italiano, en concreto de la Juventus, y Karel Poborsky, un virtuoso de la pelota cuya asociación con Nedved podía hacer temblar cualquier defensa. Pero los goles de Ziege y Moller sentenciaron la contienda, saldada sin mucha dificultad por los de Vogts.

La fase previa fue definitivamente encarrilada por la vía rápida, con una amplia victoria en el encuentro inaugural, por 3-0 ante Rusia. Tras unos comienzos titubeantes los dos mejores jugadores alemanes, Sammer y Moller se asociaron y el primero batió la portería rusa tras dos intentos. Rusia finiquitó sus opciones al quedarse con diez hombres y el eterno Klinsmann, demostraba que la categoría es algo que no se pierde en los grandes jugadores, con dos goles que le reivindicaban como gran estrella del fútbol de selecciones.

Con la clasificación en el bolsillo, la liguilla se cerró con un apasionante Italia-Alemania. Los de Sacchi habían sido sorprendidos por Chequia y solo la victoria les aseguraba el pase a los cuartos. Alemania no se jugaba nada, pero tenía ante sí la posibilidad de cerrar el paso a un rival temible en fases venideras, teniendo en cuenta que los azzurri suelen amargar la vida de los alemanes en los Mundiales (así lo hicieron en 1970, 1982 y 2006). Con todo, el partido vivió su momento decisivo a poco de iniciarse, cuando Italia dispuso de un penalti a favor, que Zola marró con un débil disparo que fue a las manos del cancerbero Andreas Kopke. Los italianos pusieron todo el juego, pero fueron incapaces de marcar un gol y las tablas supusieron su sorprendente eliminación y el final de era de Arrigo Sacchi como seleccionador.En cuartos esperaba un rival peligroso: Croacia. Con el flamante fichaje madridista Davor Suker como gran estrella, los croatas tenían serias opciones de ser un candidato al título final y, desde luego, que iban a vender cara su derrota. El comienzo reafirmó la ambición balcánica, pero sus planes se trastocaron con la incorporación al ataque del omnipresente Matias Sammer, ya por entonces el mejor jugador de la Erocopa, que provocó un penalti por manos de Stanic, que transformaría Klinsmann, en el tanto que inauguraba el marcador. Pero la calidad de Suker, empataba la contienda, que tras el descanso se volvió áspera y correosa. De este intercambio de golpes salió perjudicada Croacia, que se quedó con uno menos por expulsión de Stanic, tas dura entrada a Scholl. Para rematar la faena, Sammer marcaba el 2-1 definitivo en una jugada de carambola, tras un saque de falta. Alemania pasaba a semifinales y los croatas eran un clamor contra el arbitraje recibido y con la sensación de oportunidad perdida, que tantas secuelas deja.

En Londres esperaba la bomba del torneo; para muchos la final anticipada o, al menos, la soñada. Nada menos que Inglaterra- Alemania en Wembley. Mucho había llovido desde aquel lejano 30 de julio de 1966 en el Mundial, cuando en la prórroga, un gol fantasma de Hurst, había decidido una de las finales más agónicas de la historia. Las imágenes televisivas más nítidas que el tiempo permitía, dejaron bien claro que el balón del que fuera el 3-2 casi definitivo (Inglaterra marcaría un gol más en el último suspiro), nunca traspasó la línea de gol, y en función de tal afrenta, una rivalidad acérrima se había instaurado entre ambas selecciones, que seis años antes en Italia, había vivido uno de sus más famosos episodios con una semifinales decididas en favor de Alemania desde el punto de penalti. Era la hora de la revancha; Inglaterra jugaba en casa y en su estadio más legendario. Los de Venables habían ido de menos a más; tras un horroroso debut ante Suiza (1-1) y una victoria sin lustre ante Escocia (2-0), se habían desatado ante Holanda en el último partido de la fase inicial, con goleada incluida (4-1). No obstante, la España de Clemente le había hecho sudar lo suyo en cuartos, donde el tradicional gafe hispano en tales citas había sido el mejor aliado inglés.

El esperado cruce no pudo empezar mejor para los locales. A los tres minutos un saque de esquina de manual lleva el 1-0; el balón al primer palo; Tony Adams lo peina y Shearer lo remata a placer. Cualquier equipo hubiera bajado los brazos, pero eso no va en el ideario alemán; apenas diez minutos después un centro al segundo palo fue rematado por Kuntz, un veteranísimo delantero, restableciendo la igualada. Todo apuntaba a gran encuentro, con emoción y juego; algo así como todo aquello que no había ofrecido el torneo concentrado en 90 intensos minutos. Pero lo que vino después no fue sino conservadurismo alemán e impotencia inglesa. Los de Venables atacaron y tuvieron posesión, pero sin sentido. El polémico Gascoigne, no tenía el empuje de otras épocas ya que los kilos de más le hacían correr menos. En la media, nadie ponía el cerebro suficiente para desatascar el sólido entramado alemán y todo quedaba en un ataque tan intenso como infructuoso, sin ocasiones de gol que echarse a la cara, síntomas inequívocos de una selección tan luchadora como previsible. Como Alemania no estaba muy por la labor de salir de su cueva, y esperar una contra o su habitual buena estrella en este tipo de lances, la semifinal se tornó plomiza y decepcionante y llegó a la prórroga.

La misma fue la antítesis del partido; intensa y emocionante. Alemania salió de su guarida y adelantó la posición de Moller, con lo que su presencia se hizo notar. De hecho llegó a marcar, pero el gol de Kuntz fue anulado por falta previa. Al mismo tiempo, Inglaterra rozó la gloria con dos ocasiones de gol, a las que Gascoigne no llegó por décimas a dos pases cruzados en el área visitante. Era evidente que cuando el cansancio apretaba, las tácticas se relajaban y fluía más el espectáculo. No hubo goles y, otra vez los dichosos penaltis decidían una contienda, una variable que el llamado "gol de oro" no había revertido. El desenlace es de todos conocidos; Alemania marcó siempre y Gareth Southgate marró su penalti. Gary

Lineker lo resumiría para la historia. «El fútbol es un juego muy simple. Juegan once contra once, van detrás de un balón y siempre ganan los alemanes».

La final de la Euro 96 no prometía demasiadas sensaciones: Chequia era un rival sorprendente y no muy virtuoso, más allá de los destellos de calidad de Nedved. Su llegada a la cita clave había seguido el único guion posible; batiendo a Francia en la tanda de penaltis, tras 120 minutos soporíferos saldados con empate a cero. El comentarista argentino Ángel Cappa llegó a decir que para ver una final entre checos y alemanes era mejor irse al cine. Y eso que el precedente había sido uno de los momentos más intensos de la historia de la Eurocopa. En la finalísima de 1976, saldado con empate a dos, la mítica vaselina de Panenka había dado a la entonces Checoslovaquia, uno de los trofeos más heroicos jamás conquistados ante un equipo que venía de ganar el Mundial anterior. Pero no parecía que esta final fuese a mostrar la misma intensidad. Para colmo de males, Moller estaba sancionado, con lo que se perdía a uno de los escasos jugadores capaces de mostrar un juego algo tractivo.

La disputa por la copa europea tuvo iniciativa germana no concretada, hasta que el minuto 57 una internada de Poborsky fue frenada en falta por Sammer. La infracción se produjo fuera del área, pero el colegiado la metió dentro y señaló penalti. Berger hizo el sorprendente 0-1 y parecía que los checos iban a redondear la hazaña, como veinte años antes. Para variar, Alemania respondió cuando todos la daban por muerta. Quince minutos después Oliver Bierhoff, igualó la contienda al rematar de cabeza un preciso saque de falta y el partido cobró una gran intensidad; en realidad a la larga resultó más interesante de lo esperado, sobre todo a raíz de los goles. Los 90 minutos concluyeron con empate a uno y se llegó, de nuevo, al tiempo extra. Chequia llegó a dar algún susto pero quien se llevó el gato al agua fue, de nuevo, el gigantón Bierhoff, que recogió un balón en área checa y se sacó un disparo que rebotó en un defensa, hizo un globo extraño y sorprendió al portero Kouba, al entrar mansamente en la portería. El gol que agotaba los encuentros sin remisión había hecho su aparición en el momento menos esperado. Un gol de churro, que simbolizaba mejor que nada un torneo soso, saldado con el triunfo de una de las peores selecciones alemanas recordadas en el tiempo. Claro que el resto no ofreció nada mejor.

FRANCIA VIVIÓ EL MILAGRO

El fútbol nunca había sido el indiscutible referente del aficionado francés al deporte. Rugby, atletismo o balonmano competían por la primacía en la Francia posterior a la II Guerra Mundial y la ausencia de equipos destacados era una losa de cara a reafirmar la primacía balompédica. La gran selección del periodo 1978-86 había dejado un recuerdo imborrable y las bases de un trabajo con la cantera muy sólido, en la que cada vez destacaban más jugadores salidos de las amplias remesas de inmigrantes, cuyas condiciones atléticas les hacían especialmente predispuestos para el fútbol moderno.

En 1993 un cataclismo asoló a la selección gala: Bulgaria ganaba 1-2 en el Parque de los Príncipes de París, cuando a los locales les valía el empate para ir al Mundial de Estados Unidos. Un veterano técnico, Aimé Jaqcuet, tomó las riendas de los bleus, con el objetivo de llegar a la cita mundialista a disputar en su patria con un equipo de garantías, que borrase el hecho de la ausencia en las ediciones de los años 90 y 94. Jaqcuet tuvo las ideas bastante claras desde el inicio: el colectivo debía primar en todo caso y su selección debía construirse desde atrás hacia delante. Prescindió sin miramientos de las dos grandes figuras del fútbol francés de comienzos de década, David Ginola y Eric Cantona, tan buenos jugadores como anárquicos y conflictivos, y fue dando la alternativa a los nuevos valores que se caracterizaban por sus poderosos físicos, como Desailly, Thuram o Karembeu. A ellos se los unió otros futbolistas de un perfil más depurado técnicamente, pero que no hacían ascos al buen trabajo defensivo como Zidane o Djorkaeff. Para la portería apostó por un guardameta excéntrico, de esos que ponen los pelos de punta, pero que no es infrecuente que salven muchos partidos, Fabian Barthez

Con estos elementos Francia encadenó una racha casi interminable como invicta en los terrenos de juego. Sin embargo, la prensa cargaba contra lo que consideraba un juego rácano y poco vistoso, en las antípodas de los mejores momentos de Platiní y compañía. En la Eurocopa de Inglaterra se fueron imbatidos, pero aburriendo con su juego y siendo eliminados en semifinales por Chequia desde los penaltis, cuando tenían todo a favor para llegar a la final.

Jaqcet no varió sus convicciones y se presentó en el desafío mundialista con la misma base, aún más pulida, y con algunas novedades atacantes muy destacables como los delanteros Henry o Trezeguet. Un vistazo a los equipos alineados mostraba claramente la vocación defensiva del once francés: Thuram, Desailly, Blanc, Lizarazu, Karembeau o Deschamps tenían cometidos conservadores. Pero Francia supo alternar esta vez, su fortaleza en la retaguardia con un efectivo juego de ataque. Zinedine Zidane era el vértice del sistema; por sus botas fluía el juego de ataque con las asociaciones puntuales con Djorkaeff o, cuando jugaba, Henry; junto a ellos el también juventino Deschamps, realizaba un esfuerzo ímprobo en la recuperación de balones y suponía el apoyo esencial del astro en la media . A ellos había que añadir que muchos de sus futbolistas defensivos podían incorporarse al ataque sin problemas. Un equipo de perfil físico, no exento de gotas de talento, algo muy propio de la época.

El gran favorito era, una vez más, Brasil con una constelación de estrellas sensacional; nada menos de Roberto Carlos,

Cafú, Rivaldo, Bebeto o Ronaldo entre otros. Por calidad individual pocos pensaban que pudieran no ganar el campeonato. El resto de aspirantes parecía lejano: Alemania, Argentina o Italia contaban con escuadras algo inferiores a lo que en ellos solía ser habitual y Holanda no se quitaba el estigma de selección que no culminaba sus posibilidades.

La fase previa fue solventada por los anfitriones con tres victorias, dos de ellas contundentes; 3-0 sobre Sudáfrica y 4-0 contra Arabia Saudí, aunque contra los árabes se reveló que los prontos de su gran figura podían resultar una losa: Zidane fue expulsado y no se contaría con él hasta cuartos En la cita decisiva por el primer puesto del grupo, un apurado triunfo sobre Dinamarca por 2-1 consiguió reafirmar las posibilidades francesas.

La ausencia de Zidane suponía un peligro evidente para los octavos. Enfrente estaba Paraguay, sorprendente verdugo de España en la primera ronda. Equipo duro y ultra-defensivo, especialista en montar una muralla delante de la portería contraria y desquiciar a equipos de más calidad que se veían impotentes para superar el fortín sudamericano. Los temores no eran infundados: Francia lo pasó realmente mal y se llegó a la prorroga sin goles. En el minuto 114 un centro de Robert Pires fue rematado por Blanc, defensa libre que mostraba una de las fortalezas de los anfitriones: el poderío ofensivo de sus defensores, que se revelaría como esencial en las eliminatorias decisivas.

En cuartos se encontraba el gran clásico latino; Italia que centraba sus esperanzas en la nueva revelación de las delanteras europeas, Cristian Vieri, potentísimo atacante capaz de destrozar las retaguardias a través de su gran sentido de la anticipación y de un físico más parecido al de un jugador de rugby (deporte en el que hizo sus pinitos). Zidane había regresado, pero no sirvió para otorgar al partido el estatus de gran duelo; de hecho fue más bien aburrido por la renuncia italiana

ZINEDINE ZIDANE
EL DANDY DEL FÚTBOL

Probablemente Zidane esté a no muchos pasos de encuadrarse en los realmente grandes de la historia del fútbol y, por poco, no forma parte de la mitología de los Pelé, Di Stéfano, Cruyff o Maradona. Pertenece más a ese segundo escalafón de los Charlton, Beckenbauer, Platiní o Van Basten que forjaron buena parte de los mejores momentos del futbol mundial durante no pocos años. Superar, o al menos igualar a su compatriota Platiní, parecía una quimera hasta para el más talentoso de las nuevas hornadas de los jugadores galos de comienzos de los 90, pero este elegante centrocampista consiguió emular a la leyenda de su predecesor, triunfando en el mismo equipo italiano, la Juventus, y logrando lo que el hoy presidente de la U.E.F.A no alcanzó: liderar a su selección a ganar un campeonato del mundo..

Zidane representó mejor que nadie la importancia del deporte como vía de integración social en la Francia moderna. Sus orígenes argelinos le marcaron profundamente; como a cualquier inmigrante de las colonias la vida no le regaló una sonrisa gratis, sólo su talento y esfuerzo le permitieron llegar a las mayores cotas posibles; y tal vez el amargo recuerdo de sus esforzados comienzos se revelaba en una ira incontrolada en momentos puntuales. Su desarrollo profesional comenzó en Burdeos, a mediados de los 90. Una eliminatoria con el poderoso Milán de Fabio Capello en la Copa de la U.E.F.A, le dio a conocer, cuando los franceses golearon por 3-0 en el partido de vuelta a la escuadra rossonera. Ese equipo sorpresa llegó a la final del torneo, donde cayó ante el Bayern Múnich.

El Calcio tomó buena nota de su clase y un año después aterrizaba en la notable Juve que Marcelo Lippi había convertido en campeona de Europa. No era la Liga italiana un territorio fácil. Estrellas como Michael Laudrup, con gusto por el virtuosismo por la pelota, se habían estrellado ante la rigidez táctica y física de los equipos trasalpinos. Pero Zidane triunfó y se fogueó aún más como jugador. Puede decirse que Italia le enseñó a competir y rechinar los dientes cuando era preciso.

a algo más que no fuese defenderse. De forma inevitable se llegó a los penaltis donde Luigi de Baggi envió al larguero el último de Italia, sellando el 4-3 definitivo de la tanda.

Desde la media consiguió deleitar a los espectadores con su increíble talento para jugar la pelota. Con el esférico en sus botas, todo parecía muy fácil. Posiblemente se haya tratado del jugador de mejor toque del viejo continente en muchos años hasta la explosión definitiva del barcelonista Xavi. Pero además "Zizou" tenía un físico poderoso que le permitía protegerse cuando recibía el balón y hasta le convertía en un rematador de cabeza notorio. Dos goles del apoteosis francés del Mundial del 98 vinieron de su testa a la salida de saques de esquina, no lo olvidemos. El contrario echaba a temblar cuando el artista encaraba la portería contraria: todo podía ocurrir, una cualidad reservada sólo a los privilegiados.

Dos momentos decisivos han quedado para la historia. En ellos se concentra los mejor y lo peor de la trayectoria de este mago de la pelota. Y ambos ya entrado el siglo XXI, cuando el astro ya era veterano. Final de la Liga de Campeones en Glasgow de 2002, ya en filas del Real Madrid galáctico. El partido al borde del descanso. Centro bombeado de Roberto Carlos a la frontal del área. De repente, surge un empalme asombroso por precisión y potencia que se cuela por la escuadra del portero del Leverkusen. Es el 2-1 que decide la copa, y le da el único trofeo que le quedaba, justificando así su traspaso por 75 millones de euros el verano anterior. El artista consuma su máxima genialidad,

El otro es más amargo y se produce cuatro años después en la final de Alemania 2006. Los viejos héroes franceses se han plantado en la misma contra Italia, es la despedida que más ha soñado como jugador. A los cinco minutos se marca un lujazo al convertir con una vaselina asombrosa una pena máxima contra la portería de su viejo compañero Buffon. Pero luego empata Italia con testarazo de un tal Materazzi, tosco central del Inter de Milán, especializado es sacar de su casillas a las estrellas rivales. El partido se va a la prórroga y en apenas unos minutos Zidane pasa de tocar el cielo a ver las llamas del infierno. Un testarazo suyo casi decide el resultado, pero la manopla del portero italiano salva la sentencia. Minutos después en un córner chocan el estilista (Zidane) y el rocoso defensor (Materazzi), se cruzan insultos referencias a hermanas.......,y el francés suelta un cabezazo sobre el pecho del italiano. El árbitro no lo ve, pero advertido por el linier, expulsa a el capitán de los bleus, que abandona el terreno de juego y el estadio sin quedarse a ver la tanda de penaltis, que, por cierto, gana Italia. No era el final esperado

Las semifinales tuvieron un rival inesperado, Croacia, que había barrido a Alemania en cuartos 3-0, demostrando que el triunfo germano en Inglaterra dos años antes, no ocultaba la pobreza en que empezaba sumirse su fútbol. Suker, Boban y Jarni , eran un peligro notable en la punta, y un renacido Robert Prosienecki, mostraba buenas maneras en la media. El astro del Real Madrid puso el 0-1 a comienzos de la segunda parte, y a Francia se le notó ofuscada y sin mucho juego. Demasiados jugadores por detrás de la pelota y problemas en la elaboración, pusieron en peligro su presencia en la final. Pero si esta selección tenía alguna virtud era la de la perseverancia, y de forma machacona cercó el área croata en el segundo tiempo. Fue de nuevo un defensa, Thuram, quien salvó los muebles con dos incorporaciones al ataque en las que aprovechó la endeblez croata en defensa. Jarni se entretuvo en zona peligrosa y la recuperación de balón permitió la asistencia de Djorkaeff, al sorprendente goleador, que remató su faena minutos más tarde con una disparo cruzado desde la esquina del área. Fue una manifestación más del poderío del jugador, que peleó una pelota imposible y su insistencia tuvo su premio. A falta de fluidez, fe en sus posibilidades, esa fue la receta francesa para llegar a la final

Estaba escrito que el cuadro francés iba a disputar la supremacía del Mundial a los grandes favoritos brasileños que cumplieron con el papel esperado, aunque de forma algo distinta a las expectativas levantadas en torno al excelente plantel de jugadores con los que disponían. Su juego fue en todo momento irregular, resuelto en función de los fogonazos de sus grandes figuras y con una sorprendente tendencia a recular, esperar en la retaguardia y dejar la sentencia para los destellos fulminantes de sus grandes estrellas. Y no eran pocos los argumentos cariocas en punta de ataque; nada menos de Rivaldo, Ronaldo o Bebeto, entre otros. Lo cierto es que el juego de los entrenados por el mítico "Lobo" Zagalo, en raras ocasiones cumplió con las expectativas. Incluso cronistas como Santiago Segurola, escribieron que disputaron sus mejores partidos en los spots publicitarios de los descansos.

Buena muestra de ello fueron las dificultades encontradas en los cuartos y las semifinales. Dinamarca y Holanda tuvieron serias opciones de eliminar a los vigentes campeones. Los daneses, incluso se adelantaron en el marcador, aunque no mucho después Bebeto igualaba la contienda. Luego, sólo la calidad de Rivaldo, autor de dos goles, permitió su victoria. Michael Laudrup, uno de los grandes artistas de la pelota de la década se despidió de los terrenos de juego con este encuentro, con la satisfacción de ver su hermano, Brian, digno sucesor de su legado, ser el autor del gol del empate a dos. Pero el desequilibrante astro del Barça echó por tierra las ilusiones, de los daneses, portadores casi siempre de una apuesta ofensiva y vistosa.

Si Dinamarca fue un escollo duro en cuartos, la Holanda de Kluivert, De Boer, Cocu o Winter fue algo más que un dolor de muelas para alcanzar la finalísima. En realidad los holandeses fueron los portadores del espectáculo y el juego mientras que los brasileños apenas se defendieron como pudieron. Fue una hermosa contienda, plagada de buen juego neerlandés, merecedor de mejor suerte. Las carencias defensivas de los cuatro veces campeones se mostraron de forma evidente: sus laterales eran un coladero, donde los escurridizos jugadores naranjas, podían hacer descosidos, y concluían con buenos centros que un esforzado Kluivert no podo rematar en no pocas ocasiones por auténticos milímetros. Y eso que a comienzos del segundo tiempo ocurrió lo de siempre: una genial asistencia de Rivaldo la aprovechaba Ronaldo para adelantar a Brasil. Pero, como cuatro años antes en Estados Unidos, los europeos no se amedrentaron y buscaron con ahínco la igualada. Tras un sinfín de oportunidades ocurrió lo inevitable; Kluivert, encontró el remate a un buen servicio desde el costado y puso las justas tablas. El empate a uno no era consecuente con el partido presenciado: de haber alguna igualada esta debería haberlo sido al menos a tres goles, por el carrusel de oportunidades visto. Se llegó a los penaltis y, de nuevo, se demostró que el destino no estaba aliado con los Países Bajos: los fallos de Ronal de Boer y Cocu dejaban en bandeja la final soñada al comienzo del Mundial. Y Holanda se volvía a ir con la amarga sensación que provoca el jugar como nunca y perder como siempre.

La gran final enfrentaba dos formas completamente divergentes de encarar el juego: el equipo físicamente más potente del campeonato (Francia), frente al de mayor calidad individual (Brasil), esfuerzo colectivo y solidario frente a improvisación y genialidad. Jugador a jugador la superioridad brasileña parecía clara, pero algunos locales como Zidane o Djorkaeff, poco tenían que envidiar las estrellas rivales. Y quedaba la incógnita de ver el rendimiento de los jugadores más desequilibrantes y, al mismo tiempo, más discontinuos en su prestaciones. Jaqcet había llevado su idea adelante, aguantando las críticas, y le quedaba rematar la faena con una victoria ante la selección más emblemática y con un concepto del juego más opuesto al que él había instaurado.

Horas antes de la final Ronaldo sufría unas convulsiones, por motivos nunca aclarados, que hicieron despertar la alarma de todos. El mejor jugador del mundo podía perderse la misma, algo imperdonable de cara a un evento deportivo de tales dimensiones. Hasta el último momento no se confirmó su presencia en el once inicial. No era un asunto menor. El delantero del Inter de Milán no sólo era un peligro constante; intimidaba de tal forma a las defensas rivales que la atención sobre el mismo podía dar lugar a descuidar el marcaje de otros jugadores de talento de los que Brasil no andaba precisamente escaso. Ronaldo se había convertido en vital para un conjunto demasiado necesitado de sus prestaciones, ante la ausencia de juego en buena parte de los partidos.

Francia salió al campo con Barthez, Thuram, Desailly, Lboeuf, Petit, Karembeu, Deschamps, Djorkaeff, Zidane y Guivarc h. Que el seleccionador francés, dejase en el banquillo a Trezeguet o Henry y apostase por Guivarc h en punta, era toda una declaración de intenciones. Francia no buscaba de forma inmediata el gol; prefería asentarse en el campo, asfixiar al rival, anticiparse a él y aprovechar algún recoveco por el que meterse y logar el gol que le diese la victoria. El plan le salió perfecto. Dos saques de esquina desde cada uno de los costados fueron ese hueco que buscaban para poner la balanza a su favor; en ambos casos la cabeza de Zidane se anticipó al entramado defensivo brasileño, para deleitar a una afición que nunca pensó que una final ante Brasil se iba a resolver de forma tan relativamente plácida. Todo ocurrió según el guion diseñado por Jaqcet; Deschamps se hizo acreedor de ser reconocido como enorme centrocampista cuyos éxitos no eran suficientemente reconocidos, con un despliegue en la media que cortó las vías de comunicación de los de Zagalo. Perfectamente asentada atrás y con la confianza de tener el marcador a favor, la selección anfitriona dio un repaso táctico en toda regla a un conjunto de jugadores anárquico y sin capacidad de reacción. Ronaldo dejó bien claro desde el comienzo que no estaba en condiciones de jugar, y eso era demasiado lastre para un equipo que había terminado por dejar su suerte en manos del depredador delantero. El único recurso brasileño fue el cargar las bandas de los incisivos Cafú y Roberto Carlos, pero un ejército acorazado como el galo apenas tuvo problemas con el citado plan; su fortaleza defensiva era tal, que todo ataque solía culminar en pérdida de balón brasileña, ya que la potencia de Thuram o Desailly, maestros en el arte de la anticipación, no fue en ningún momento contrarrestada.

En el palco, Michel Platiní observaba eufórico, vestido con la camiseta de la selección que él en tantas ocasiones lideró, como el final del partido ponía la guinda a todo Mundial soñado por el país anfitrión. Pasados los 90 minutos Brasil saco un córner, los franceses robaron la pelota y montaron una contra que el recién salido Dugarry culminó en un concluyente 3-0. La Francia de Platiní no pudo ser campeona del mundo, porque en los momentos decisivos su inferioridad física no fue compensada por su calidad técnica. Una década después veía como, con los papeles invertidos, un equipo diametralmente al opuesto a aquel combinado de los 80 lograba el sueño dorado del fútbol francés. Pero, a fin de cuentas, mucha de la grandeza del fútbol reside en las variantes que pude ofrecer para lograr el éxito.

EPÍLOGO
LA SENTENCIA BOSMAN CAMBIA EL FÚTBOL

Entre los hechos más destacados del fútbol de los 90, se encuentra, sin lugar a dudas, la Sentencia del Tribunal de Justicia de la Unión Europea relativo al conflicto planteado por el jugador belga Jean- Marc Bosman, contra su club, el Lieja, que le había negado la posibilidad de un traspaso al fútbol francés, en función de la aplicación del derecho de retención, figura clásica de muchas federaciones europeas que impedía a un jugador cambiar de equipo cuando él quisiera, aún con contratos acabados. Bosman era un jugador de segundo nivel, sin relevancia internacional alguna, pero su insistencia en la defensa de sus derechos provocaría un cambio sustancial en la historia del fútbol europeo. A través de un abogado experto en derecho comunitario, Jean-Louis Dupont, consiguió elevar su causa al máximo órgano jurisdiccional europeo, que en su histórica sentencia sentaba una doctrina inequívoca; cualquier medida de las asociaciones deportivas encaminada a restringir la libre circulación de jugadores europeos, era contraria al derecho comunitario, en concreto al principio de libertad de circulación de trabajadores, uno de los pilares del Acta Única Europea de 1986, y del Tratado de Maastricht de 1992, auténticos gérmenes institucionales de lo que hoy conocemos como Unión Europea.

El fútbol siempre ha sido muy reticente a seguir los parámetros legales aplicables a todos las `personas y entidades que viven en un Estado de Derecho. Su tendencia a crear mundos cerrados con legislaciones específicas y estrictas reglas de obligado acatamiento a todos los equipos y jugadores que quisieran participar en las competiciones oficiales, le hizo ser un coto cerrado al que nadie se atrevía a meterle mano. Si se osaba enfrentarse a la Federación nacional o la U.E.F.A se llevaba todas las de perder, por el monopolio que ejercían en sus ámbitos y la amenaza que sobre cualquier entidad o jugador se cernía de ser excluido de la competición oficial en caso de saltarse las reglas. Por ello, tuvo que ser un futbolista menor, cuya carrera estaba casi finiquitada y que, por ende, tenía muy poco que perder el que pusiera contra las cuerdas el entramado legal del fútbol europeo.

En casi todos los países se restringía el acceso de jugadores extranjeros, con la excusa de la defensa de las canteras nacionales. En España, por ejemplo, tras el desastre del Mundial del 62 en Chile, se prohibieron hasta 1974, cuando se abrieron las fronteras a dos por equipo y hubo que esperar a 1988 para que se admitiesen tres , y con notables protestas de las asociaciones de futbolistas. Se aducía además, que la competición se desequilibraría definitivamente, ya que los equipos más poderosos tendrían capacidad económica para fichar a los mejores extranjeros y que éstos desplazarían a las jóvenes promesas nacionales. Pero el poder de la UE fue demasiado para todas las trabas a la admisión de los jugadores europeos sin límite. Desde la temporada 1996-97 cualquier jugador con pasaporte comunitario podía jugar indistintamente en todos los equipos del viejo continente. La noticia provocó, pues, una conmoción en el fútbol europeo.

Las consecuencias no se hicieron esperar, y muchos clubes se lanzaron a confeccionar sus plantillas con mucha más amplitud en la oferta de jugadores. En España, por ejemplo, el

Real Madrid ganó la séptima Copa de Europa con sólo cuatro nacionales en su once inicial: Sanchís, Hierro, Raúl y Morientes. El Barcelona llenó el equipo de jugadores holandeses y el Deportivo de la Coruña ganó el campeonato 1999-2000 con mayoría de foráneos. En Inglaterra el asunto fue aún más acusado y el Arsenal o el Chelsea tuvieron en ocasiones onces iniciales sin ningún jugador inglés en su alineación titular. Aun así, las canteras distaron de ser destruidas y los mejores continuaron llegando a lugares destacados de sus equipos. El mejor ejemplo de ello fue la propia España que, a comienzos del siglo XXI, fue forjando una generación de jugadores que lograría dominar el fútbol mundial en unos años. Tampoco los aficionados perdieron completamente la identificación con sus equipos por la llegada masiva de foráneos; el amor a los colores podía más que la nacionalidad de los jugadores y más cuando eran la llave a mejores resultados en el terreno de juego. Paradójicamente, el aumento de oferta no trajo consigo una disminución del precio de los jugadores, tal y como parecía según la más elemental economía de mercado. Los grandes de Europa, contaban con la financiación televisiva o con el mecenazgo de un magnate dispuesto a invertir, y no hicieron ascos a pagar sumas desorbitantes por los mejores, con lo que el coste de los mismos terminó aumentado.

Sin lugar a dudas, Bosman un jugador de medio pelo nunca hubiese soñado haber tenido tanta trascendencia. Su nombre fue asociado desde entonces a la libertad de los futbolistas y puede decirse que ayudó de forma decisiva a mejorar la vida de muchos deportistas europeos, ya que la doctrina de su caso era extensible al resto de deportes de equipo. Su causa abrió una nueva etapa en el siempre complejo mundo del deporte profesional.

BIBLIOGRAFÍA

– Johan Cruyff: "Mis futbolistas y yo". Ediciones B. 1997.
–Carmelo Martín: "Valdano. Sueños de Fútbol". . El País Aguilar. 1995
–José María Sirvent, Orfeo Suárez: "Javier Clemente. Mitad monje, mitad guerrero". Plaza y Janés. 1996
–"Entrenadores. Un poder inestable". Ed El País Aguilar. 1997.
–Xosé Hermida: "Arsenio. El Fútbol del Brujo". Ed El País Aguilar. 1995.
–Iñaki Dufour, Jenaro Lorente, Oscar González: "Historias del Atlético de Madrid. Los secretos del Calderón". T & B Editores. 2012.
–Kevin Connolly y Rab McWilliam: "Campos de Gloria, senderos dorados. La historia del fútbol europeo". T & B Editores. 2010.
–Enrique Paradinas: "La Roja en la Copa del Mundo". T & B Editores.
–Alfredo Relaño.: "366 Historias de fútbol mundial que deberías saber". Ed. Martínez Roca. 2010

Además, y al igual que en "De la Quinta del Buitre al Milán de Sacchi" resulta imprescindible la visita a las hemerotecas de

"El Mundo deportivo" (http://www.mundodeportivo.com/-hemeroteca/index.html), el diario "El País" (http://elpais.-com/archivo/). o ABC (http://hemeroteca.abc.com/).

ÍNDICE ONOMÁSTICO